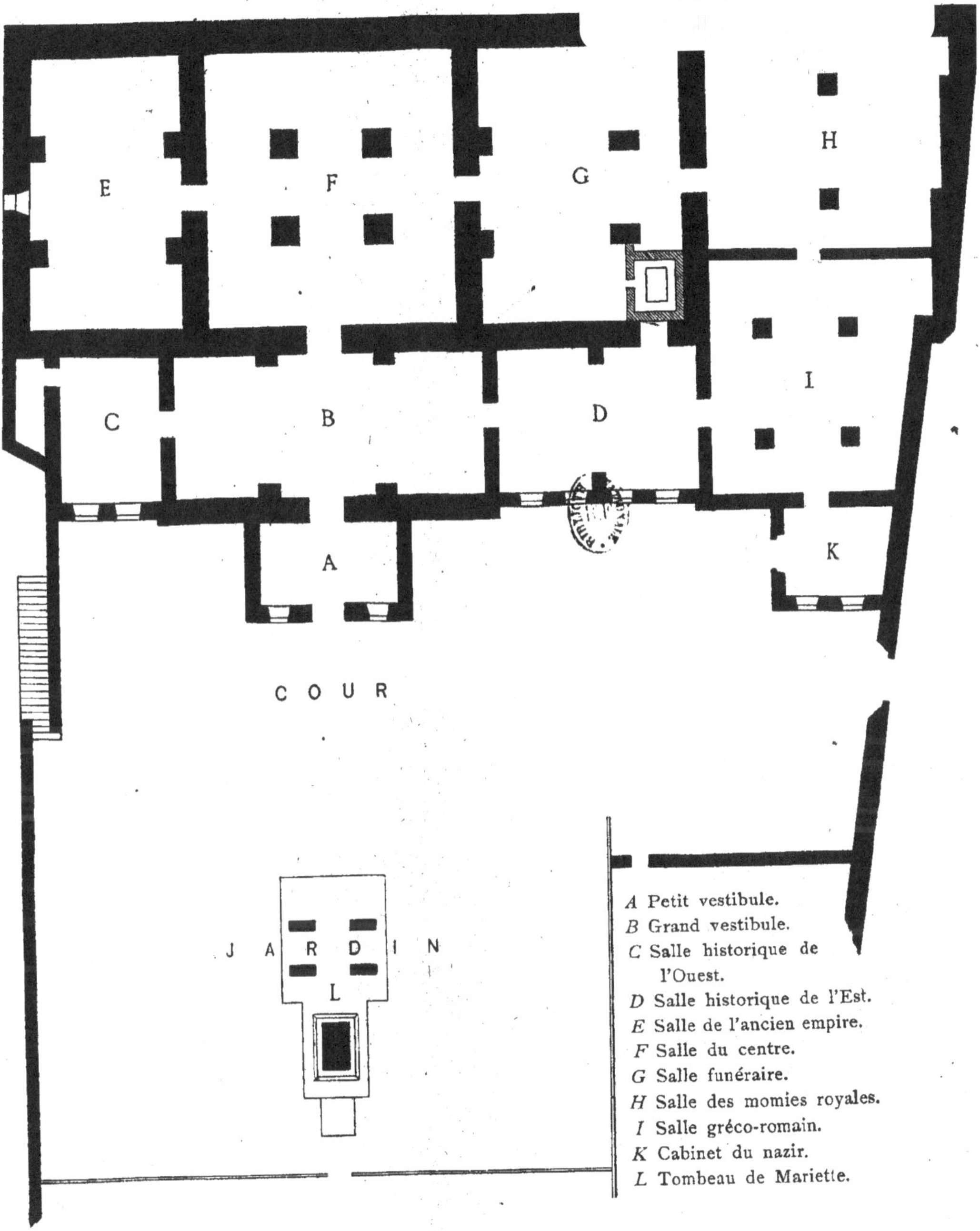

A Petit vestibule.
B Grand vestibule.
C Salle historique de l'Ouest.
D Salle historique de l'Est.
E Salle de l'ancien empire.
F Salle du centre.
G Salle funéraire.
H Salle des momies royales.
I Salle gréco-romain.
K Cabinet du nazir.
L Tombeau de Mariette.

GUIDE DU VISITEUR

AU

MUSÉE DE BOULAQ

PAR

GASTON MASPERO

PROFESSEUR AU COLLÈGE DE FRANCE, DIRECTEUR GÉNÉRAL
DES MUSÉES D'ÉGYPTE

BOULAQ

AU MUSÉE

1883.

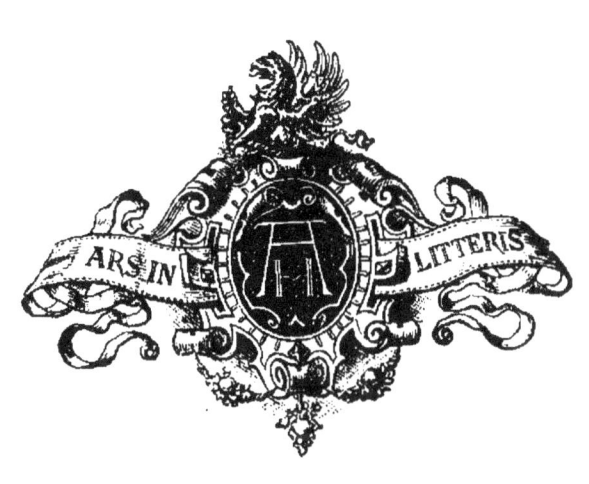

VIENNE. — TYP. ADOLPHE HOLZHAUSEN.

AVIS.

Ce petit livre a été écrit pour l'usage des visiteurs ordinaires et non pour la commodité des Egyptologues : on y verra donc avant tout la description ou l'explication des monuments qui peuvent donner aux voyageurs la meilleure idée de l'art et de la civilisation égyptienne. Les gens du métier trouveront dans le cabinet du Directeur un catalogue sur fiches et une copie du Livre des fouilles qui leur permettront de découvrir la provenance et l'emplacement exacts de tous les objets conservés, soit dans les salles, soit dans les magasins du Musée.

La forme de Guide que j'ai adoptée m'a permis d'insérer, chemin faisant, beaucoup de renseignements que je n'aurais pu mettre dans un Avant-Propos. Chaque fois qu'un objet se présente appartenant à une classe nouvelle, j'ai saisi l'occasion qui s'offrait de rappeler l'usage auquel il servait, et les idées mystiques ou religieuses qu'on y attachait dans l'anti-

quité : ces notions une fois données, je ne les ai plus répétées pour les autres objets de même espèce qui sont dispersés dans les différentes galeries du Musée. J'invite donc ceux des visiteurs qui désireront, non pas seulement regarder en passant, mais comprendre le sens et la valeur de ce qu'ils regardent, à suivre dans leur examen l'ordre que j'ai suivi moi-même dans ces pages : ils s'épargneront de la sorte des recherches un peu longues et une perte de temps.

Si grand soin que j'aie mis à rédiger ce Guide, on ne décrit pas plusieurs milliers d'objets sans laisser échapper bien des fautes, et je n'ai pas la prétention d'être moins sujet à l'erreur que les autres. J'invite donc les visiteurs qui relèveraient quelque méprise, de quelque nature qu'elle soit, à vouloir bien me la signaler : ce sera autant de corrigé pour la prochaine édition.

Boulaq, le 1er Mai 1883.

G. MASPERO.

I. — Le Musée est ouvert, pendant la saison d'hiver, tous les jours de la semaine, le Vendredi excepté, de 8 heures $1/2$ du matin à midi, et de 2 h. à 5 h.

II. — L'entrée du Musée est gratuite. MM. les visiteurs sont priés de vouloir bien laisser dans le Petit Vestibule leurs cannes, ombrelles et parapluies, qui leur seront rendus à la sortie.

III. — Il est strictement interdit de fumer dans l'intérieur des Salles.

IV. — Il n'y a besoin d'aucune permission pour copier les monuments exposés dans le Musée : il est défendu de prendre des estampages ou des copies au frotis, sans autorisation du Directeur.

V. — Les visiteurs qui voudront étudier quelque monument de plus près, sont prevenus qu'une salle d'étude sera mise à leur disposition, s'ils en adressent la demande au Directeur, ou à l'un des Conservateurs.

Boulaq, le 1er Mai 1883.

G. MASPERO.

CHAPITRE PREMIER.

LA COUR ET LE JARDIN.

La partie de la cour dans laquelle on pénètre, après avoir passé la grande porte d'entrée, sert de magasin provisoire à certaines pièces incomplètes ou nouvellement achetées, qui n'ont pas encore leur place marquée dans les galeries. Ainsi les n°s 6000 et 6004 sont les morceaux d'une chapelle monolithe, élevée par le roi Nectanébo de la XXXe dynastie, à Bubaste, et détruite, il y a quelques années, par un haut fonctionnaire égyptien : j'espère en retrouver les autres débris et la reconstruire.

6002. — **Marbre blanc.** — H. 1^m 90.

Aigle gigantesque de beau travail grec. L'île de Thasos, d'où il provient, forme, avec le bourg de Kavala, un fief héréditaire dans la famille de Mohammed Ali, et dépend du souverain régnant de l'Égypte. L'aigle, envoyé en cadeau à Ismaïl-Pacha, il y a quelques années, a été donné par ce prince au musée de Boulaq. — Ep. ptolémaïque. *Thasos.*

6006. — Basalte noir. — H. 1ᵐ 75.

Déesse Sokhit à tête de lionne. La déesse Sokhit est *la grande amie du dieu Phtah*; elle compose avec Phtah et son fils Imhotpou la trinité adorée à Memphis. Elle a un rôle violent, celui de destructrice des ennemis du Soleil : il est souvent question, dans les textes, de sa flamme dévorante qui anéantit les méchants. Le roi Amenhotpou III, de la XVIIIᵉ dynastie, lui avait consacré, dans le temple de Mout à Thèbes, une salle spéciale, qu'il avait remplie de statues semblables à celle qui est inscrite sous le n° 6006. Il en restait encore cent cinquante vers le milieu du siècle dernier; mais, depuis cette époque, tous les musées de l'Europe en ont fait enlever des spécimens, et on n'en voit plus aujourd'hui qu'une soixantaine en assez mauvais état. Le n° 6006 porte le cartouche d'Amenhotpou III. — XVIIIᵉ dyn. *Karnak.*

6007. — Granit gris. — H. 1ᵐ 60; larg. 0ᵐ 61.

Le dieu Ammon et une reine d'Ethiopie. Ce monument, le seul de ce genre qu'il y ait jusqu'à présent dans les musées d'antiquité égyptienne, m'avait été signalé, en 1882, par M. Berghoff, qui fut, quelques mois plus tard, pris et décapité par le Mahdi : il a été expédié au Caire, sur ma demande, par Gigler-Pacha, et nous est parvenu dans les premiers jours de 1883. Il appartient aux derniers temps de la civilisation égyptienne en Ethiopie, comme le prouvent la grossièreté du travail et la barbarie du style. — Ep. romaine.

Naga.

Deux grands sphinx séparent l'Avant-cour de la cour réelle et du jardin du Musée. Celui de gauche (n° 6008) est seul authentique : l'autre n'est qu'un moulage en plâtre du précédent. Le sphinx n'était pas pour les Égyptiens la combinaison arbitraire d'un corps de lion et d'une tête humaine : c'était, même pour les savants de l'époque romaine, la reproduction d'un animal d'espèce rare, qui vivait dans le désert. La réunion dans un même être de la force du lion et de l'intelligence humaine le rendait particulièrement redoutable : aussi en fit-on un dieu, Harmakhouti, Harmakhis, le soleil levant et couchant, auquel est consacré le grand sphinx de Gizéh. Le roi, étant fils du soleil et identifié souvent avec Harmakhis, la forme du sphinx servit à représenter les rois dans certaines circonstances. On n'a trouvé jusqu'à présent de sphinx isolé que le grand sphinx de Gizéh : les sphinx vont toujours par couples et forment en avant des temples de longues avenues. Le sphinx femelle est fort rare dans l'Égypte pharaonique : je ne l'ai vu encore que sur quelques basreliefs, où il représente une reine. Certains sphinx royaux ont non-seulement la tête mais les bras de l'homme : ils sont généralement en bronze et de petites dimensions. Le sphinx n° 6008 porte le cartouche de Ramsès II.

Passés les sphinx, on se trouve dans une sorte d'avenue bordée à droite et à gauche de grands sarcophages. Les trois de gauche sont grecs et proviennent des catacombes d'Alexandrie : l'ornementation en est assez légèrement ébauchée, et rappelle le style de l'époque romaine. Les trois de droite sont égyptiens d'époque ptolémaïque et ont été découverts à Saqqarah.

6015. — Granit gris taché de rose. —
H. 1ᵐ 20; larg. 1ᵐ 10; long. 2ᵐ 40.

Sarcophage d'Onkhhapi, fils de Tafnakht et de la dame Tatet : le petit cercueil en forme de momie qu'il renferme contenait jadis le corps du dernier possesseur.

L'habitude a toujours été, à Memphis, de déposer les morts de distinction dans de grands sarcophages rectangulaires à chevet plus ou moins arrondi. Aux anciennes époques, ces sarcophages, qui étaient la *maison éternelle* du mort, sont quelquefois décorés en forme de maison (cf. *Salle de l'Ancien Empire* n° 964), et presque toujours en granit rose. A l'époque saïte et ptolémaïque, on les taillait de préférence dans le granit gris ou dans le basalte et ils portent d'innombrables tableaux sculptés avec une finesse remarquable. Le sujet en est emprunté à l'un des livres les plus curieux de la mythologie égyptienne, le *Livre de savoir ce qu'il y a dans l'enfer*. Les Égyptiens se figuraient le monde souterrain, le monde de la nuit, comme une série de couloirs et de grandes chambres voûtées, remplies d'être fantastiques bons ou méchants. Il était partagé en douze régions, dont chacune répondait à l'une des douze heures de la nuit. La barque du soleil, sur laquelle le défunt était censé s'embarquer après de la mort, entrait chaque soir dans ces contrées ténébreuses et n'en sortait que le lendemain matin, à l'aube; pour que le mort pût accomplir sans danger dans ce voyage, il devait connaître à fond toute la population infernale. C'est à lui donner les renseignements nécessaires qu'était consacré le livre en question. Chaque heure était décrite minutieusement, avec le nom et l'étendue du territoire qu'elle occupait, le nom et la fonction de chacun de ses habitants, leur voix, leurs discours, les dimensions des serpents qui gardaient les portes de communication d'une heure à l'autre. Les figures représentent d'abord la barque solaire avec son équipage et les génies qui la traînent à la cordelle, puis les êtres décrits dans chaque section du texte. Le mort savait donc ce qu'il allait voir, dès avant de commencer le voyage; il était assez familiarisé avec la forme des divinités infernales, pour distinguer celles qui lui étaient favorables de celles qui lui étaient hostiles. Ce grand livre à images était trop étendu pour qu'il fût aisé de le représenter en entier sur un sarcophage; aussi se bornait-on le plus souvent à en reproduire une partie, trois ou quatre heures entières, le plus souvent celles du milieu de la nuit, et des extraits des autres heures. — Ep. grecque. *Saqqarah.*

6013. — Granit gris. — H. 1ᵐ 35.
6014. — Granit gris. — H. 1ᵐ 30.

Sarcophages du même type que le précédent, trouvés au fond du même puits, à Saqqarah, et ayant appartenus à deux frères du nom de Zeho, en grec Téos ou Takhos, tous les deux fils de la même mère Betiti, tous les deux généraux dans l'armée égyptienne sous l'un des premiers Ptolémées. Le couvercle du n° 6014 n'a pas été fait pour la cuve et en diffère par la pierre et par les dimensions; il avait appartenu à un autre personnage, dont le nom et les titres ont été grattés pour faire place au nom et aux titres de Zeho. — Ep. grecque. *Saqqarah.*

Au bout de cette petite allée, sur la gauche, s'élève le tombeau de Mariette-Pacha, le fondateur du Musée de Boulaq. Il est précédé d'une plateforme en ciment, sur laquelle sont placés quatre petits sphinx en calcaire blanc d'un travail assez grossier. Aussi bien les a-t-on choisis, non à cause de leur mérite artistique, mais à cause de leur provenance : ils faisaient partie de la grande avenue de sphinx, qui conduit du Sérapéum Grec au tombeau des Apis, et rappellent la première découverte de Mariette sur le sol d'Égypte. Derrière les sphinx, et monté sur un socle quadrangulaire, se dresse le sarcophage qui renferme le corps : il est en marbre de Montreux, et taillé à l'imitation des sarcophages égyptiens de l'Ancien Empire. A la tête, sur un haut piédestal à moitié caché par des plantes grimpantes, s'élève une statue colossale de Ramsès II, découverte à Tanis en 1860. Le monument a été dessiné et construit par un des plus fidèles amis de Mariette, l'architecte Ambroise Baudry : les frais en ont été couverts par une souscription publique.

Mariette (Auguste Ferdinand) naquit à Boulogne-sur-mer le 11 février 1821. Il appartenait à une famille de marins et de lettrés. Son grand-père a laissé en manuscrit une de ces collections d'œuvres mêlées, vaudevilles, comédies de mœurs, poésies fugitives, où se plaisaient les littérateurs provinciaux du siècle passé. Son père était simple employé à la mairie de sa ville natale.

Élevé au collège de Boulogne, il y devint professeur dès vingt ans, et y demeura attaché à divers titres jusqu'à la fin de 1848. Il essaya d'abord de la peinture, puis du journalisme, devint rédacteur en chef d'un journal d'intérêt local, composa des nouvelles, des romans, des feuilletons humoristiques, et, entre temps, trouva moyen d'étudier des questions d'archéologie provinciale. Le seul de ces premiers essais qui vaille la peine d'être conservé est une brochure, publiée en 1846 sous forme de *Lettre adressée à M. Bouillet*, auteur d'un Dictionnaire historique et biographique, *sur la position de Portus Itius* : la donnée en était fausse, mais le jeune auteur y marquait déjà la plupart des qualités qui l'ont rendu célèbre plus tard, une grande habileté de discussion, la clarté et la vigueur du style, beaucoup de pénétration. Nul doute que, s'il eût suivi la voie dans laquelle il venait de s'engager, il ne fût parvenu à tenir un rang élevé dans le domaine de l'archéologie classique : le hasard le rejeta du côté de l'Orient.

Le graveur Vivant Denon, qui avait fait partie des artistes attachés à l'expédition française en Égypte, avait laissé en mourant une petite collection d'antiquités rapportée de ses voyages. Une caisse de momie, qui provenait de cette collection, fut exposée à la mairie de Boulogne, et le jeune Mariette rédigea, à cette occasion, une petite notice de quelques pages, dans laquelle il conseillait à ses concitoyens de l'acquérir pour le Musée. Son conseil fut suivi; Mariette se procura pour étudier les textes qui couvraient le cercueil quelques livres traitant de l'Égypte, et ce qui n'avait d'abord été qu'un amusement devint une passion sérieuse. Il fut bientôt assez fort pour se hasarder à aborder la discussion des textes; manquant d'appui dans sa ville natale, il s'adressa à Charles Lenormant, le seul des élèves directs de Champollion qui continuât alors en

France la tradition du maître. Le mémoire qu'il soumit au jugement du savant parisien portait sur l'interprétation et le classement des cartouches qui recouvrent la *Chambre des Ancêtres,* enlevée au temple de Karnak et déposée à la Bibliothèque Nationale par Prisse d'Avennes. Il est resté inédit, mais je l'ai retrouvé dans les papiers de Mariette, et en le lisant, on comprend l'admiration qu'il inspira aux personnes qui eurent communication du manuscrit. Encouragé nonseulement par C. Lenormant, mais par Alfred Maury, par Ferdinand de Saulcy, par Adrien de Longpérier, Mariette se décida à venir chercher fortune à Paris. Après quelques mois d'attente, l'amitié du peintre Janron lui procura une petite place d'adjoint au Louvre : renonçant au professorat, il se livra tout entier à l'archéologie égyptienne.

C'était dans les premiers jours de 1848. Le traitement du nouvel employé fut des plus modestes. Au bout de quelques mois, il s'aperçut que la place, pour honorable qu'elle fût, ne suffisait pas à lui assurer les moyens de soutenir sa famille. Les chances d'avancement étaient nulles, car le vicomte Emmanuel de Rougé, son supérieur immédiat, était jeune et ne songeait pas à se retirer devant lui. Il se mit en tête d'aller chercher fortune en Égypte et demanda au gouvernement français les ressoures nécessaires au voyage. Tattam venait d'attirer l'attention des savants sur les richesses renfermées dans les couvents jacobites de l'Égypte : Mariette composa rapidement un long essai de bibliographie copte, qui est demeuré inédit, et sollicita une mission, à l'effet d'aller étudier et acquérir ce qui pouvait rester dans les cloîtres de manuscrits coptes et syriaques. Il obtint sans peine ce qu'il demandait et débarqua à Alexandrie, le 12 octobre 1850.

La mission qu'il s'était imposée était des plus délicates à remplir : le patriarche copte, justement irrité des procédés bizarres employés par Tattam pour former sa collection, avait fait mettre les manuscrits en sûreté. Les négociations traînèrent et retinrent Mariette au Caire pendant plusieurs semaines. Il profita de ces loisirs forcés pour visiter les environs de la ville, Gizéh, Dahshour et surtout Saqqarah. Il avait remarqué partout, à Alexandrie comme au Caire, des sphinx en calcaire d'assez mauvais style, mais chargés de graffiti où le nom d'Osiris était associé sans cesse à ceux d'Apis et de Sérapis. Le hasard lui fit trouver un jour, dans la région nord du plateau de Saqqarah, un sphinx qui présentait les mêmes caractères. Cette rencontre fortuite éveilla au fond de sa mémoire le souvenir d'un passage de Strabon, où le voyageur grec raconte que le Sérapéum de Memphis est dans un lieu très sablonneux, et qu'on y voit des sphinx enfouis, les uns jusqu'aux épaules, les autres jusqu'à mi-corps. L'idée que le Sérapéum, si longtemps cherché en vain, était là, s'empara de lui avec une telle force qu'il en oublia les manuscrits et le patriarche copte. Il assembla quelques ouvriers, et commença des fouilles en règle le 1 novembre 1850. Jusqu'au cent trente quatrième sphinx de l'avenue, tout marcha régulièrement, puis l'allée tourna brusquement à gauche et, pendant quelques jours, il ne découvrit plus rien. Il finit pourtant par se remettre sur la bonne piste et déboucha, après le cent quarante et unième sphinx, sur un dromos spacieux, dallé de belles pierres : deux mois de fouilles mirent au jour l'ensemble de monuments qui s'y trouvaient, un hémicycle décoré de statues grecques, deux chapelles, une procession de génies montés sur des animaux, et conduisirent les travailleurs jusqu'à la porte du Sérapéum. Là, un obstacle imprévu les arrêta : des marchands d'antiquités, pour la plupart agents consulaires de diverses nations européennes, jaloux du succès de Mariette, réussirent à obtenir d'Abbas-Pacha la suspension des fouilles. L'appui du gouvernement français aplanit en partie les difficultés, une somme de 30.000 frs., votée le 16 août 1851 par l'Assemblée Nationale, permit de reprendre avec plus d'activité, et, dans la nuit du 12 au 13 novembre, Mariette pénétra dans les souterrains du Sérapéum. Ce qu'il y trouva, le monde savant le connaît : soixante quatre Apis, dont les plus anciens remontent à la XVIIIe dynastie, et dont le plus moderne est presque contemporain de Cléopâtre, des milliers de stèles votives, de figurines funéraires, d'amulettes, de bijoux, qui font aujourd'hui l'ornement du Musée du Louvre. La chronologie des taureaux, suffisamment établie par les dates d'inhumation, apporta de nouvelles informations pour le rétablissement de la chronologie des rois égyptiens du Nouvel-Empire. Toute l'année 1852 se passa à déblayer et à dépouiller le Sérapéum : dans les premiers jours de 1853, Mariette se transporta avec ses ouvriers au pied des Pyramides de Gizéh.

Cette fois, il travaillait aux frais d'un particulier : le duc de Luynes l'avait chargé de dégager la partie antérieure du grand Sphinx. Il découvrit, à une centaine de mètres vers le Sud-Est, un temple de l'Ancien Empire, construit en blocs énormes de granit et d'albâtre, mais ce fut le seul résultat sérieux de sa campagne. Il était du reste pressé de revenir en France. Nommé conservateur-adjoint au Musée Égyptien du Louvre, il s'occupa de classer l'immense collection qu'il avait rapportée du Sérapéum, et d'en préparer la publication. Il débuta par donner dans le *Bulletin Archéologique de l'Athénæum Français* (1855—1856) des *Renseignements sur les soixante-quatre Apis trouvés dans les souterrains du Sérapéum* : cette étude a été arrêtée à la XXVIe dynastie par la disparition du *Bulletin* et n'a jamais été terminée. En même temps, et comme complément de ce premier travail, il publiait un *Choix de monuments et de dessins découverts ou exécutés pendant le déblaiement du Sérapéum* (Paris 1856, A. Bertrand, in-4°) et un *Mémoire sur la mère d'Apis* (Paris 1856, A. Bertrand, in-4°), où il ébauchait une théorie alors nouvelle de la religion égyptienne. Ajoutons, pour en finir avec ce premier épisode, le plus glorieux de sa vie, que les monuments du Sérapéum et la relation de la découverte ont été poursuivis longtemps par une véritable fatalité. La publication, commencée une première fois en 1861, reprise en 1864 et poussée jusqu'à la XXVIe dynastie, recommencée en 1876 de concert avec moi, n'est pas encore terminée : seul, le premier volume, qui renferme le journal des fouilles et le récit de la découverte, a pu être livré au public en 1882.

Les mêmes difficultés de vie qui avaient une première fois décidé Mariette à quitter Paris, se représentèrent plus fortes à son retour. Il n'était pas depuis un an sur le sol natal, qu'il aspirait déjà à le quitter pour reprendre sa carrière aventureuse aux bords du Nil.

Les circonstances politiques favorisèrent son dessein. Abbas-Pacha, qui avait tant contrarié les fouilles du Sérapéum, était mort en 1854, laissant le pouvoir à son oncle Saïd-Pacha, ami de la France. Encouragé par M. de Lesseps, le nouveau prince pria le gouvernement français de lui prêter Mariette pendant un hiver, celui de 1857—1858 : il s'agissait de préparer des fouilles pour un voyage que le prince Napoléon projetait en Égypte. Le voyage n'eut pas lieu, mais le Pacha, gagné par la bonne humeur de Mariette, lui donna le titre de Bey, l'autorisa à multiplier les chantiers de fouilles, à lever des ouvriers par la corvée, et à fonder un musée, qui fut établi provisoirement à Boulaq. La création, l'agrandissement et le maintien de ce musée devinrent désormais la grande préoccupation de Mariette. On ne saurait imaginer les trésors de diplomatie qu'il dut dépenser, pour arracher aux divers souverains de l'Égypte le terrain et l'argent nécessaires à son œuvre. Une crue du Nil, qui menaça de tout détruire en 1878, lui permit enfin de disposer le local selon ses intentions, mais le classement définitif, sans cesse retardé par le manque de fonds, dura des années et n'était pas encore achevé quand il mourut.

Seul maître du sol antique de l'Égypte, Mariette voulut l'exploiter sur un plan grandiose : il l'attaqua sur trente-sept points à la fois, de l'embouchure du Nil à la première cataracte. Un petit nombre seulement de ces ateliers réussit à souhait. Les fouilles du Delta ne donnèrent de résultats sérieux qu'à Sân, sur les ruines de l'antique Tanis : on y mit au jour, outre des monuments importants de la XIIIe, de la XIVe, de la XIXe et de la XXIe dynasties, des statues et des sphinx d'un type particulier que Mariette attribua aux Hyksos. Saïs, Thmuis, Bubaste, ne produisirent presque rien, mais les succès obtenus sur l'emplacement de l'antique Memphis compensèrent largement cet échec. La ville même est difficile à explorer, à cause du bois de palmier et des villages qui la recouvrent; mais les nécropoles, de Gizéh à Meïdoum, sont inépuisables. Mariette s'attaqua d'abord aux Pyramides et ouvrit, en 1858, le *Mastabat el-Faraoun*, qu'il crut être le tombeau d'Ounas de la Ve dynastie. L'ayant trouvé vide et nu, il se confirma dans l'idée que les Pyramides ne renfermaient jamais d'inscriptions, et qu'à les explorer, il perdrait son temps et son argent. Il reporta tous ses efforts sur les tombes privées, dont la mission de Lepsius avaient révélé l'importance, et les examina avec ordre et méthode. Les fouilles, menées activement de 1858 à 1863, puis reprises en 1877, après avoir traîné pendant des années, ont fait connaître plus de trois cents tombes nouvelles, à Gizéh, à Saqqarah, à Meïdoum. Il fit connaître quelques-uns des résultats obtenus jusqu'en 1867 dans son mémoire : *Sur les tombes de l'Ancien Empire qu'on trouve à Saqqarah (Revue Archéologique*, 1867, t. I), et se préparait à tout publier quand la mort vint le surprendre. J'ai retrouvé dans ses papiers des morceaux d'introduction et des notices plus ou moins détaillées de cent cinquante tombes, matériaux à peine dégrossis de ce mémoire *Sur les Mastabas* : le gouvernement français les a publiés tels quels (1882—1884).

Abydos, Dendérah, Edfou et Thèbes profitèrent le plus de son activité. On peut dire qu'avant lui Abydos était inconnue : en vingt ans, il y fit sortir de dessous terre le temple de Séti I*er*, deux temples de Ramsès II, les restes du grand temple d'Osiris, plus de deux cents tombes, et quinze mille monuments de différente nature, dont la plupart sont aujourd'hui au Musée de Boulaq. A Dendérah, déblaiement du grand temple d'Hathor et d'une partie des édifices environnants. A Thèbes, grandes fouilles au temple d'Ammon à Karnak, à Médinét-Thabou, à Déïr el-Baharî, dans la plupart de villages qui couvrent aujourd'hui l'emplacement de la grande métropole égyptienne. A Edfou, une ville entière s'était établie sur les toits du temple et rendait l'étude impossible: elle fut transportée dans la plaine, et le temple sortit intact de son linceul de décombres. Et je ne fais que mentionner en passant les recherches fructueuses qu'il exécuta lui-même, ou fit exécuter tout le long de la vallée par son fidèle auxiliaire, le peintre italien Louis Vassali, qu'il avait connu en 1858, et qui est resté jusqu'en 1883 Conservateur du musée de Boulaq.

Saïd-Pacha, qui l'avait si bien soutenu, mourut en janvier 1863, et Ismaïl-Pacha monta sur le trône. Le nouveau souverain, tout occupé de grands desseins politiques, n'attachait que peu d'importance à l'archéologie: il continua cependant les traditions de Saïd et ne suspendit point les travaux. Mariette, nommé commissaire égyptien à l'Exposition Universelle de 1867, transporta à Paris les plus belles pièces du Musée de Boulaq, et fit connaître à l'Europe émerveillée les richesses et le beautés inconnues de la civilisation égyptienne. Il profita de son succès pour commencer à publier le résultat de ses fouilles. Il avait dressé à ce sujet un plan grandiose : son œuvre devait être comme un livre immense, dont chaque chapitre renfermerait tout ce qu'une localité déterminée aurait produit; l'ensemble s'appellerait *Fouilles exécutées en Égypte*. La première partie formait deux volumes in-folio, renfermant les monuments trouvés au Gebel-Barkal en Nubie, et les principaux textes des temples de Séti Ier et de Ramsés II, à Abydos. Ces deux volumes, à peine mis en vente (1867), furent retirés du commerce et dépecés : les planches de Gebel-Barkal furent insérées plus tard dans les *Monuments Divers*, les autres dans les deux volumes d'*Abydos*, et, de l'ouvrage primitif, il ne reste plus à ma connaissance que trois exemplaires. Aussi bien, Mariette, de retour en Égypte au lendemain de l'exposition, avait reconnu que son plan était trop vaste, et s'était résigné à publier isolément les matériaux de l'œuvre, au fur et à mesure qu'ils seraient assemblés en quantité suffisante. Le tome premier d'*Abydos*, paru en 1869, ne renfermait plus que les planches et le texte relatifs au temple construit par Séti Ier.

Les malheurs de la France en 1870, les embarras politiques et financiers de l'Égypte, la maladie, les chagrins domestiques, interrompirent brusquement l'activité de Mariette. Mariette était resté veuf en 1864, avec sept enfants vivants de onze qu'il avait eus : la mort soudaine de sa fille aînée, puis celle d'une autre fille et d'un fils qu'il aimait tendrement, l'assombrirent d'année en année. Les infirmités vinrent avec les chagrins. A la force morale il joignait une force physique prodigieuse et une vigueur de tempérament, dont il avait parfois abusé dans l'ardeur de la recherche scientifique. Dès 1861, les analyses médicales signalaient en lui les germes de la maladie terrible, le diabète sucré, dont il devait mourir vingt ans plus tard: le rude hiver de 1870, qu'il passa tout entier à Paris, fit de l'athlète d'autrefois un valétudinaire confirmé. Il n'en continua pas moins ses travaux: *Dendérah* fut publié en six volumes de 1870 à 1876, *Karnak* et *Déïr el-Baharî* livrés au public, les *Monuments Divers* commencés. En 1877, le diabète se déclara avec une violence telle, qu'au mois de Juin, Mariette, condamné par les médecins, passa pour n'avoir plus que quelques jours à vivre. Il se rétablit pourtant, et cette reprise de santé fut marquée par un redoublement d'activité : le deuxième volume d'Abydos et le *Catalogue général* des monuments trouvés dans cette ville sont de cette époque. Mais la maladie était trop avancée déjà pour qu'on pût faire autre chose qu'en retarder les progrès. Mariette songeait à rédiger enfin les *Mastabas* et projetait, dans une lecture faite à l'Institut en 1879, une longue série de travaux, sans paraître soupçonner que ses jours étaient comptés. Un dernier voyage en France, qu'il fit en 1880, acheva de l'épuiser : menacé de mort s'il retournait en Égypte, il prit la mer contre l'avis des médecins, gagna Alexandrie, puis le Caire à grand peine. Un moment, on crut avoir conjuré le mal, mais ce fut une illusion qui ne dura que quelques heures : il mourut le 17 Janvier au soir, après une agonie terrible de huit jours, et fut enterré le lendemain. Les derniers travaux qu'il ait commandés venaient d'amener l'ouverture, à Saqqarah, de deux pyramides royales remplies d'inscriptions.

On pourra juger diversement certaines parties de son œuvre : de toute manière, il faudra reconnaître qu'il eut le génie de la découverte. Homme de cabinet au début de sa carrière, les aventures de sa vie errante l'empêchèrent de pousser bien loin ses études de philologie : elles développèrent les qualités archéologiques qu'il portait en lui. Il avait l'esprit logique et systématique : avant de rien entreprendre, il se traçait à lui-même un plan d'action d'où il ne s'écartait plus par la suite. Aussi la plupart de ses découvertes ne sont-elles pas dues au hasard : quand il trouvait le Sérapéum, il savait d'avance où il fallait chercher pour bien trouver, ses grands travaux d'Abydos n'ont été entrepris qu'après de longues méditations, et son exploration de Dendérah n'est que la démonstration matérielle d'une théorie conçue à priori. Cette méthode, si elle a des avantages, a aussi des inconvénients, et Mariette en a souffert : il a vécu trente ans au pied des pyramides de Saqqarah, sans les ouvrir, et cela, parce qu'une théorie à priori lui enseignait que nulle pyramide ne peut renfermer d'inscriptions. La logique, qui l'avait si bien servi ailleurs, le desservit ici.

Mariette était décoré de la plupart des ordres de l'Europe : il était membre de l'Académie des Inscriptions et Belles-Lettres depuis 1878, et pacha. Il a laissé de nombreux papiers que le gouvernement français a achetés et publiés en partie.

De l'autre côté du tombeau de Mariette, l'allée

aboutit à un ensemble formé d'un colosse, d'une table d'offrandes et de deux sphinx.

6030 et 6032. — Granit rose. — H. 1ᵐ 40; larg., 0ᵐ 84; long. 2ᵐ 50.

Les deux sphinx ont été légèrement restaurés : ils représentent le Pharaon Thoutmos III dont ils portent les cartouches. — XVIIIᵉ dyn. *Karnak.*

6031. — Granit rose. — H. 3ᵐ 30.

Ramsès II, debout, tient deux enseignes surmontées, celle de droite d'une tête de Mout, celle de gauche d'une tête d'Hathor. Il est coiffé d'une grosse perruque, sur laquelle est posé le disque solaire et vêtu d'un pagne à tablier, chargé de six uræus lovées. Contre la jambe gauche est représenté le treizième fils de Ramsès II, qui fut régent pendant les dix-sept dernières années du règne de son père, et lui succéda sous le nom de Ménephtah. — XIXᵉ dyn.
Tanis.

6033. — Granit rose. — Larg. 0ᵐ 74; long. 0ᵐ 50.

Les Égyptiens déposaient au pied des statues ou des stèles qu'ils plaçaient dans les tombeaux et dans les temples, des blocs de pierre, ordinairement rectangulaires, et munis, au milieu de l'un des côtés, d'une saillie creusée en forme de gouttière. La face supérieure en est évidée plus ou moins profondément, et porte souvent, en relief, des ronds qui représentent les pains d'offrande, des vases à libation couchés à plat, et d'autres objets qu'on avait l'habitude d'offrir aux morts ou aux dieux. C'étaient de véritables autels, sur lesquels au moment du sacrifice, on déposait successivement les portions de la victime, les gâteaux, les fruits, les légumes, et sur laquelle on versait les liquides, l'eau, le vin, l'huile, la bière etc., qui faisaient partie du sacrifice: de là le nom de *tables d'offrandes* ou de *tables à libations* qu'on leur donne communément.

La table d'offrandes n° 6033 a été consacrée par Thoutmos III à son père Ammon Râ, lors de la construction d'une des salles du temple de Karnak. — XVIIIe dyn. *Karnak.*

Dans l'espèce de petite cour qui s'étend derrière le colosse de Ramsès II, entre le Musée et le Nil, on remarque, contre le mur le plus rapproché du sphinx de Thoutmos III:

6025. — Calcaire blanc. — H. 2^m 49; larg. 1^m 84.

Stèle de Ptahhotpou. — V^e dyn. *Saqqarah.*

6027. — Calcaire blanc. — H. 2^m 57; larg. 1^m 82.

Stèle de Papinas. — VIe dyn. *Saqqarah.*

6028. — Granit noir. — H. 1^m 20.

Statue de la princesse Nofirt, femme d'Ousirtasen Ier. — XIIe dyn. *Tanis.*

6029. — Granit gris. — L. 1^m 75; larg. 0^m 78, h. 0^m 75.

Sarcophage du roi Psamitik II de la XXVIᵉ dyn. Ce sarcophage se trouvait à Damanhour, dans la maison d'un des notables du pays. Son existence m'ayant été signalée par M. Emile Brugsch-Bey, Conservateur du Musée, je l'ai fait transporter à Boulaq en juin 1883. Il est de travail grossier et inachevé : l'intérieur en a été évidé juste assez pour recevoir la momie. La cavité n'a que 1^m 40 de longueur, ce qui nous permettrait de penser que Psamitik II, dont le règne fut fort court et très insignifiant, mourut avant d'atteindre à l'âge d'homme.

Il est peu probable que notre sarcophage provienne de Damanhour même ou des environs : il a dû être porté dans cette ville de Sâ el-Haggar, l'antique Saïs, où était, au témoignage d'Hérodote, la sépulture de famille des Psamitik. — XXVIᵉ dyn.

Damanhour.

La façade du Musée n'est pas encore complétement garnie de monuments : on y voit pour le moment, une grande stèle de l'an 1ᵉʳ d'Amasis (XXVIᵉ dyn.), une table d'offrandes d'Ousirtasen Iᵉʳ (XIIᵉ dyn.), un gros scarabée sculpté en relief sur un large bloc de granit, et une patte de sphinx gigantesque. Des deux côtés de la porte siègent deux colosses légèrement restaurés :

6020. — Granit gris. — H. 2^m 35.

Roi, assis, sans barbe, probablement un des rois de la XIIIᵉ ou de la XIVᵉ dynasties. Ramsès II a usurpé cette statue et y a fait graver son nom.

Tanis.

6021. — Granit gris. — H. 2^m 60.
Roi, assis, coiffé du pschent. Comme la précédente, elle représentait un roi de la XIIIe ou de la XIVe dynastie, mais a été usurpée par Ramsès II.
Tanis.

CHAPITRE DEUXIÈME.

LES DEUX VESTIBULES ET LA SALLE HISTORIQUE DE L'OUEST.

§ 1. — *Petit vestibule.*

Le petit vestibule ne renferme que peu de monuments importants. D'abord, quelques sarcophages, la plupart en forme de momies, appartenant tous à l'époque grecque : le plus intéressant, en calcaire blanc compact (long. 2^m 28), est celui du prophète d'Osiris, Ounnofri, fils de la dame Nephthys.

Sur la paroi de droite, deux grandes dalles détachées d'un tombeau représentent des scènes des funérailles.

21. — Calcaire blanc. — H. 1^m 37; larg. 2^m 80. — (Mariette, *Mon. Div.*, pl. 60.)

Bas-reliefs du tombeau de Hormin. Les scènes se passent les unes sur la terre, les autres dans l'enfer.

Le spectacle commence au second registre. Le convoi de Hormin défile devant nous. Des esclaves passent avec les coffres et les tables destinées au tombeau, des pleureuses suivent, puis la momie couchée dans son catafalque et portée par un groupe de prêtres : le fils du mort et sa femme Mâï marchent à côté en se lamentant, et les amis vêtus de leur plus beau costume terminent la procession avec d'autres pleureuses. Au-dessous, les serviteurs sont occupés à préparer le repas funéraire, tout en poussant les cris obligatoires : *Que ta nuit soit bonne éternellement, que ton double ait de l'encens, de l'eau, toutes choses bonnes!* Dans le haut, des registres à moitié détruits nous font assister au dernier adieu de la famille. D'abord le prêtre présente l'huile à la momie debout devant lui. Plus loin, un prêtre exécute la cérémonie de l'*Ouverture de bouche,* qui permettait au mort de parler, de manger, de boire, comme de son vivant : cependant, la veuve accroupie pleure et embrasse les genoux de la momie. Par derrière, la famille consacre les statues du défunt et leur présente la libation.

A gauche, et dans le haut du monument, Hormin se bat contre les mauvais génies de l'enfer, contre le serpent, contre l'âne, emblème de Typhon, et contre les crocodiles. *Saqqarah.*

20. — Calcaire blanc. — H. $0^m 58$; larg. $1^m 08$.

Ce bas-relief est comme le complément du précédent. Il représente la scène de l'adieu au moment où la momie, debout à l'entrée de son tombeau, reçoit les dernières prières. Les femmes sautent en s'arrachant les cheveux; les hommes courent en agitant des roseaux et en criant, pour écarter les mauvais esprits. — XIXe dyn. *Saqqarah.*

Rangées le long des murs commence la série des stèles qui font la richesse du Musée de Boulaq. Elles sont pour la plupart, ou bien des épitaphes trouvées dans les tombeaux, ou des stèles votives déposées dans le grand temple d'Osiris, à Abydos.

1°. Chaque tombeau avait au moins une stèle qui donnait le nom ou la filiation du mort. Quelquefois, elle était exposée en plein air, dans la paroi de la montagne; le plus souvent, elle était cachée dans la chambre de réception. Quelquefois, elle est peinte sur le mur ou gravée à même le rocher et ne fait qu'un avec lui; le plus souvent, elle avait été taillée dans un bloc détaché, puis dressée ou encastrée à sa place. Presque toujours on la trouve au-dessus du puits, ou à côté de la porte qui mène à la chambre du sarcophage. Il y a aujourd'hui peu de tombeaux qui n'aient perdu leur stèle.

2°. Les stèles votives sont de beaucoup les plus nombreuses : elles proviennent toutes d'Abydos. La petite ville d'Abydos jouait un grand rôle dans les dogmes relatifs à l'autre vie. Les Égyptiens pensaient, comme la plupart des peuples, que le passage de cette terre-ci à l'*autre terre* ne peut pas se faire indifféremment à tous les endroits. Le point exact d'où leurs âmes partaient pour entrer dans le monde surnaturel, se trouvait à l'Ouest d'Abydos, et c'était une fente pratiquée dans la montagne. La barque du soleil, arrivée à la fin de sa course diurne, se glissait avec son cortège de dieux par la *Bouche de la fente* et pénétrait dans la nuit. Les âmes s'y glissaient avec elle sous la protection d'Osiris. Il fallait donc qu'elles se rendissent à Abydos de tous les points de l'Égypte; on supposait qu'elles faisaient le voyage par eau. Cette expédition est fréquemment représentée sur les peintures des tombeaux. D'ordinaire, le mort, habillé de ses vêtements de chaque jour, commande la manœuvre comme il aurait fait pendant la vie. D'autres fois, il est enfermé dans un catafalque entouré de pleureuses et de prêtres. Des canots et des chalands chargés d'offrandes escortent les barques principales. Les gens de l'équipage poussent des cris de bon voyage : « En paix, en paix, auprès d'Osiris ! » ou causent et s'excitent entre eux. On serait tenté de croire qu'il s'agit d'une véritable expédition, et les anciens se sont laissés prendre aux apparences. Ils racontaient que les plus considérés et les plus riches des Égyptiens se font enterrer dans Abydos, parce qu'ils estiment à honneur de reposer auprès d'Osiris. En fait, les personnages qui font la traversée dans les peintures ne vont pas réellement à Abydos : ils sont enterrés à Memphis, à Béni-Hassan, à Thèbes ou dans telle autre ville. C'était leur âme qui partait en voyage après la mort : tout au plus les parents envoyaient-ils une stèle à Abydos. On la déposait *auprès de l'escalier du dieu grand,* où elle figurait le tombeau tout entier, comme la représentation du voyage figurait le voyage lui-même.

Entre deux des murailles qui formaient l'enceinte des temples d'Abydos, s'étendait une sorte de cou-

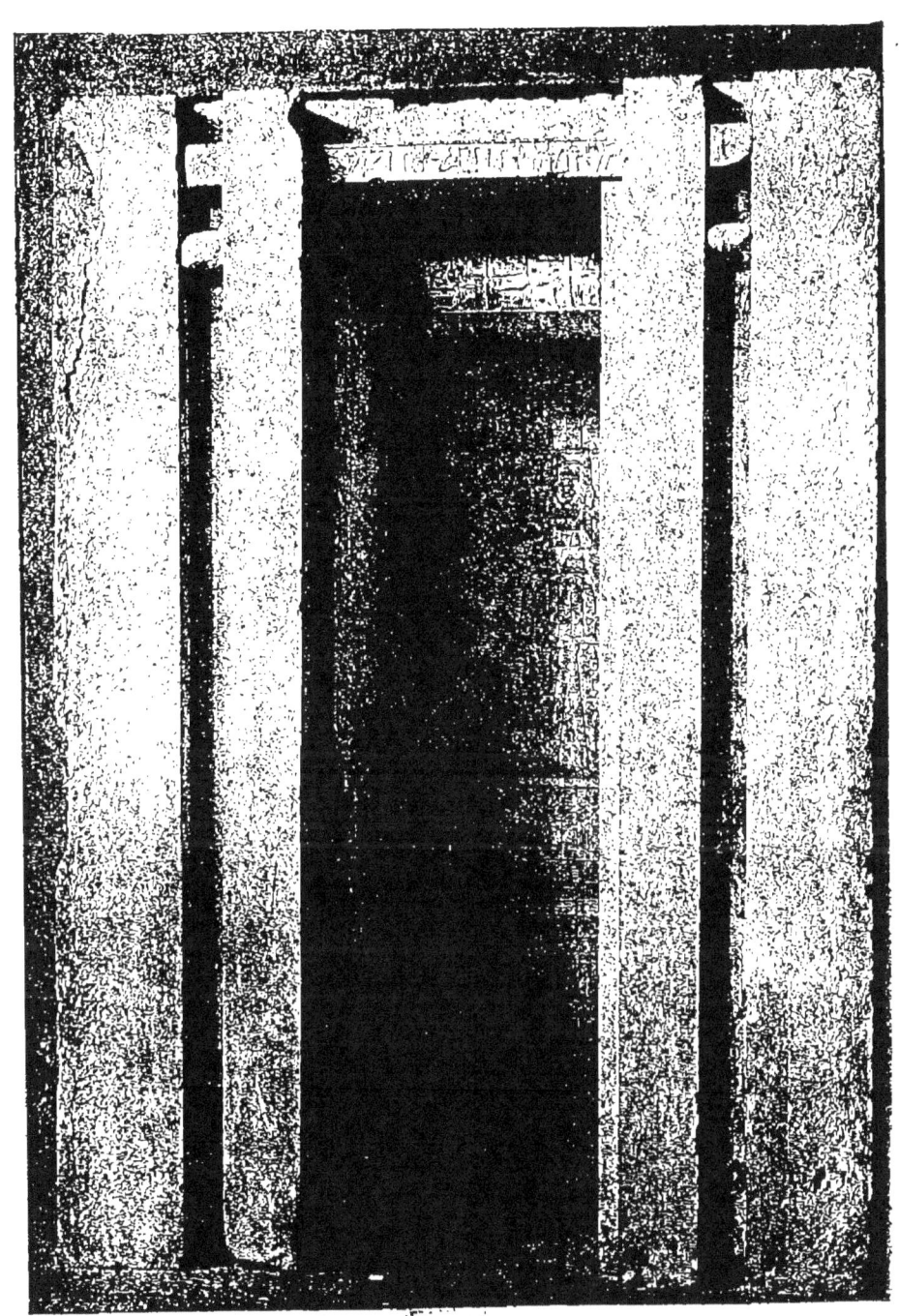

Stèle de Sokarkhâbiou
(IIIᵉ dynastie).

loir profond, irrégulier, clos à ses deux extrémités par des murs de briques crues. Sous la VIe dynastie, quelques riches personnages y firent construire leur tombeau : plus tard, les pèlerins ou les dévots déposèrent, dans les espaces laissés vides, leurs *ex-voto* funèbres, leurs stèles, leurs statues, qui comblèrent à la longue l'espace compris entre les murailles. Il y a vingt ans encore, cette masse compacte, isolée au milieu des ruines du temple, formait une sorte de butte artificielle qu'on nommait *Kom es-soultân* : autrefois, c'était l'*escalier du dieu grand*. Quatre-vingts sur cent des stèles qu'on trouve dans les musées du monde entier ont été tirées de cet endroit.

Dans l'esprit des Égyptiens, la stèle n'était pas seulement une épitaphe, un morceau de pierre chargé de rappeler aux générations futures que tel ou telle avaient existé jadis. Elle conservait le nom et la filiation de chacun, et donnait au mort un état civil sans lequel il n'aurait pas eu de personnalité : un mort sans nom aurait été comme s'il n'existait pas. Ce n'était là toutefois que la moindre vertu de la stèle : grande ou petite, quadrangulaire ou arrondie au sommet, avec ou sans figures, il suffisait qu'elle eût été consacrée, pour assurer des moyens d'existence à celui dont elle portait le nom, et pour le mettre en possession de toutes les choses nécessaires à la vie dans l'autre monde.

L'idée qu'on attachait à la stèle n'a jamais variée : les formes matérielles que cette idée a revêtues se sont modifiées beaucoup selon les époques. Prenez deux des stèles les plus vieilles qu'on connaisse jusqu'à présent, celles du *Cousin royal Shiri,* prêtre du roi *Pirsen* (*Salle de l'Ancien Empire*, n° 1027) et celle de *Sokarkhâbiou* surnommé *Hotés* (*Salle de l'Ancien Empire*, n° 993). L'aspect en est d'une porte un peu étroite, un peu basse, dont la baie ne serait pas ouverte. L'inscription gravée sur le linteau nous apprend le nom du maître du tombeau. Les figures taillées dans les montants sont ses portraits et ceux des personnes de sa famille. La petite scène du fond le montre assis devant sa table, et même on a pris soin de graver à côté de lui le menu de son repas. La stèle était, à proprement parler, la façade extérieure de la *maison éternelle* où chacun allait reposer à son tour. Rien d'étonnant qu'on l'ait faite à la semblance d'une porte; si la porte est fermée, c'est que nul ne devait pénétrer dans la chambre du sarcophage, passé le jour de l'enterrement. Avec le temps, chacun des éléments qui la composaient, perdit sa valeur architectonique. Même quand elle a encore des propositions colossales, comme c'est le cas pour celles de *Papinas* (*Cour*, n° 6027) et de *Ptahhotpou* (*Cour*, n° 6025), les montants, le linteau, la niche n'ont plus que quelques centimètres de relief. Une fois transportées sur une surface à peu près unie, toutes ces parties furent soumises aux lois de la perspective égyptienne. Les dessinateurs avaient l'habitude de décomposer leurs sujets en plans verticaux qu'ils superposaient : le registre le plus voisin du sol répondait au plan le plus rapproché du spectateur, les registres suivants répondaient à des plans de plus en plus éloignés. D'après ce principe, la scène qui occupait le fond de la niche fut reportée au-dessus du linteau, et occupa désor-

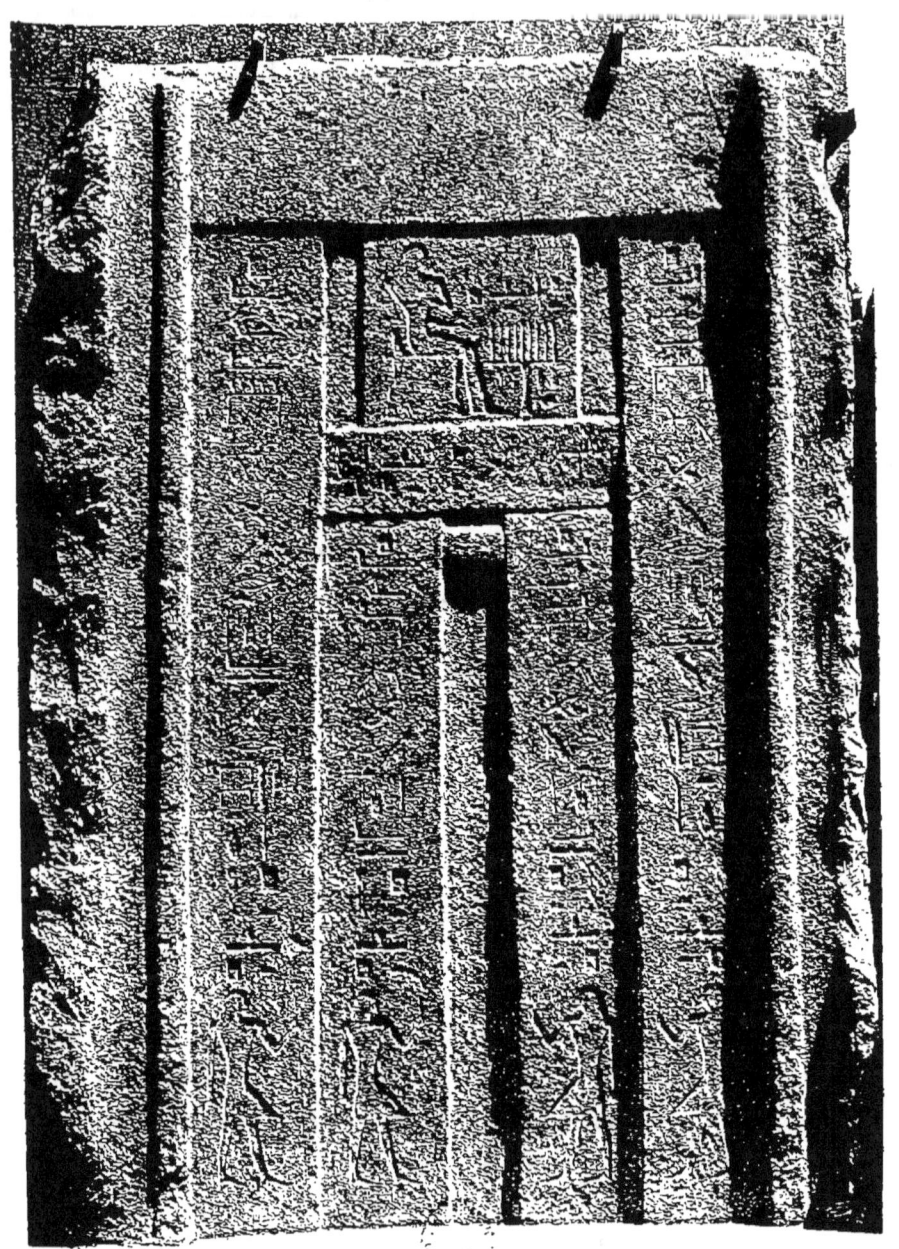

Stèle de Ptahhotpou
(V^e dynastie).

1

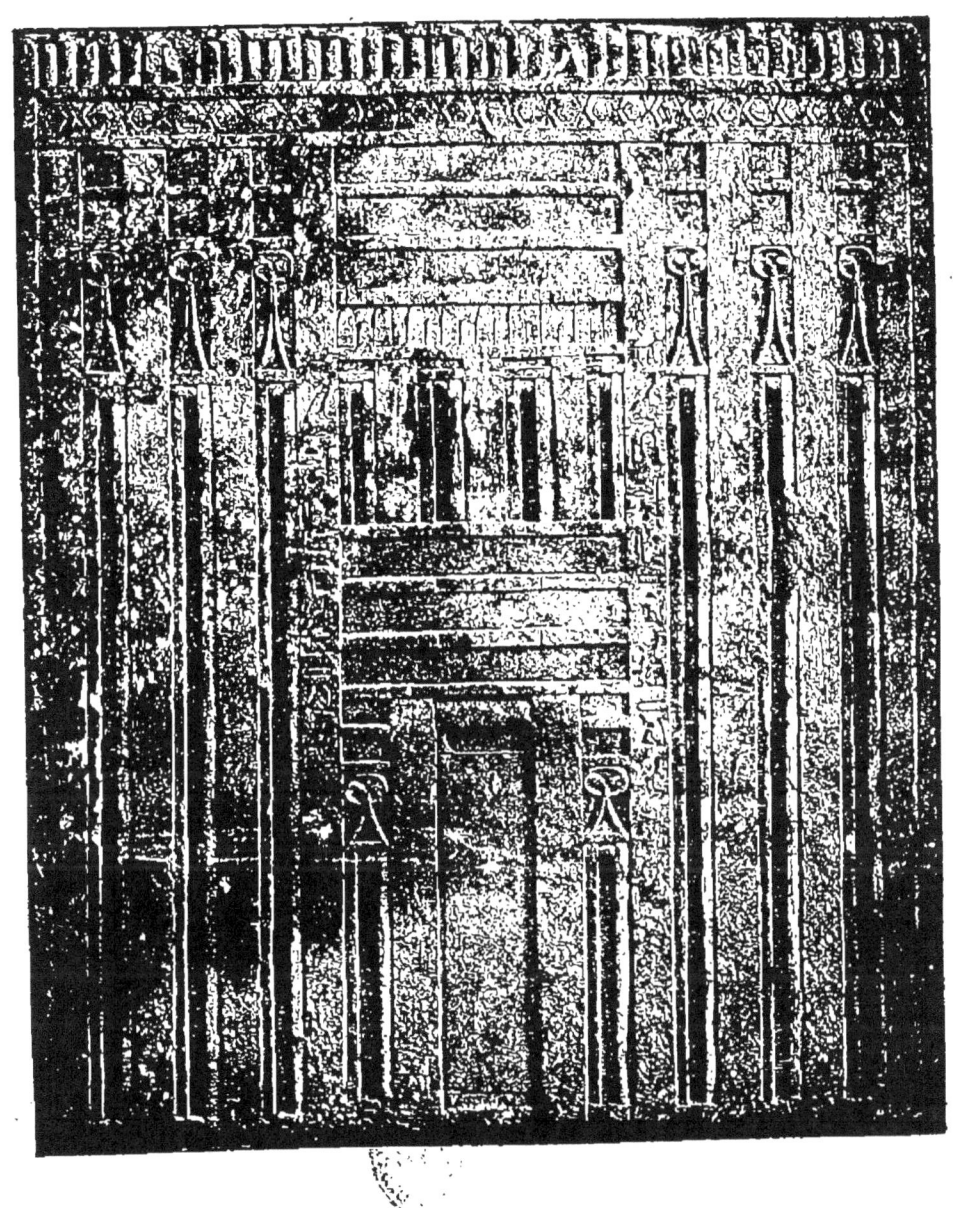

Stèle de Sitou
(IVᵉ dynastie).

mais le haut de la stèle. Les bas côtés furent rabattus sur le même plan que la face extérieure des montants, et restèrent séparés l'un de l'autre par une sorte de rainure longue et étroite, qui rappelait la place remplie jadis par la paroi du fond. La stèle ainsi constituée demeura la stèle-type pendant les trois dernières dynasties de l'Ancien-Empire (IVe—VIe), sans qu'on jugeât nécessaire d'en reproduire toutes les parties. Quelquefois, on négligeait le registre supérieur, et on se contentait de la partie architectonique : c'est le cas pour les deux stèles de *Sitou* que renferme le Musée *(Salle de l'Ancien-Empire*, n°s 883, 1043). Le plus souvent, on supprimait la partie architectonique, et on ne gardait que la scène située jadis au fond de la niche, et dont on modifiait plus ou moins l'arrangement. En même temps, les textes hiéroglyphiques prenaient plus de développement. L'inscription se bornait d'abord à énumérer le nom et les titres du défunt, sa filiation, les provisions qu'on lui servait les jours de fête : on y joignit une prière, où l'on adjurait les dieux des morts de lui assurer une destinée heureuse dans le monde infernal. Le dieu invoqué est presque toujours le chacal Anubis ou le *Dieu Grand*, c'est-à-dire Osiris : la formule est toujours brève. Les longues prières et les éloges pompeux ne commencent guères qu'après la VIe dynastie, à l'époque encore mal définie où la puissance memphite déclina, et où Thébes prit en mains les destinées de l'Égypte.

Les stèles carrées d'origine thébaine procèdent directement des stèles de la VIe dynastie, où l'on n'avait conservé que la scène gravée primitivement au fond de la niche. Une corniche, tantôt sculptée en relief, tantôt simplement indiquée au pinceau, deux baguettes rondes ou deux platebandes placées à droite et à gauche, sont tout ce qui rappelle la porte antique : encore disparaissent-elles souvent. La scène elle-même se complique d'éléments nouveaux. La stèle du *prince héréditaire de Thèbes, Entef* (*Grand Vestibule*, n° 167), nous fournit un bon exemple de ces modifications, et nous montre de quelles conceptions elles provenaient. La porte de l'hypogée est dessinée au milieu du registre inférieur : à gauche, deux serviteurs amènent chacun une gazelle d'espèce différente, à droite, deux bouchers égorgent un bœuf sous la surveillance d'un prêtre. Au-dessus de la porte, c'est-à-dire dans le tombeau même, Entef est assis sous un dais supporté de colonnettes peintes. Son chien favori est à côté de lui sous son fauteuil : un peu derrière lui, à gauche, un homme l'évente avec un grand chasse-mouche, à droite, un autre domestique lui tient sa canne et ses sandales, en attendant qu'il lui plaise s'en servir. Trois serviteurs viennent en procession lui offrir, l'un de *la bière douce,* l'autre une cuisse de bœuf, le troisième un panier de pain, tandis que des provisions diverses sont étalées à terre devant lui. Jadis, tous ces détails, la boucherie, l'apport des offrandes, les processions d'esclaves et de parents, étaient gravés sur les parois du tombeau : les voilà passés sur les stèles. La stèle était jadis la porte du tombeau : elle tend de plus en plus à devenir le résumé du tombeau lui-même. Et cette tendance se

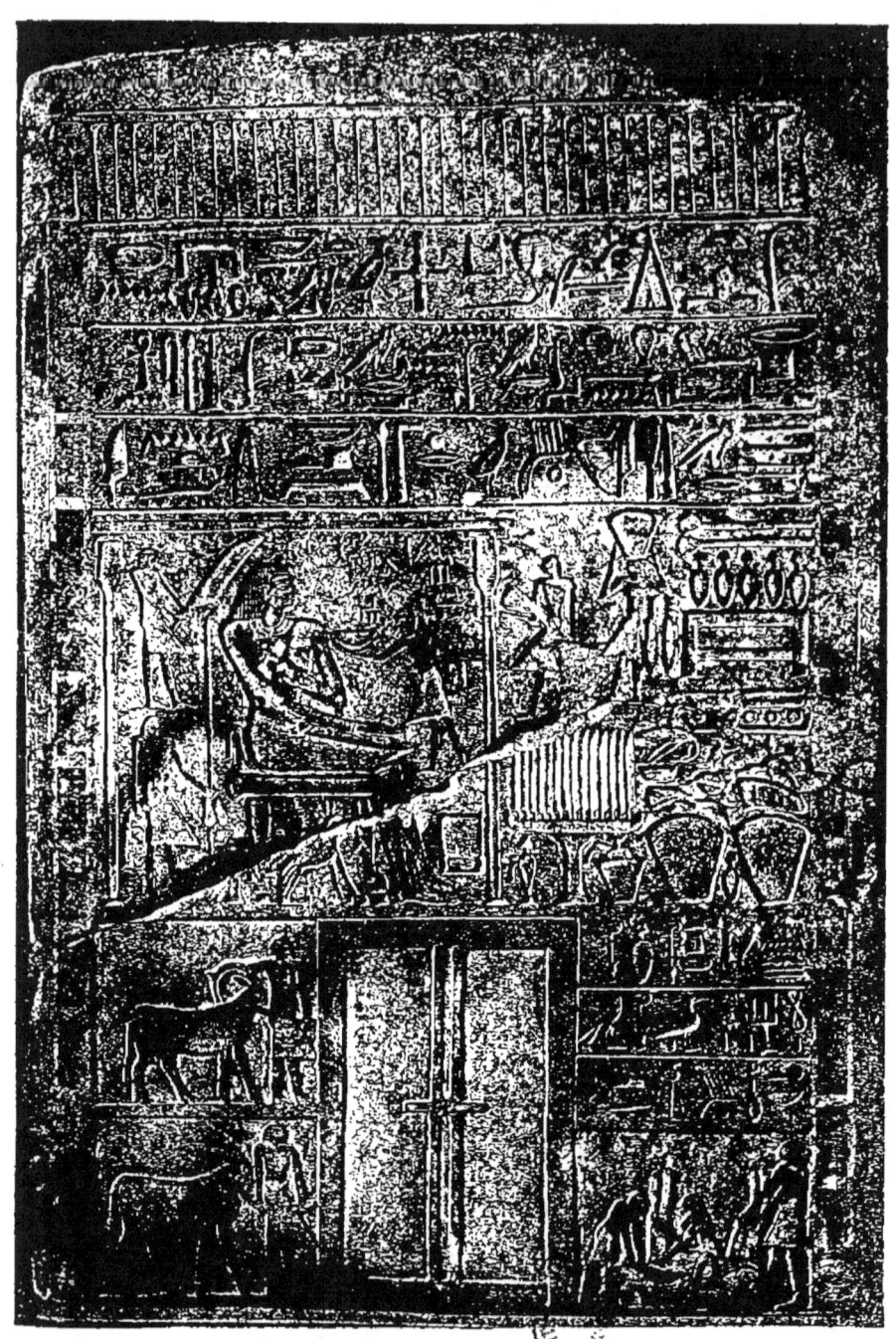

Stèle d'Entef

(XIe dynastie).

manifeste non-seulement dans le choix des sujets, mais dans la forme extérieure de la pierre. La stèle Memphite avait la forme carrée des Mastabas de Gizéh ou de Saqqarah : la stèle Thébaine s'arrondit au sommet, comme les chambres funéraires de la Moyenne et de la Haute Égypte. La stèle carrée au sommet est l'abrégé des tombeaux carrés : la stèle cintrée, l'abrégé des tombeaux voûtés, creusés dans le roc.

Ce changement dans le caractère des représentations devait entraîner nécessairement des changements importants dans le caractère des inscriptions. La formule qui se maintiendra jusqu'aux derniers jours de l'Égypte est dès à présent fixée dans ses grandes lignes. La rédaction la plus simple en est à peu près conçue en ces termes : « Présentation de » la table d'offrandes *(Souten di hotpou)* au dieu X » pour qu'il donne des provisions en pain, en eau, » bœufs, oies, en lait, en vin, en bière, en vête- » ments, en parfums, en toutes les choses bonnes et » pures dont vit Dieu, au *double* de *N.* fils de *N.*» La théorie du sacrifice funéraire et la destination de la stèle nous sont révélées tout entières par ces quelques mots. Comme les vivants ne sont pas en communication directe avec les morts et ne peuvent leur transmettre les offrandes de la main à la main, ils prennent un dieu pour intermédiaire et lui dédient le sacrifice, à la condition qu'il prélevera la part du mort sur toutes les bonnes choses qu'on lui présente et dont il vit. Le *double* des pains, des boissons, de la viande passait de la sorte dans l'autre monde et y nourrissait le *double* de l'homme. Il n'y

avait même pas besoin que cette offrande fût réelle pour être effective : le premier-venu, répétant en l'honneur du mort la formule de l'offrande, procurait par cela seul au *double* la possession de tous les objets dont il récitait l'énumération. Aussi n'était-il pas rare que l'on ajoutât à la formule ordinaire une adjuration, adressée à tous ceux que la fortune amènerait devant la stèle. « O princes, chefs des pro-
» phètes, ô grands-prêtres, ô prêtres célébrants et ini-
» tiés, ô multitude des prophètes, ô fonctionnaires,
» ô citoyens vivants dans votre ville, vous tous qui
» serez dans ce temple et qui passerez devant ce
» monument, récitez cette stèle, soit que vous dési-
» riez qu'*Osiris Khontamènti* ne cesse de vous pré-
» senter ses gâteaux de fête, soit que vous désiriez
» qu'*Ouopouatou* votre Dieu, dont plaisant est l'a-
» mour, rende votre cœur heureux comme celui d'un
» roi, à toujours et à jamais, si vous aimez la vie, si
» vous voulez ignorer la mort et assurer la force à
» vos enfants, dites de votre bouche : «*Présentation*
» *de la table d'offrandes, milliers de pains, d'eau, de*
» *gâteaux, de bœufs, d'oies, de parfums, d'étoffes,*
» *de toutes les choses agréables dont vit un dieu,*
» *au double de S-hotphitrî, fils de la Dame Mout-*
» *nibdidit.* » (*Salle historique de l'Ouest*, n° 125). Ces deux formules sont la partie essentielle de la stèle, le reste des inscriptions n'a qu'une importance secondaire. Tantôt, il fallait justifier les titres du défunt à la bienveillance des dieux : on racontait sa vie, on disait les faveurs dont le roi l'avait comblé, on célébrait ses vertus. On pense bien que le rédacteur de l'inscription n'avait garde d'indiquer les

vices de son héros : le dicton moderne, *menteur comme une épitaphe* aurait été de mise en Égypte, et peut-être le découvrirons-nous un jour au coin de quelque papyrus. Souvent, afin de mieux assurer au mort la plénitude de son bonheur, on décrivait les vicissitudes de sa vie d'outre-tombe, et l'idée qu'on s'en faisait variait selon les époques. A la XIIe dynastie, on l'embarquait sur la barque du Soleil, on le faisait participer aux courses du dieu et à ses triomphes. « Il a passé le bras chargé d'of-
» frandes dans les fêtes des morts avec les suivants
» d'Osiris, et les chefs de Mendès l'exaltent, les grands
» d'Abydos l'exaltent. — Il a mis les mains à la ma-
» nœuvre dans la barque solaire, sur les voies d'Oc-
» cident, et les chefs d'Abydos lui ont dit : « Va en
» paix ! » — Il conduit, avec le dieu Grand, jusqu'à
» la *Bouche de la fente*, la grande barque sacrée
» d'Osiris, lors de ses courses pendant les fêtes des
» morts, et Osiris, le taureau d'Occident, l'exalte. »
Sous la XVIIIe dynastie, on lui souhaite « la gloire
» au ciel, la puissance sur terre, la voix juste dans
» le monde souterrain, d'aller et de venir dans son
» tombeau, de se rafraîchir à son ombre et d'y boire
» chaque jour l'eau de sa citerne, de recevoir du
» Nil tous les aliments, toutes les herbes annuelles
» chacune en sa saison, de poser son âme sur les
» arbres de son jardin, d'être au frais sous ses sy-
» comores et de manger les fruits de leurs branches, »
et mille autres prospérités matérielles ou morales. Souvent encore, l'invocation traditionnelle au dieu se compliquait d'un hymne, où le défunt tâchait de se rendre le dieu favorable en l'accablant de compli-

ments: l'hymne finissait alors par occuper tout et ne laissait plus de place pour le reste des formules (*Grand Vestibule*, n° 292).

Les peintures ou les sculptures qui couvrent parfois le champ de la stèle sont comme la traduction des légendes en images. Prenons pour exemple la stèle n° 253 de notre Musée *(Grand Vestibule)*. Au registre le plus bas, des parents et des domestiques apportent des offrandes. Au registre qui vient ensuite, le défunt *Ahmôs, chef comptable des bœufs*, et sa femme *Pouhou*, assis à gauche, reçoivent l'encens et l'eau de leur fils *Ah;* une petite fille *Moutnofrit* est assise à côté de ses parents. En face, à droite, le père et la mère d'Ahmos sont assis également. Au dernier registre, *Ahmos, Pouhou*, la petite *Moutnofrit*, et un autre fils d'*Ahmôs* nommé *Mâhou*, adorent Osiris, assis dans son naos. On voit à première vue ce dont il s'agit. Dans les deux registres du bas, la scène est sur terre, et les survivants de la famille accomplissent l'action indiquée au début de la formule: ils *présentent la table d'offrandes* au mort et au dieu Osiris. Dans le registre du haut, la scène est en enfer: les morts de la famille adorent le dieu, pour recevoir de lui les portions qui leur reviennent de l'offrande faite sur terre. C'est la mise en action de la seconde partie de la formule, d'après laquelle le dieu doit donner des milliers de pains, de bœufs, etc., au *double* en faveur de qui on accomplit le sacrifice. Toutes les scènes représentées sur les stèles ne sont que des variantes des scènes figurées sur la stèle d'Ahmôs. Sous la XIIe dynastie, où l'on n'aimait pas beaucoup

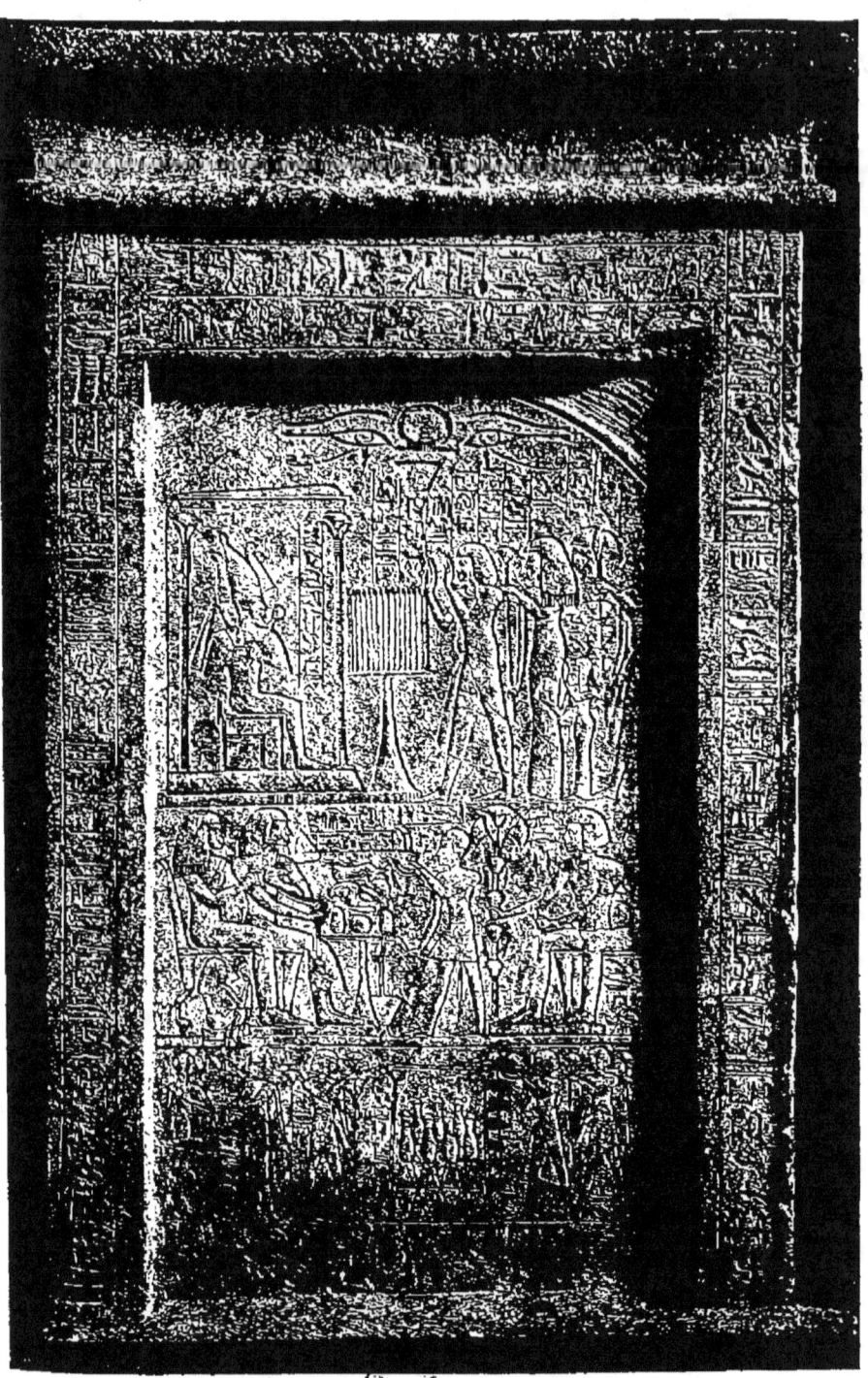

Stèle d'Ahmos
(XVIIIe dynastie).

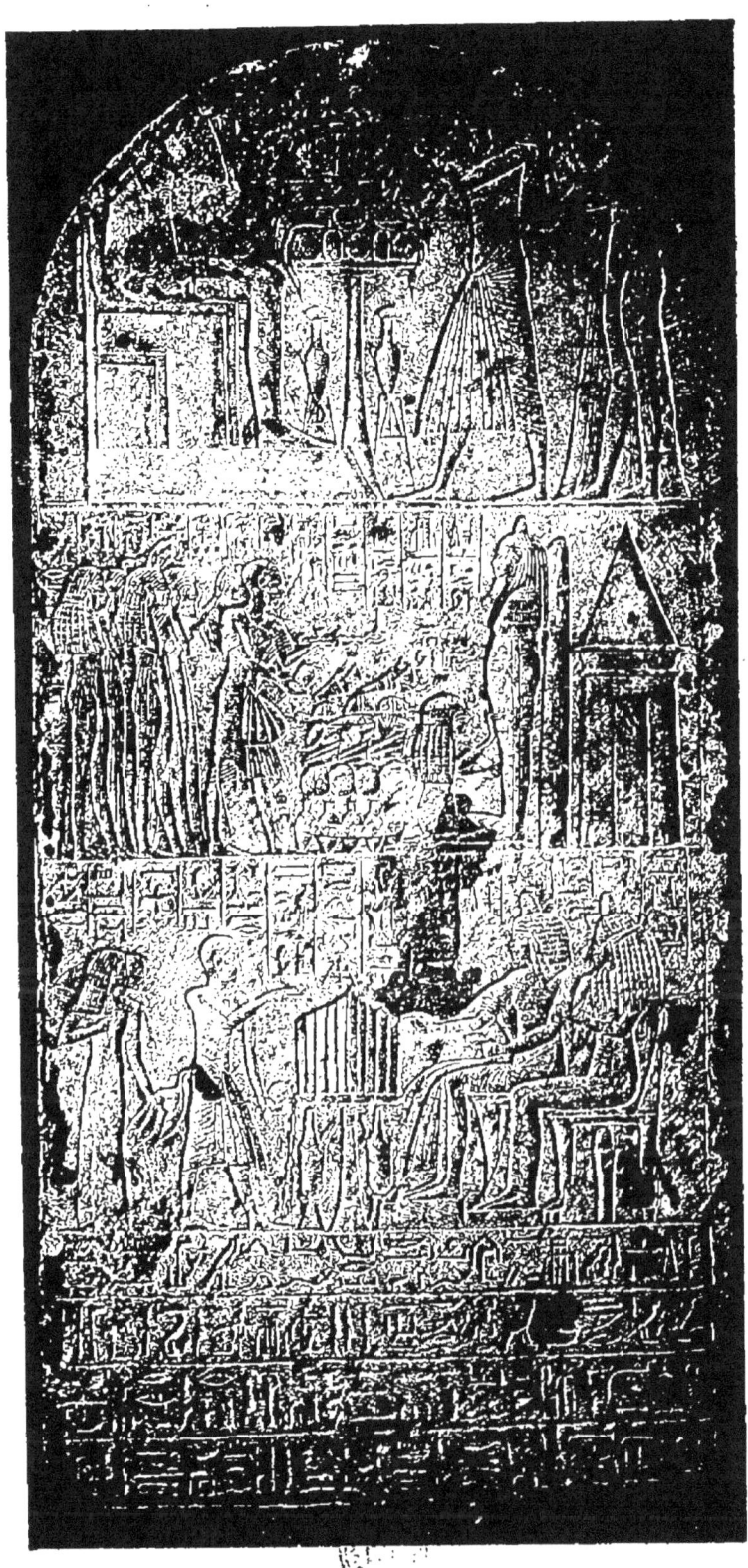

Stèle n° 165
(XXe dynastie)

reproduire l'image des dieux, la scène qui se passe devant Osiris est presque toujours remplacée par la formule; en revanche, la présentation de l'offrande, le sacrifice, le défilé de la famille et des vassaux occupent une grande place. Sous la XIIIe et la XIVe dynasties, on remplace fréquemment les registres de personnages par des listes, où sont énumérées toutes les personnes qui avaient assisté ou auraient dû assister à l'enterrement. Sous le Nouvel Empire, on joint quelquefois aux scènes d'offrandes la représentation de l'enterrement, le transport de la momie, les lamentations des femmes, l'arrivée à l'hypogée (*Grand Vestibule*, n° 165). Quand on supprimait quelques détails, ce n'était pas, comme sous la XIIe dynastie, ceux qui avaient trait à l'adoration du dieu par le mort, mais ceux qui se rapportaient à l'enterrement ou au sacrifice. Quand il n'y a qu'un seul tableau, le dieu y figure, et alors la formule est gravée au bas de la stèle, à la place qu'occupaient les scènes supprimées.

Tels sont les faits principaux qu'il importe de connaître pour comprendre le sens que les Égyptiens attachaient à la stèle. Il ne me reste plus qu'à signaler les plus curieux parmi les monuments de ce genre que renferme le *Petit vestibule*.

3. — **Calcaire blanc.** — H. 0^m 24. — (Mariette, *Mon. Div.*, pl. 47 c.)

Stèle funéraire en l'honneur d'Ounnofri, fils de Ziba, mort à l'âge de 51 ans, 1 mois, 27 jours. — Epoque Saïte. *Louxor.*

19. — Calcaire blanc. — H. 0^m 23. —
(Mariette, *Mon. Div.*, pl. 47 *d*.)

Stèle funéraire en l'honneur de Panofrihaf, fils de la dame Tetosiri, mort à l'âge de 57 ans, 10 mois, 4 jours. — Epoque Saïte. *Louxor.*

50. — Calcaire blanc. — H. 0^m 30; larg. 0^m 19. — (Mariette, *Abydos*, III, p. 355, n° 993.)

La chanteuse Sitathor est représentée accroupie, et jouant de la harpe devant sa fille Anoukitnofirhotpit. — XIIIe dyn. *Abydos.*

§ 2. — *Grand vestibule.*

Il est presque entièrement rempli des stèles trouvées dans les fouilles d'Abydos. On y remarque, en commençant par le mur à gauche de la porte d'entrée:

143. — Calcaire blanc. — H. 0^m 40; larg. 0^m 29. — (Mariette, *Abydos*, III, p. 178—179, n° 663.)

Stèle funéraire d'Apenônkh, fils de la dame Aki. La cavité ménagée au centre de la pierre était destinée à recevoir une statuette, celle d'un dieu ou celle du défunt: cette particularité n'est pas rare dans notre musée, et je la signale ici une fois pour toutes.
Abydos.

165. — Calcaire blanc. — H. 1^m 65; larg. 0^m 58.

Au premier registre, deux personnages sans légende sont devant Osiris. Au second est la scène des funérailles. La momie de Phrâmhabi est debout devant la porte de son tombeau; sa sœur Aati lui embrasse les genoux en se lamentant. Au registre suivant, le Chef des fondeurs Amenemhabi, assis avec sa sœur Aati, reçoit l'offrande de deux parents. L'inscription ne renferme que la formule ordinaire de dédicace au nom d'Amenemhabi. — XXe dyn.

Saqqarah.

166. — **Calcaire blanc.** — H. 0^m 30.

Les dieux Osorhapi, Ammon-Râ, Mout et Khonsou, de la localité de *Bokhnou*, reçoivent l'offrande d'un roi dont le cartouche est vide. Ce cartouche, rempli vers 1856 par une main moderne, a été martelé soigneusement lors de l'entrée au Musée, pour éviter toute erreur. *Saqqarah.*

167. — **Calcaire blanc.** — H. 0^m 95; larg. 0^m 73. — (Mariette, *Mon. Div.*, pl. 50 *b*.)

Stèle d'Entef (cfr. p. 34). — XIe dyn.

Drah abou 'l neggah.

168. — **Calcaire blanc.** — H. 0^m 39; larg. 0^m 26.

Stèle d'un travail très fin: les figures ont été martelées, et les inscriptions, simplement tracées à l'encre noire, ont été effacées à l'éponge dès l'antiquité. — XIIe dyn. *Abydos.*

169. — **Calcaire blanc.** — H. 0^m 90; larg. 0^m 59. — (Mariette, *Mon. Div.*, pl. 56, 2.)

Sous la corniche, deux séries de personnages sont agenouillées en face d'un amas de provisions. Au premier registre, le Chef des marchands du temple d'Aton, Houi, accompagné de sa femme Notmmannofri et de son fils, fait le sacrifice à son père et à sa mère. Au second, il est arrosé d'eau parfumée par son propre fils Iri. Cette stèle doit dater de la fin du règne d'Aménophis III ou du commencement de celui d'Aménophis IV : elle prouve en tout cas l'existence à Memphis d'un temple du dieu Aton.

Saqqarah.

171. — Calcaire blanc. — H. 0^m 34; larg. 0^m 24. — (Mariette, *Abydos*, III, p. 499, n° 1314.)

Les dieux Osiris, Isis, Horus, et la barque sacrée d'Osiris à Abydos, reçoivent l'hommage d'une famille de huit membres, dont les chefs sont Sônkhihor et sa sœur Rânofrit. — Ep. Saïte. *Abydos.*

176. — Calcaire blanc. — H. 0^m 55; larg. 0^m 34. — (Mariette, *Abydos*, III, p. 427, n° 1141.)

Stèle funéraire au nom de Phtahmâkouï et de la dame Skhamnofrit. Au dernier registre, on remarque une déesse qui, sortant à mi-corps du feuillage d'un sycomore, verse de l'eau sur deux femmes et sur un épervier à tête et à bras d'homme : c'est la déesse Isis qui donne l'eau de jeunesse à l'âme du mort, à sa femme et à sa fille. — XXe dyn.

Abydos.

190. — Calcaire blanc. — H. 0^m 31; larg. 0^m 34. — (Mariette, *Abydos*, III, p. 450, n° 1195.)

L'enseigne d'Osiris est debout au milieu de la stèle, supportée de chaque côté par une figure de roi, et flanquée à droite et à gauche de deux autres enseignes surmontées du bélier : un Hor et une Isis complètent la triade d'Abydos. La formule porte le nom de la Chanteuse d'Ammon, Tamout, et de sa fille Moutemapit. — XXe dyn. *Abydos.*

205. — Calcaire blanc. — H. 0^m 26; larg. 0^m 38. — (Mariette, *Abydos*, III, p. 195, n° 694.)

La partie supérieure du monument a disparu : ce qui reste offre les traces de deux époques différentes. Le registre du haut appartient à une famille de la XIIe dynastie. Vers la XVIIIe dynastie, un Comptable du blé et chef des Greniers d'Osiris, Tounna, a fait briser la stèle et a gravé son nom sur les parties qui n'avaient pas été remplies autrefois. *Abydos.*

244. — Calcaire blanc. — H. 0^m 37; larg. 0^m 33. — (Mariette, *Abydos*, III, p. 435, n° 1161.)

Stèle funéraire, en l'honneur du prêtre d'Hor, Houho, de sa première femme Khaïtbasti, de sa seconde femme Hathor, de sa troisième femme Tontapit et de la fille de cette dernière Moutnofrit. Il résulte des termes du texte que ces trois femmes ne vivaient pas simultanément dans le harem de Houho, mais furent épousées l'une après l'autre, et que les deux premières étaient mortes avant le mariage de la troisième. — XIXe dyn. *Abydos.*

254. — Calcaire blanc. — H. 0^m 88; larg.

0^m 48. — (Mariette, *Abydos*, III, p. 320—321, n° 905.)

Le prince héréditaire Amoni est assis en grand pompe devant la porte de son tombeau, la canne et le sceptre à la main. Devant lui sont assis par terre, sa femme Gouaït, fille de Tiounhâaou (pain des petits enfants) et deux autres personnes de la famille : les personnages figurés aux registres suivants sont des amis ou des parents venus pour prendre part au repas funéraire. — XIIe dyn. *Abydos*.

261. — **Calcaire blanc.** — H. 1^m 06. — (Mariette, *Mon. Div.*, pl. 94.)

Table d'offrandes du Docteur, scribe en chef, Sitou. Des offrandes diverses, volaille, raisin, pain, etc. sont figurées sur la partie postérieure. Le bassin où coulait la libation est divisé en étages, qui montrent la hauteur de l'eau dans les réservoirs aux saisons: vingt-deux coudées en hiver et au printemps, vingt-trois en automne et au commencement de l'hiver, vingt-cinq pendant l'été. — VIe dyn. *Dahshour*.

285. — **Calcaire blanc.** — H. 1^m 17.

Cette statue et la suivante ont été tirées du tombeau de Khâï, gardien du Trésor de la chapelle funéraire de Ramsès II. Le mort, assis, tient devant lui une petite chapelle portative, qui renferme une image d'Osiris. Deux classes assez différentes avaient le droit de porter ces petites chapelles : des prêtres de haut rang, qui ne paraissaient en public avec leur fardeau que dans les processions solennelles; des religieux ambulants, qui s'en allaient à travers le pays, comme certains moines italiens font encore aujourd'hui, exhibant leur dieu à la vénération des fidèles. Il va de soi que Khâï appartenait à la première classe. Le pilier auquel il est adossé porte une prière à Phtah, à Osiris, à Sokari, à Nofritoum : elle parle de la consécration des deux statues que possède notre Musée. — XIX° dyn. *Saqqarah.*

286. — Calcaire blanc. — H. 1^m 10.

Autre statue du même personnage, dans la même pose. Le naos renferme une statuette du dieu Râ.
Saqqarah.

291. — Calcaire blanc. — H. 0^m 93; larg. 0^m 55. — (Mariette, *Abydos*, III, p. 218—219, n° 741.)

Par une exception remarquable, le cintre de la stèle est rempli d'un tableau qui représente l'abattage des victimes. L'offrande est faite au nom de Nakhti, fils de la dame Sitkhontkhiti. — XII° Dyn.
Abydos.

292. — Calcaire blanc. — H. 0^m 31; larg. 0^m 22. — (Mariette, *Mon. Div.*, pl. 57 a.)

Au premier registre, le scribe Anaoua, majordome de Memphis, est en adoration devant Toum à droite, devant Harmakhis à tête d'épervier, à gauche.

L'inscription est de celles dont j'ai parlé (p. 37—38), où la formule est remplacée par un hymne. Ici, l'hymne est adressé au Soleil qui se lève à l'horizon pour aller se coucher au pays de vie. «Salut à toi, »qui te lèves à ton horizon sous la forme de Râ

»reposant sur la Vérité, toi que tous les êtres voient
»quand tu traverses le ciel et vers qui ils viennent
»en cachant leurs faces! Donne-moi qu'au matin
»de chaque jour, je sois florissant et que je par-
»coure le ciel avec ta majesté; car lorsque tes rayons
»tombent sur leur face, on ne peut te discerner, et
»l'or lui-même n'a pas ton éclat.» — XIX° dyn.

Saqqarah.

293. — Calcaire blanc. — H. 0^m 31; larg. 0^m 22. — (Mariette, *Abydos*, III, p. 451, n° 1200.)

Pamihou est en adoration devant une déesse assise, qui porte sur la tête une petite barque. C'est la déesse Noshemit, personnification de la barque sacrée d'Osiris à Abydos. *Abydos.*

297. — Calcaire blanc. — H. 0^m 77; larg. 0^m 48. — (Mariette, *Abydos*, III, p. 319, n° 904.)

Le chancelier Amoni, fils de la dame Qomtit, est assis sous un naos richement décoré. — XII° dyn.

Abydos.

328. — Calcaire blanc, — H. 0^m 35; larg. 0^m 40.

Fragment de muraille représentant des troupeaux de chèvres et de bœuf. — V°—VI° dyn.

Saqqarah.

329. — Calcaire blanc. — H. 0^m 97; larg. 0^m 66. — (Mariette, *Abydos*, III, p. 454, n° 1206.)

Au premier registre, deux processions de dieux qui vont à la rencontre l'une de l'autre : à droite Osiris d'Abydos, Isis et la déesse de l'Amenti, représentée par son emblème, à gauche Ammon générateur, seigneur de Khemmis, Hor et Anubis. Au second registre, Rouï et sa femme Sokhit reçoivent les offrandes de leur fils Ramsès ; en face d'eux, à gauche, le général du roi, Khâï, et sa femme reçoivent l'hommage de leur fils. Au troisième registre, c'est Ramsès et sa femme Ataï qui reçoivent à leur tour l'hommage de leur fils Khâï et des personnes de leur famille. — XIXe dyn. *Abydos.*

330. — Calcaire blanc. — H. 0^m 48 ; larg. 0^m 27. — (Mariette, *Abydos*, III, p. 382, n° 1057.)

Stèle du Grand-prêtre d'Ammon, vice-roi d'Ethiopie, Piônkh, fils du roi Hrihor, le seul monument connu de ce prince. — XXe dynastie.

Cette stèle appartient à une série de monuments, mal étudiés jusqu'à présent, où l'offrande est faite pour une partie de l'âme humaine différente du *double*, à qui on adresse d'ordinaire les prières. La partie ignée de l'âme, le Khou ou Lumineux, devait être *instruit* des formules nécessaires à sa gloire dans l'autre vie, *muni* des amulettes et du viatique indispensables à tous les habitants de l'autre monde : de là, les expressions de *Khou instruit* et de *Khou muni* fréquentes dans les textes. C'est au *Khou instruit* que s'adresse le proscynème des stèles, et cette qualification de Khou avait amené les théologiens à mettre, devant le nom du défunt, le titre de

Râ ou Soleil. Le défunt est identifié ici au Soleil comme il l'est ailleurs à Osiris : l'idée de lumière contenue dans le terme de *Khou*, le *lumineux*, se continue dans le titre de *Râ*. C'est au défunt glorieux et instruit, resplendissant et omniscient comme le soleil, que s'adresse le proscynème de nos stèles. L'identification avec Râ, qu'on croit avoir été exclusivement réservée aux rois, était donc accordée aux simples particuliers sous la XIXe et sous la XXe dynasties, sinon plus tôt. **Abydos.**

378. — Calcaire blanc. — H. 1^m 60; larg. 0^m 90. — (Mariette, *Mon. Div.*, pl. 61.)

La corniche est mutilée : on y voyait, au centre, la barque solaire, devant laquelle se tenaient, à droite et à gauche, un cynocéphale en adoration et une figure agenouillée du défunt.

Sous la corniche, deux petits tableaux nous montrent le Scribe en chef d'Ammon, Phrâhiouïnamf, et sa femme, la Chanteuse d'Ammon, Niouhaï, agenouillés devant le chacal d'Anubis. Le tableau suivant est l'arrivée du couple défunt devant Osiris et Isis. Osiris est appelé successivement « le roi de l'Eter-
» nité, le dieu grand, sorti de l'eau primordiale, l'é-
» pervier fort, le roi des dieux, maître des âmes,
» chef des épouvantements, maître des diadèmes, ce-
» lui qui est grand dans Hnès, qui paraît comme bélier
» dans Mendès, le suzerain dans le cycle des dieux,
» seigneur des couronnes dans Héliopolis, celui qui
» porte haut les deux plumes de sa coiffure, le roi
» du ciel, le souverain de l'Amenti, celui qu'ont ré-
» véré les dieux et les hommes, qui fait ce qui est

»juste et tourne le dos au péché : quiconque connaît
»l'humilité et compte ses actions justes, le connaît
»par là-même.» Sous ce tableau, vient, comme on
doit s'y attendre, l'offrande au défunt et à sa femme,
puis la formule : «Offrande à Osiris et à Isis, ... pour
»qu'ils m'accordent de recevoir l'offrande au tom-
»beau, la libation qui sort de l'eau courante, pour
»que mon âme sorte où il lui plaira et qu'elle voie
»Hor comme le voit l'horizon.» — XXe dyn.

Saqqarah.

379. — **Albâtre.** — Diamètre, 0^m 49.

Table d'offrandes en forme de disque plat semé
de godets et portant en relief le signe *hotpou*, qui
sert à écrire le nom des tables d'offrandes. — V^e dyn.

Saqqarah.

420. — **Calcaire blanc.** — H. 1^m 14; larg.
0^m 80. — (Mariette, *Abydos*, II, pl. 63 et t. III,
p. 413—414, n° 1122.)

Au premier registre, le Maître des essences et parfums du trésor royal, chef des coiffures royales du
Pharaon, Româ, sa femme Soukhâ, sa fille Tapou,
et son petit-fils Nihiaï, présentent leur hommage à
la triade d'Osiris, Isis et Hor. Au second registre,
Româ et sa femme reçoivent l'offrande de leur fils
Apii, chef des domestiques, et de plusieurs autres
membres de la famille. Le troisième registre est
rempli tout entier par un bel hymne à Osiris: «Salut
»à toi, Osiris, fils aîné de Sib, le plus grand des six
»dieux issus de la déesse Nout, le grand favori de
»son père Râ, le père des pères, celui qui est le plus

» avant dans son cœur; roi du temps, maître de l'é-
» ternité, un en ses manifestations, terrible, dès qu'il
» sortit du sein de sa mère, il réunit le couronnes,
» il attacha l'uræus sur sa tête; multiforme, dieu
» dont le nom est inconnu, et qui a beaucoup de
» noms dans les villes et dans les provinces; si Râ
» se lève au ciel, c'est au gré d'Osiris, et s'il se
» couche, c'est à la vue de ses splendeurs!» —
XIXᵉ dyn. *Abydos.*

442. — Calcaire blanc. — H. 0ᵐ 70.

Zaï, vêtu d'une longue robe bouffante ramenée en tablier sur les jambes, est assis à côté de sa femme Naï, qui lui passe le bras sur l'épaule. Au dossier, un petit bas-relief nous montre les deux époux recevant l'offrande de la Chanteuse d'Ammon Tinro. XIXᵉ dyn. *Saqqarah.*

443. — Grès rouge. — H. 1ᵐ 05; long. 0ᵐ 50; larg. 0ᵐ 65.

Fragment de pilier quadrangulaire, gravé sur les quatre faces. Ramsès II, agenouillé, présente le vin à Ammon et à la déesse Mout. — XIXᵉ dyn.

Karnak.

445. — Granit rose. — H. 1ᵐ 10; diam. 0ᵐ 75. — (Maspero, *Zeitschrift*, 1881, p. 118.)

Tambour de colonne représentant le Pharaon Ménephtah, en adoration devant un dieu dont le nom est détruit. On savait que Ménephtah triompha d'une coalition formée par les Libyens et les *Peuples de la mer*, mais on ne se savait pas jusqu'à présent à quel moment il convenait de placer sa victoire:

l'inscription de cette colonne nous apprend qu'elle fut remportée en l'an V. — XIX⁰ dyn.

Le Caire.

446. — Granit rose. — H. 1ᵐ 50. — (Mariette, *Abydos*, II, pl. 26, t. III, p. 30, n° 347.)

Le roi Sovkemsaouf, de la XIII⁰ dynastie, est debout, marchant : sur la pierre qui unit ses deux jambes est représenté son fils, le prince Sovkemsaouf. La figure du Pharaon est mutilée, ce qui nous empêche d'en saisir complétement l'expression. Cet accident est d'autant plus à regretter, que le morceau est d'une très belle facture et donne la meilleure idée de ce qu'était l'art égyptien un peu avant l'invasion des Pasteurs. — XIII⁰ dyn. *Abydos.*

465. — Bronze. — H. 0ᵐ 27 ; long. 0ᵐ 64. — (Mariette, *Mon. Div.*, pl. 41.)

Ce lion fut trouvé dans le *sebakh*, avec deux autres lions plus petits et une plaque mince de bronze. Il porte les cartouches d'Apriès (XXVI⁰ dynastie), et faisait partie des pièces qui composaient l'ornementation d'une porte de naos. La partie postérieure était appliquée contre un mur, ou appliquée sur une traverse de bois qui maintenait l'objet en place : la chaîne, dont quelques anneaux pendent encore entre les pattes de devant, servait à rattacher ce lion à d'autres lions, disposés sur les degrés de l'escalier qui menait soit au naos soit à une petite salle d'un temple.

Comme fabrication, ce monument ne laisse rien à désirer : il a été coulé d'un seul morceau, sauf l'anneau de la chaîne, par le procédé dit de fonte au carton. Comme œuvre d'art, il nous donne un bon exemple de l'habileté avec laquelle les Egyptiens savaient reproduire les formes animales. Le lion est représenté couché dans une sorte de cage oblongue, d'où ne sortent que sa tête et ses pattes de devant : la face et les membres ont une expression de force calme fort bien rendue. — XXVIe dyn.

Horbaït.

466. — Granit gris. — H. 0^m 70.

Statue d'Osiris debout, dédiée par une Chanteuse d'Ammon, Tashib. — XXVIe dyn.

Médinet-Habou.

467. — Granit gris. — H. 0^m 67.

Autre statue d'Osiris, dédiée par la Chanteuse d'Ammon Moutiritis, dame de compagnie de la reine Ameniritis. — XXVIe dyn. *Médinet-Habou.*

468. — Albâtre. — H. 1^m 67.

Cette jolie statue, un peu trop vantée au moment de la découverte, représente la reine Ameniritis, fille du roi Kashta et sœur de Sabacon. Les formes un peu longues et grêles sont chastes et délicates : la tête, surchargée de la grande perruque des déesses, est d'une expression un peu morne. Malgré ses défauts, cette statue n'en est pas moins un des morceaux les plus précieux du Musée.

Le socle sur lequel elle repose est de granit gris : l'inscription donne le nom et les titres de la reine.

Les deux noms martelés sont ceux de Sabacon et de Kashta, que les monarques de la XXVI⁰ dynastie considéraient comme des usurpateurs. — XXV⁰ dyn.
Karnak.

469. — Granit noir. — H. 0ᵐ 80.

Groupe d'Ammon et de Mout, consacré par le roi Séti Ier : le sculpteur a donné aux deux divinités les traits du roi. — XIX⁰ dyn. *Karnak.*

471. — Calcaire blanc. — H. 0ᵐ 50; larg. 0ᵐ 45. — (Mariette, *Abydos*, III, p. 113—115, n⁰ 655.)

La dame Tanii demande à Osiris et à Anubis de lui accorder des milliers de pains, des milliers de cruches de bière, des milliers de bœufs et d'oies, « des milliers de pastilles d'encens et des parfums » divins qui naissent sur le grand champ d'Hélio- » polis.» Pour justifier cette faveur des dieux, elle raconte les faveurs que lui ont accordées les rois : « J'ai été une merveille parmi les êtres doués de con- » naissance, une femme rendue heureuse par tous » les éloges qui sortent de la bouche auguste du roi, » en vérité, car le roi m'a récompensée par des re- » pas de chaque jour; quand j'entrais, on me louait, » quand je sortais, ce n'était que marques d'affection » accordées à ma parole et à ma sagesse, que ré- » cits des choses que j'avais faites.» Aussi bien, Tanii doit-elle jouir des bonheurs réservés aux servants d'Osiris : « elle accourt à Abydos, en ce jour dont on » ne parle point (le jour de la mort), elle entre dans » le sanctuaire et en voit les secrets; elle entre dans

» la barque d'Osiris et parcourt le fleuve sur la bar-
» que du dieu; elle se manifeste comme Râ, des guir-
» landes de *fleurs de vie* pour ses yeux, son nez et
» ses oreilles, des *fleurs célestes* pour ses membres;
» Taït, la déesse des étoffes, lui donne un vêtement,
» car elle a donné ses vêtements à Aroîri, ce jour
» où il a pris le diadème royal, et ton nez est à toi,
» tes deux yeux voient, ô Tanii.» — XII° dynastie.
Abydos.

§ *3.* — *Salle historique de l'ouest.*

La plupart des monuments conservés dans cette salle donnent des renseignements précieux pour l'histoire; presque tous ne sont historiques qu'accidentellement. Il peut arriver, en effet, que les biographies de particuliers, racontées sur les stèles votives, fassent des allusions plus ou moins claires aux événements de la vie publique : un général parle de ses campagnes, un ministre des actes de son administration, ou, sans prendre d'aussi hauts personnages, un scribe, un domestique, peut citer, à propos d'un des faits de sa vie, une date et un nom de roi. C'est avec de pareils éléments que nous parvenons à reconstituer tant bien que mal de longues périodes d'histoire. Il y avait pourtant à côté de ces documents inconscients, des pierres que l'on avait fait graver, avec l'intention expresse de conserver la mémoire de tel ou tel événement à la postérité. Après une guerre heureuse, un roi dédiait dans un temple une stèle où il vantait ses exploits, énumérait les hommes et les villes prises, donnait le texte des traités conclus avec l'ennemi. La plupart de monuments de ce genre que renfermaient les temples ont péri, et le nombre de ceux qui subsistent est si restreint, que peu de Musées seraient en état d'en remplir une salle, même aussi petite que l'est notre *Salle historique de l'ouest*.

87. — Calcaire blanc. — H. $1^m 23$; larg. $0^m 60$. — (Mariette, *Abydos*, II, pl. 51; t. III, p. 415—416, n° 1124.)

Au premier registre, le roi Séti Ier, debout, fait l'offrande à Osiris et à Isis la grande, dame du ciel. Au second, le défunt est agenouillé devant Anubis: c'est Hori, attaché au temple de Séti Ier, et gouverneur de la Villa de Ramsès Ier. — XIXe dyn.

Abydos.

89. — Granit noir. — H. $1^m 85$; larg. $1^m 16$. — (Mariette, *Mon. Div.*, pl. 14.)

Cette stèle a été découverte en 1870, dans les fondations d'une petite chambre de la mosquée Shéïkhoun, au Caire, par Mohammed Effendi Kourshîd, surveillant en chef du Musée.

Elle date de l'an VII d'Alexandre II, fils d'Alexandre le Grand, et a été dédiée par Ptolémée fils de Lagos, qui ne prend encore que le titre de Satrape d'Egypte. Ptolémée était déjà fort puissant: « il avait fait sa résidence de la Forteresse du roi » Alexandre premier sur les bords de la mer Io- » nienne, dont le nom primitif était Rakôti, et où » il avait établi beaucoup de Grecs avec leurs che-

» vaux, et beaucoup de galères avec leurs soldats.
» S'étant rendu avec son armée au pays des Syriens,
» pendant qu'ils lui livraient bataille, il se jeta au mi-
» lieu d'eux d'un cœur hardi, comme un vautour au
» milieu des moineaux, il les prit en une seule fois,
» et emmena en Égypte leurs chefs, leurs chevaux,
» leurs vaisseaux, toutes leurs richesses.» Au retour
d'une campagne heureuse en Marmarique, comme
il fêtait sa victoire et cherchait ce qui pouvait être
agréable aux dieux d'Égypte, un de ses conseillers
lui suggéra de restituer au temple de Bouto les
biens que le roi Khabbash avait donné aux dieux
de cette ville, lors de sa révolte contre Xerxès Ier,
roi de Perse, et que les Persans leur avait enlevés
après la victoire. Ptolémée y consentit : la stèle se
termine par des imprécations contre quiconque es-
saiera de renouveler la spoliation. — Ep. grecque.

Le Caire.

97. — Basalte gris. — H. 2^m 33; larg.
0^m 30. — (Mariette, *Abydos*, t. I, pl. 2; t. III,
p. 84—85, n° 523.)

Montant de porte, utilisé dans la construction de
la margelle d'un puits, au village arabe d'Harabat el
Madfounah. Il donne le nom et les titres de Zaou,
frère de la reine Mirirî-Onkhnas, femme du roi
Pepi Ier et mère des rois Sokaremsaf Ier et Pepi II.
— VIe dyn. *Abydos.*

98. — Granit rose. — H. 1^m 80; long.
1^m 84; ép. 0^m 43. — (Mariette, *Mon. Div.*,
pl. 1—6.)

Les descendants des rois-prêtres d'Ammon-Râ, exilés en Nubie par les Pharaons de la XXIIe dynastie, y avaient fondé, avec les provinces conquises vingt siècles plus tôt par les rois de la XIIe dynastie, un royaume indépendant dont la capitale était Napata (Gebel-Barkal). Bâtie au pied d'une colline, à laquelle la piété des habitants avait donné le nom de *Montagne Sainte,* et longtemps considérée comme un des chefs-lieux de la province égyptienne d'Ethiopie, Napata, aux mains de ses nouveaux maîtres, devint une sorte de Thèbes éthiopienne, modelée autant que possible à l'image de Thèbes d'Égypte. Ammon-Râ, roi des dieux, y trônait en souverain avec Mout et Khons; le temple était construit à l'imitation du sanctuaire de Karnak. C'est dans ses ruines qu'un officier égyptien de passage découvrit par hasard en 1862 cinq stèles dont il remit des estampages et des dessins à M. Mariette. L'année d'après, le gouverneur de la province expédia les cinq monuments au Musée de Boûlaq, sur l'ordre du vice-roi.

Notre stèle n° 98 est de beaucoup la plus ancienne. Elle nous reporte vers l'an 740 avant notre ère, et nous fait connaître l'état de misère et de division où était l'Égypte. Le Sud et Thèbes appartenaient déjà aux Ethiopiens : au delà, le pays était réparti entre vingt princes, dont quatre au moins s'attribuaient le cartouche et les insignes de la royauté. Au milieu de ces roitelets turbulents et pillards, parut un chef militaire d'origine obscure, Tafnekht, seigneur de Noutir près Canope. Il s'empara successivement de tous les nomes situés à l'Occident de la branche principale du fleuve, le Saïte, l'Athribite, le Libyque, le Memphite. Respectant les régions situées à l'Orient du Delta, où la XXIIIe dynastie tanite continuait à régner, il remonta le cours du Nil : Méïdoum, le Fayoum, Hnès et son roi Pefâabasti, Khmoun et son roi Osorkon, le reconnurent pour maître. Il poursuivait le cours de ses succès et venait de mettre à contribution le nome d'Ouab, quand les chefs encore indépendants du Delta et de la Haute Égypte s'adressèrent au seul prince qui fût capable de lui tenir tête, à Piônkhi Miamoun, roi d'Ethiopie.

Piônkhi donna aux troupes qu'il avait en Thébaïde l'ordre de se porter en avant sans retard, tandis que lui-même rassemblait à Napata le gros de ses forces et se préparait à entrer en campagne. La flotte éthiopienne rencontra, au Nord d'Abydos, la flotte de Tafnekht qui cinglait vers Thèbes, en détruisit une partie et força l'autre à la retraite. Une seconde flotte, montée par les contingents de trois rois et de tous les vassaux de Tafnekht, fut battue, après un combat de trois jours, et les Ethiopiens vinrent aborder au nome d'Oun. La lenteur de leurs mouvements permit au roi Nimrod de se jeter dans Khmoun et de la mettre en état : une partie des troupes d'invasion demeura en observation devant la place, tandis que le reste continuait de marcher vers le Nord. Nimrod, cerné de tous côtés, ne pouvait plus espérer le secours de ses alliés ou de son suzerain : il n'en continua pas moins la résistance et tint les envahisseurs en échec. Il fallut, pour le réduire, l'arrivée de Piônkhi lui-même, avec de nombreux renforts. Piônkhi changea l'attaque de Khmoun en siège régulier : il fit élever des chemins d'assaut contre la muraille et dresser des tours chargées d'archers et de frondeurs. En trois jours, la place battue de tous les côtés ne fut plus tenable et son commandant fit demander grâce par sa femme, la reine Nsitentnsi, et par les dames du harem. Piônkhi le reçut à merci, entra dans la ville au bruit des acclamations, alla prier au temple de Thot et prit solennellement possession du butin au nom d'Ammon Thèbain. La chute de Khmoun entraîna la soumission de toute la moyenne Égypte : Piônkhi parvint aux portes de Memphis presque sans coup férir.

A peine arrivé, il envoya sommer la ville. « Ne » fermez point vos portes; ne combattez point contre » la Haute-Égypte. Shou, le dieu de la création, où » j'entre, il entre, d'où je sors, il sort, aussi ne peut-» on résister à mes attaques. Je ne veux qu'offrir » des offrandes à Phtah et aux dieux du nome Mem-» phite; je veux honorer Sokari dans sa chapelle, voir » le dieu Phtah, et puis je retournerai en paix. Si » vous me livrez Memphis, elle sera épargnée, et on » n'y fera pas même un petit enfant pleurer. Voyez » les nomes du Midi, on n'y a massacré personne, » excepté les impies qui blasphémaient Dieu; ces ob-» stinés là, on les a exécutés.» Piônkhi avait fait appuyer ses paroles d'un détachement d'archers, de matelots et de soldats du génie, qui devaient s'emparer du port de la ville. La garnison était sur ses gardes : elle repoussa ces troupes et leur infligea des pertes sérieuses. Bientôt après, Tafnekht profita d'une nuit obscure pour se jeter dans la place, avec un grand convoi d'armes et un corps de huit mille hommes, fortifia les points faibles de l'enceinte et partit vers le Nord, afin de rassembler une nouvelle armée. Il comptait sur une longue résistance, mais la flotte éthiopienne, trompant la vigilance des assiégés, pénétra par surprise dans le port et y captura tous les navires qu'elle trouva, tandis qu'une partie de l'armée se glissait le long de la rivière et s'introduisait dans la ville par les quais. Après deux jours de bataille dans les rues, la garnison mit bas les armes et Piônkhi put reprendre sa marche en avant. Il s'empara des forteresses avoisinantes et ne s'arrêta qu'un instant à Héliopolis, pour y célébrer le sacrifice royal. « Il monta l'escalier qui conduit au grand » sanctuaire pour y voir le dieu d'Héliopolis, lui, lui-» même. Tout seul, il tira le verrou, ouvrit les bat-» tants, contempla son père Râ, mit en ordre ses » deux barques sacrées; puis il ferma les battants, » plaça la terre sigillaire et y imprima le sceau royal.» C'était en quelque sorte prendre possession du pouvoir suprême. Osorkon de Bubaste reconnut le nouveau Pharaon; un mouvement des Ethiopiens décida les autres princes du Delta à suivre son exemple. Tafnekht, abandonné de ses vassaux, demanda la paix, et Piônkhi la lui accorda sans conditions. Après avoir reçu, non loin d'Athribis, au cœur même de la Basse Égypte, l'hommage de ses sujets, il reprit le chemin de son royaume, et rentra dans Napata, chargé de gloire et de butin, « d'or, d'argent, de bronze et d'é-» toffes précieuses, de tous les bons produits des pays » du Nord, de toutes les denrées de la Syrie et de » l'Arabie.» Pour la première fois, depuis deux cents ans, le royaume des Pharaons était reconstitué des sources du Nil bleu aux bouches du fleuve, mais non plus au profit de l'Égypte. L'Éthiopie, si longtemps vassale, devenait maîtresse à son tour; Napata régnait à la place de Thèbes et de Memphis. — XXIIIᵉ dyn. *Gebel-Barkal.*

99. — **Granit gris.** — H. 2ᵐ 15; larg. 0ᵐ 70; ép. 0ᵐ 34. — (Mariette, *Mon. Div.*, pl. 11—13.)

C'est la plus moderne des cinq stèles du Gebel-Barkal; on ne saurait la placer plus haut que la fin de l'époque persane ou le commencement de l'époque grecque. Le royaume de Napata avait rompu toutes relations avec l'Égypte. Les contrées de la Nubie inférieure, entre la première et la seconde cataracte, étaient devenues presque désertes : les villes fondées par les princes de la XVIIIᵉ et de la XIXᵉ dynastie étaient en ruines, et leurs temples commençaient à disparaître sous les sables. Le royaume de Napata avait sa frontière aux environs de la seconde cataracte. Il était divisé en deux régions, comme l'Égypte : dans le To-Qonous se trouvaient, en remontant le fleuve, Pnoubs, Dongoul (Dongolah), Napata, Astamouras, au confluent du Nil et de l'Astamouras (Astaboras), Béroua enfin, la Méroé des géographes Alexandrins; au-delà de Béroua, on entrait dans le pays d'Alo, qui s'étendait le long du Nil blanc et du Nil bleu, jusque dans la grande plaine de Sennaar. Sur la frontière méridionale du pays d'Alo, résidaient les Asmakh, descendants des soldats égyptiens, émigrés en Ethiopie au temps de Psamitik Iᵉʳ. A l'Est, au Sud et à l'Ouest, entre le Darfour, le massif d'Abyssinie et la Mer Rouge, vivaient une foule de tribus à moitié sauvages, les unes noires, les autres blanches de race africaine, d'autres de race sémitique, les Rehrehsa (Rhausi, Rhapsii), au sud de Béroua, entre le Nil bleu et le Tacazzé, les Madi ou Maditi (Mataïa, Matitae) entre le Tacazzé et la chaîne de montagnes qui bordent la Mer Rouge. C'est parmi ces pleuplades que le roi Horsiatef de notre stèle n° 99 trouva matière à victoires faciles. Neuf campagnes, dirigées contre elles en l'an II, III, V, VI, XI, XVI, XVIII, XXIII et XXXIV de son règne, sont racontées successivement sans grands détails. « L'an VI, » le 4 du mois de Shomou, moi, le fils du soleil, Hor» siatef, vivant à jamais, je fis convoquer une multi» tude de soldats contre les Madidi. Je les frappai » dans leurs villes, et je fis un grand carnage parmi » eux dans Labi, je pris leurs bœufs, leurs vaches, » leurs ânes, leurs moutons, leurs chèvres, leurs servi» teurs, leurs servantes, et c'est ta crainte excellente, ô » Ammon, qui obligea le prince des Madidi à m'en» voyer dire : Tu es mon Dieu, et je suis ton esclave, » je ne suis qu'une femme. Puis, venant vers moi, il » me fit apporter la rançon par les mains d'un homme. » Je revins, j'allai pour honorer Ammon de Napata, mon » excellent père, et je lui donnai nombre de bœufs. » Le butin passait presque entier aux prêtres. Sans parler des dons qu'il leur fit à son avènement, il restaura et enrichit les temples des villes principales de son royaume, à Napata, a Béroua, à Galal, à Sahrosa, à Sakalga, à Karti (Korté), à Mahat, à Artinaï, à Nahana, à Pkimaton, à Pnoubs.

Gebel-Barkal.

101. — **Granit noir.** — H. 0ᵐ 31.

Tête mutilée du conquérant éthiopien Taharqou, le Tahrakah de l'Ecriture — XXVᵉ dyn.

Acheté à Louxor.

102. — **Calcaire blanc.** — H. 1ᵐ 22; larg. 0ᵐ 58. — (Mariette, *Abydos*, t. II, pl. 50; t. III, p. 122—123, n° 1136.)

Au premier registre, le prêtre de Pharaon, porte-éventail à la droite du roi, le premier héraut de sa Majesté, Ramsès-emparî, surnommé Mion, est agenouillé devant Osiris et Isis d'Abydos : les deux cartouches de Ménephtah sont gravés dans le cintre et donnent la date de la stèle. Dans le second registre, il présente le vin et l'eau à son père Ioupa-âa, l'étranger, et à sa mère. La formule n'a rien de curieux qu'une variante du nom : au lieu du sobriquet de Mion, Ramsès-emparî, porte une qualification sémitique, Ben-Mizana du pays de Zor-Bisana. On ne doit pas oublier que le nombre des Syriens amenés en Égypte par le commerce et par la conquête était fort considérable : beaucoup entraient au service du Pharaon et obtenaient des charges considérables. Leur influence s'accrut tellement dans les années qui suivirent le règne de Ménephtah, que l'un deux osa se soulever contre le roi d'alors et resta maître du pays pendant quelque temps. — XIXᵉ dyn. *Abydos.*

104. — **Granit noir.** — H. 0ᵐ 80; larg. 0ᵐ 34. — (Mariette, *Abydos*, t. II, pl. 32; t. III, p. 544, n° 1427.)

Phtahmôs est debout dans une petite chapelle : il était grand-prêtre de Phtah à Memphis et vivait sous Thoutmos III, dont il porte les cartouches au cou et sur l'épaule droite. — XVIIIe dyn. *Abydos.*

105. — Calcaire blanc. — H. 1^m 00; larg. 0^m 70. — (Mariette, *Abydos*, t. II, pl. 27 *b*; t. III, pl. 236—237, n° 771.)

Le roi Menkhâourî Nâhît est en adoration devant le dieu Min de Coptos. C'est un monument presque unique de la XIVe dynastie. *Abydos.*

106. — Granit noir. — H. 1^m.

Les fouilles de Sân ont rendu au jour un certain nombre de monuments que M. Mariette a cru pouvoir attribuer à la période des Pasteurs. Ils se distinguent en effet des autres monuments égyptiens par des caractères bien tranchés, comme on le reconnaîtra sans peine, si l'on compare la tête des sphinx n° 106 et 107, à celle des sphinx de Thoutmos III et de Ramsès II, déposés dans la cour du Musée. La face est ronde, les yeux petits, le nez écrasé, les pommettes saillantes; la lèvre inférieure avance légèrement, les oreilles sont celles du taureau, et une crinière de lion encadre le visage. *Tanis.*

107. — Granit noir. — H. 1^m 30.

Tous ces caractères sont marqués au plus haut degré dans le sphinx n° 107, qu'on est parvenu à reconstituer presque entier; mais il porte, de plus, des inscriptions, qui nous permettent de refaire en partie son histoire. Il porte sur l'épaule droite une légende martelée, dans laquelle on a réussi à déchiffrer le nom du roi pasteur Apopi. Plus tard, Ménephtah fit gratter le nom du roi pasteur et y substitua ses cartouches, qu'il répéta encore dans l'inscription de la base. Plus tard encore, un roi tanite de la XXIe dynastie, Psioukhânou, grava ses cartouches sur la poitrine. Un examen attentif m'a fait reconnaître que la surface de la poitrine a été rabaissée pour recevoir les cartouches de Psioukhânou, et par conséquent qu'il y avait là auparavant, à la place d'honneur, les cartouches d'un roi, celui probablement pour qui on fit le monument. Ce roi antérieur à Apopi, était-il un Pasteur ou un roi des dynasties indigènes ? On n'a jusqu'à présent aucun élément certain pour résoudre la question : aussi convient-il d'attendre de nouvelles découvertes, avant d'affirmer que les sphinx n° 106 et 107, et les monuments de style analogue que possède le Musée de Boulaq, sont l'œuvre des Pasteurs, ou représentent des princes appartenant à cette race conquérante. *Tanis.*

108. — Granit noir. — H. 0^m 48 ; larg. 0^m 67 ; ép. 0^m 34. — (Mariette, *Mon. Div.*, pl. 38.)

Table d'offrandes consacrée par le roi Pasteur Aaknonrî Apopi. — XVIIe dyn. *Le Caire.*

109. — Granit gris. — H. 1^m 00 ; larg. 0^m 90. — (Mariette, *Mon. Div.*, pl. 39.)

Partie supérieure d'une statue colossale qui représentait un roi debout. Aucune inscription n'indique le nom du personnage, mais la ressemblance est frappante entre ce fragment et les monuments de Tanis : aussi M. Mariette l'a-t-il attribué à un roi Pasteur. De toute manière, la présence de ce morceau dans les ruines de la capitale antique du Fayoum prouve, que les princes qui régnaient à Tanis en ce temps-là étendaient leur autorité au moins sur la partie septentrionale de la Moyenne Égypte.

Mit-Farès.

112. — Granit rose. — H. $1^m 24$; larg. $0^m 69$. — (Mariette, *Mon. Div.*, pl. 10.)

Une des cinq stèles éthiopiennes du Gebel-Barkal, celle qu'on appelle d'ordinaire la stèle de l'excommunication.

Un roi, dont le nom a été martelé avec soin, raconte, qu'en « l'an II de son avènement, Sa Majesté » se rendit dans le temple de son père Ammon de » Napata, qui est sur la Montagne Sainte, pour en » chasser cette secte odieuse à Dieu qui s'appelle les » *Toumposiou Pirdoutkhaï* ». Ces gens paraissent avoir eu pour principe de ne point cuire la viande du sacrifice, mais de la manger crue, comme les Abyssins font aujourd'hui encore le *brindé*. « Ils avaient con- » juré en leurs cœurs de tuer tout individu qui ne » partagerait pas leur doctrine criminelle, mais Dieu » ne permit pas que leur parole s'accomplît. » Le roi « les fit passer par le feu », et défendit à leurs descendants, sous les peines les plus sévères, de jamais entrer dans le temple d'Ammon de Napata. — Epoque persane.

Gebel-Barkal.

— **Calcaire blanc compact**. — H. 0m 80; larg. 1m 30. — (Mariette, *Mon. Div.*, pl. 49.)

En 1860, M. Mariette découvrit cette stèle à Drah abou 'l neggah, dans une petite pyramide en briques, située à la lisière des terres cultivées. La partie supérieure manquait déjà. En 1882, un fellah du voisinage brisa ce qui restait pour construire une sakiéh : je n'ai pu retrouver tous les morceaux.

Les sept lignes d'inscription racontaient la construction du tombeau, et disaient que la stèle avait été mise en place l'an L du règne d'Entef IV. Derrière l'inscription était le roi lui-même, entouré de ses quatre chiens favoris, dont les noms berbères sont traduits en Égyptien : Bohoukaï, c'est-à-dire, *la gazelle*, Abaïqour (le lévrier), P'hotes c'est-à-dire *Le noir*, etc.

Le Papyrus Abbott raconte que, sous le roi Ramsès IX, une bande de voleurs exploitait la nécropole de Thèbes et ne respectait même pas les tombes royales. Une commission d'enquête, chargée de vérifier l'étendue des dégâts, visita, entre autres, la tombe du Pharaon Entef, et décrivit la stèle qui figure au Musée, mais en ne donnant que le nom du premier chien Bohoukaï. — XIe dyn.

Drah abou 'l neggah.

113. — **Calcaire blanc**. — H. 0m 58; larg. 0m 44. — (Mariette, *Abydos*, III, p. 460, n° 1221.)

Au milieu de la stèle se dresse un obélisque dont le sommet, arrondi comme celui de l'obélisque de

Bégig, est surmonté d'un gros épervier. A droite, Osiris, maître de Khenmerout, et Isis, sont debout; à gauche, deux Horus coiffés de la double couronne. Sous ce registre de dieux, on trouve deux personnages adorant, le prêtre Pameroupaqon, et Pnibmos, prêtre de Hor de Khenmerou. — XXe dyn.

Abydos.

114. — Granit gris. — H. 1^m 62; larg. 0^m 71. — (Mariette, *Mon. Div.*, pl. 9.)

Le royaume d'Éthiopie, fondé par les descendants des grands-prêtres d'Ammon, était une théocratie absolue. Le dieu choisissait le roi à sa guise, et la stèle 114, qui est le procès verbal de l'élection d'Aspalout, nous montre comment les choses se passaient. L'armée, réunie près de la Montagne Sainte à Napata, choisit six officiers qui, réunis à d'autres délégués des grands corps de l'état, proposent qu'on élise un roi. «Allons, donnons-nous un maître qui » soit comme un jeune taureau irrésistible!» Et cette armée se prit à se lamenter beaucoup, beaucoup, disant : «Notre maître est avec nous, sans que nous le » connaissions encore! Comment pourrons-nous le con- » naître!» Et chacun d'eux dit à l'autre : «Personne » ne le connaît, sauf Râ lui-même; puisse le Dieu » détourner de lui tout mal qui le menace en quel- » que lieu qu'il soit!» ... Lors, l'armée de Sa Majesté dit tout entière d'une seule voix : «Mais, il y a » ce dieu Ammon-Râ de la Montagne Sainte, qui est » le dieu d'Éthiopie! Allons, marchons vers lui, ne » parlons pas en ignorance de lui, car elle n'est pas » bonne la parole qu'on prononce en ignorance de

» lui! Posons le cas à ce dieu, qui est le dieu du » royaume d'Éthiopie, depuis le temps de Râ. Il nous » guidera, car les rois d'Éthiopie sont de ses mains, » et il donne le pays à son fils qui l'aime...» Voici que dit cette armée tout entière : « C'est une excel- » lente parole, en vérité,» un million de fois.

On se rend donc au temple ; les délégués, dûment purifiés, vont se prosterner devant la statue d'Ammon-Râ et lui présentent leur requête. Les prêtres éthiopiens savaient fabriquer des images miraculeuses, capables de mouvement et de parole : c'était un art qu'ils tenaient de leurs ancêtres égyptiens. Tous les membres de la famille royale défilent devant la statue, qui reste impassible. Aspalout arrive à son tour, aussitôt la statue le saisit et parle : « C'est lui » votre roi ! c'est lui votre maître qui vous fait vivre ! » et les chefs de l'armée acclament le nouveau Pharaon. Celui-ci entre dans le sanctuaire, se fait couronner par le dieu lui-même, puis se rend au milieu des soldats. La fête finit, comme finissent les fêtes de ce genre, par des distributions de pain et de bière.
— Ep. persane. *Gebel-Barkal.*

122. — Granit gris. — H. 1^m 32 ; larg. 0^m 72. — (Mariette, *Mon. Div.*, pl. 7—8.)

Quelques années après la conquête de l'Égypte par Assour-ban-habal, roi d'Assyrie, un des successeurs de Taharqou, Tonouatamoun, décidé par un songe qui lui promettait la royauté du Midi et du Nord, avait, dès les premiers jours de son règne, envahi la Thébaïde. La stèle n° 122 raconte son expédition en Égypte.

A Thèbes même et dans les environs, où les descendants éthiopiens des grands-prêtres d'Ammon avaient toujours conservé un parti puissant, Tonouatamoun n'avait rencontré aucune résistance. Sur son passage, les riverains de l'Ouest et de l'Est se réjouirent en grande joie, disant : «Va en paix! Pa-
» rais en paix! Rends la vie à l'Égypte, relève les
» temples qui tombent en ruine, redresse les statues
» et les images des divinités! Rétablis les fondations
» pieuses faites aux dieux et aux déesses, les offran-
» des pour les mânes! Remets le prêtre à sa place
» pour satisfaire à toutes les cérémonies du culte.»
Il battit les troupes des petits rois confédérés du Delta sous les murs de Memphis, enleva la ville et poursuivit les vaincus. Ils n'osèrent plus l'attendre en rase campagne, s'enfermèrent dans leurs places fortes et le réduisirent à commencer une guerre de sièges interminable. Impatienté de cette résistance, il rentra à Memphis et ne savait comment sortir à son honneur de cette difficile entreprise, quand les chefs égyptiens le tirèrent d'embarras par leur soumission. Le plus puissant d'entre eux, Pakrour de Pasoupti, les amena rendre hommage au conquérant : «Accorde-
» nous les souffles de la vie, car il ne peut plus vivre
» celui qui te méconnaît! Nous serons comme des
» sujets, ainsi que tu l'as déclaré dès le début, le jour
» même ou tu devins roi!» Le cœur de Sa Majesté fut rempli de joie, quand elle entendit ce discours : elle leur fit donner des pains, de la bière, toutes sortes des bonnes choses. Après avoir passé quelques jours à Memphis auprès de leur nouveau suzerain, ils dirent : «Pourquoi restons-nous ici, ô prince

»notre maître!» Sa Majesté leur répondit: «Pour-
»quoi?» Ils dirent : «Laisse-nous aller dans nos vil-
»les, que nous donnions des ordres à nos gens et
»que nous t'apportions nos tributs!» Ils revinrent
quelques semaines après et Tonouatamoun rentra
dans son royaume chargé de butin. Son autorité sur
le Nord ne dura probablement que le temps de son
séjour à Memphis : une inscription, aujourd'hui déposée au Musée de Berlin, prouve qu'elle continua
de s'exercer trois années au moins en Thébaïde. —
XXVIe dyn. *Gebel-Barkal.*

123. — Granit gris. — H. 1^m 60.

Deux porteurs d'offrandes debout sur un même
socle. La tête, surchargée d'énormes perruques, présente le type que nous avons déjà vu sur les n°s 106,
107 et 109 du Musée. Mariette attribue ces monuments au temps des Pasteurs : ils furent ornés plus
tard à la XXIe dynastie des cartouches du roi Psioukhânou. — XVIIe dyn. *Tanis.*

127. — Calcaire blanc. — H. 1^m 90; larg. 0^m 46. — (Mariette, *Abydos*, II, pl. 24—26; t. III, p. 183—184, n° 670.)

La stèle est couverte d'inscriptions sur les deux
faces et sur les tranches. Elle a été dédiée à S'hot-
pitrî, qui vivait sous Ousirtasen III et Amenemhâït III.
«Je me suis fait, dit ce personnage, ce tombeau se-
»lon les règles; en le bâtissant, j'ai fait des dona-
»tions en échange aux prophètes d'Abydos.» Toute
la stèle affecte une forme littéraire assez rare à pa-

reille époque, et renferme un panégyrique du roi régnant déguisé en recommandations du mort à ses enfants. «Commencement de l'instruction qu'il a faite
» à ses enfants. — Je dis bien haut : Je vais vous faire
» entendre, je vais vous faire savoir des choses qui
» donnent l'éternité, des choses qui donnent une vie
» nouvelle et une existence longue et paisible. Adorez
» le roi Amenemhâït III en vos seins, ayez toujours
» Sa Majesté présente en vos cœurs, car le roi est
» le dieu Omniscient, qui vit dans les cœurs et dont
» les yeux pénètrent tous les seins; c'est le dieu so-
» leil dont on voit les rayons, qui éclaire les deux
» Égyptes mieux que le disque du soleil, qui fait fleu-
» rir le pays mieux que le Nil à l'inondation, qui
» remplit les deux Égyptes de force, de vie, qui donne
» la fraîcheur aux nez, qui donne des provisions à
» ceux qui le suivent, des vivres à ceux qui marchent
» dans ses voies. C'est la vie que le roi; c'est l'a-
» bondance que sa parole, c'est une création perpé-
» tuelle que son existence. C'est un dieu Khnoum
» qui modèle tous les membres, un générateur qui
» produit les êtres intelligents. C'est une déesse Bast
» qui protège les deux Égyptes, quand on adore le
» geste de sa main, mais il est une déesse Sokhit contre
» qui viole son ordre.» — XIIe dyn.   *Abydos.*

127. — **Granit noir.** — H. 1^m 80 ; larg. 0^m 75. — (Mariette, *Karnak*, pl. 11.)

Cette stèle, célèbre dans l'histoire littéraire de l'Égypte, renferme un poème composé pour célébrer les victoires de Thoutmos III. Le roi y est représenté adorant le dieu, qui lui répond par un long

panégyrique. C'est d'abord une sorte de chant en prose poétique, où bientôt viennent s'intercaler des vers rythmés : « Je suis venu, je t'accorde d'écraser
» les princes de la Phénicie du Nord, je les jette sous
» tes pieds à travers leurs contrées ; — je leur fais
» voir ta Majesté, telle qu'un seigneur de lumière,
» lorsque tu brilles sur leur tête comme mon image.

« Je suis venu, je t'accorde d'écraser les barbares
» d'Asie, d'emmener en captivité les chefs de la Syrie
» Creuse ; — je leur fais voir ta Majesté couverte de
» ta parure de guerre, quand tu saisis tes armes, sur
» le char.

« Je suis venu, je t'accorde d'écraser la terre d'O-
» rient ; la Phénicie et Chypre sont sous ta terreur ;
» — je leur fais voir ta Majesté comme un taureau
» jeune, ferme de cœur, muni de ses cornes et à qui
» on ne peut résister.

« Je suis venu, je t'accorde d'écraser les peuples
» qui résident dans leurs ports, et les côtes de la Ci-
» licie tremblent sous ta terreur ; — je leur fais voir
» ta Majesté comme l'hippopotame, seigneur de l'é-
» pouvante sur les eaux, et qu'on n'a pu approcher.

« Je suis venu, je t'accorde d'écraser les peuples
» qui résident dans leurs îles : ceux qui vivent au
» sein de la mer sont sous tes rugissements ; — je
» leur fais voir ta Majesté comme un vengeur qui se
» redresse sur le dos de sa victime.

« Je suis venu, je t'accorde d'écraser les Libyens :
» les îles des Danaens sont au pouvoir de ta vo-
» lonté ; — je leur fais voir ta Majesté telle qu'un
» lion furieux, qui se couche sur leurs cadavres à
» travers leurs vallées.

«Je suis venu, je t'accorde d'écraser les contrées
» maritimes, tout le pourtour de la grande zone des
» eaux est lié à ton poing; — je leur fais voir ta
» Majesté telle que le maître de l'aile (l'épervier), qui
» embrasse d'un clin d'œil ce qui lui plaît.

«Je suis venu, je t'accorde d'écraser les peuples
» qui résident dans leurs lagunes, de lier les Bédouins,
» maîtres des sables, en captivité; — je leur fais voir ta
» Majesté semblable au Chacal du Midi, seigneur de
» vitesse, coureur qui rôde à travers les deux régions.

«Je suis venu, je t'accorde d'écraser les barbares
» de Nubie: jusqu'aux peuples de Pit, tout est dans
» ta main; — je leur fais voir ta Majesté semblable
» à tes deux frères Hor et Sit, dont j'ai réuni les
» bras pour assurer ta puissance.»

Cette partie du poème était devenue si célèbre qu'on la copia sur d'autres monuments, pour célébrer les exploits de Séti Ier et de Ramsès III. — XIXe dyn.

Karnak.

CHAPITRE TROISIÈME.

SALLE DU CENTRE.

La porte de granit rose, par laquelle on passe pour pénétrer du Grand Vestibule dans la Salle du Centre, provient du temple d'Osiris, à Abydos. Elle en avait été enlevée, il y a plus de trente ans, par un pacha qui la fit transporter à Belliané et l'abandonna sur la berge sans plus s'en occuper : elle a été installée au Musée au mois d'Avril 1882. Au milieu du linteau sont les deux cartouches du Pharaon Séti Ier de la XIXe dynastie. Sur les deux parois latérales le Pharaon, debout, fait offrande à l'emblème d'Abydos.

Au fond de la salle, juste en face de la porte, on aperçoit la statue du Pharaon Khafrî de la IVe dynastie, celui qui construisit la seconde des grandes pyramides de Gizéh.

3961. — Diorite. — H. 1^m 68.

Elle a été trouvée dans le temple du sphinx, avec les débris de huit autres statues du même prince (cfr. *Salle de l'Ancien Empire,* n° 974). Khafrî est assis, les mains allongées sur les genoux : un épervier debout sur le dossier du siège, enveloppe la tête de ses ailes, image du dieu Râ qui protège son fils Pharaon. On se demande comment les artistes égyptiens ont réussi à modeler avec tant de souplesse une matière aussi rebelle au ciseau que le diorite : tout le détail des genoux et de la poitrine est rendu avec une fidélité et une vigueur merveilleuses. Une grande expression de calme et de force est répandue sur l'ensemble. — IVe dynastie. *Grandes-Pyramides.*

Deux statues de mérite fort différent se font vis-à-vis dans les deux bras du transept. A gauche, est le fameux *Sheikh el-beled.*

3962. — Bois. — H. 1^m 10.

Il est debout, le bâton à la main. Les jambes manquaient : il a fallu lui en rajouter, auxquelles on a laissé la couleur du bois nouveau. Les yeux sont rapportés, comme c'est le cas pour beaucoup de statues égyptiennes. Ils sont formés d'un morceau de quartz blanc opaque, enchassé de bronze pour simuler la paupière : un morceau de cristal transparent sert de prunelle, et un petit clou d'argent, fixé sous le cristal, produit la paillette lumineuse de l'œil vivant. Par un hasard singulier, la statue de ce vieil Épyptien est le portrait exact d'un des *Sheïkh el-beled* ou maires du village de Saqqarah : nos ouvriers arabes, toujours prompts à saisir les ressemblances, l'ont appelée aussitôt le Sheïkh el-beled et le nom lui en est resté. Le Khâfri et le Sheïkh el-beled sont peut-être ce que l'art le plus ancien a légué de meilleur au musée de Boulaq : seul, le scribe accroupi du Louvre mérite de leur être comparé. — IVe dyn.

Saqqarah.

3963. — **Serpentine verte.** H. 0^m 96. — (Mariette, *Mon. Div.*, pl. 90.)

Le monstre qui est juste en face du Sheïkh el-beled, n'est pas en bronze, comme le disent la plupart des drogmans et comme le croient la plupart des visiteurs : il est en serpentine verte polie. Ce disgracieux hippopotame au ventre arrondi et aux flasques mamelles de femme, est un des personnages importants du Panthéon Égyptien, *Apit*, *Toîrapit*, *Toiri*, ou plus souvent, avec la désinence grecque, Thouéris. Appuyée de la patte gauche sur un nœud de corde mystique, elle avait protégé, contre son propre mari Set-Typhon, Isis enceinte d'Horus : elle passait depuis pour veiller sur l'âme des justes dans l'autre monde, et, le couteau à la patte, elle luttait contre les mauvais esprits. Les Thébains de l'époque Saïte et Ptolémaïque paraissent avoir eu pour elle une vénération particulière : son temple est encore debout aujourd'hui, à l'Est du temple de Khons à Karnak.

La statue a été découverte à Thèbes, au milieu de la Ville antique, par des fellahs en quête de *sebakh*. Elle était debout dans une petite chapelle en calcaire blanc sculpté, que lui avait dédié le prêtre Pibisi, au nom de la reine Nitocris, fille de Psamitik Ier. Les Arabes mirent la chapelle en pièces au moment de la découverte : peut-être aurons-nous un jour assez d'argent pour en rapprocher les morceaux subsistants et pour la reconstruire dans un des coins du Musée.
— XXVIe dyn. *Karnak.*

Vitrine H.

Cette vitrine qui est à gauche de la statue de Khafrî renferme la plupart des bijoux que possède le Musée. Le plus grand nombre était dans le cercueil de la reine Ahhotpou que nous retrouverons *Salle des Momies Royales.*

La momie de la reine Ahhotpou fut découverte par les fouilleurs arabes, en 1860, et confisquée par le moudir de Qénéh, qui la fit ouvrir et s'empara de ce qu'elle contenait. Le bruit de la trouvaille s'étant répandu, M. Mariette mit la main sur le cercueil et sur les bijoux qui sont exposés dans la vitrine H, mais pas assez à temps pour empêcher que beaucoup d'objets précieux eussent été volés.

La reine Ahhotpou était la femme de Kamos, roi de la XVIIe dynastie, et peut-être la mère d'Ahmos Ier ou de sa femme Nofirtari. Son cercueil était couché à même dans le sable, à Drah abou 'l neggah, et cette particularité inusitée a été l'occasion de beaucoup de conjectures. Il est certain que jamais momie royale n'a été enterrée de la sorte, sans tombeau dès longtemps préparé à l'avance : c'est donc par un accident, déjà fort ancien, qu'elle a été déposée dans l'endroit où les Arabes l'ont découverte. Je pense, quant à moi, que vers la fin de la XXe dynastie, elle aura été enlevée par une des bandes de voleurs dont le papyrus Abbott nous a révélé les exploits : cachée par eux, en attendant qu'ils eussent le loisir de la dépouiller en sûreté, il est probable qu'ils furent pris et mis à mort, avant d'avoir pu exécuter ce beau dessein. Le secret de leur cachette périt avec eux et n'a été révélé que de nos jours.

Il était d'usage à cette époque de placer, entre les linges qui enveloppaient la momie, tout ce qu'on pouvait rassembler de bijoux ayant appartenu au vivant. Les objets précieux que possédait la reine Ahhotpou et qui sont exposés dans cette vitrine, sont:

3448. — Or, pierres précieuses et pâtes de verre.

Un bracelet, s'ouvrant à charnières, et formé de deux bandeaux parallèles ornés de turquoises. Sur le devant, un vautour déploie ses ailes, dont les plumes sont formées de pâtes de verre vert, de lapis-lazuli et de cornaline, enchâssées dans des cloisons d'or.

3449. — Or et perles d'or, de lapis-lazuli, de cornaline et de feldspath vert.

Bracelet. Les perles passées sur des fils d'or forment des carrés, dont chaque moitié est d'une couleur différente. La fermeture se compose de deux lames d'or, réunies au moyen d'une aiguillette également en or. Elle porte le cartouche prénom Nibpehtirî d'Ahmos Ier.

3450. — Or et perles d'or, de lapis-lazuli, de cornaline et de feldspath vert.

Autre bracelet de même travail : sur la fermeture le cartouche nom d'Ahmos Ier.

3474. — Or.

Tête de lion d'un travail très fin. La tête de lion a la valeur *poh, peh*, et signifie *la vaillance*. Elle entre comme élément syllabique dans le prénom Nibpehtirî d'Ahmos Ier : c'est pour cela sans doute qu'on en avait déposé un exemplaire en or sur la momie de la reine Ahhotpou.

3475. — Or, pierres précieuses, et bois de cèdre.

Hache d'apparat, dont le manche, en bois de cèdre est recouvert d'une feuille d'or : la légende du roi Ahmos Ier y est tracée en incrustations de lapis-lazuli, de cornaline, de turquoise et de feldspath vert. Le tranchant est emmanché sur une simple entaille du bois, et maintenu en place par un treillis de fils d'or. Il est en bronze noir, où il entre peut-être de l'argent et de l'or, et a été doré. L'une des faces porte des lotus sur un fond d'or; l'autre nous montre Ahmos menaçant de sa hache un barbare à moitié renversé, qu'il tient par les cheveux. Au-dessous de cette scène est représenté le dieu de la guerre, Montou Thébain, sous la forme d'un griffon à tête d'aigle.

3476. — Or, pierres précieuses et bois.

Poignard enfermé jadis dans une gaîne en or (cfr. Vitrine H, n° 3614). Le manche est en bois et décoré de triangles en cornaline, en lapis-lazuli, en feldspath et en or formant damier. Pour pommeau, quatre têtes de femme en or repoussé; une tête de taureau renversée, en or, dissimule la soudure de la lame au manche. Le corps de la lame est en bronze noir, serti d'or massif, et damasquiné. Sur la face supérieure, au-dessous du prénom Nibpehtirî, un lion poursuit un taureau, devant lequel marchent tranquillement deux grosses sauterelles. La face inférieure porte le nom d'Ahmos Ier et quinze fleurs épanouies, qui sortent l'une de l'autre et vont se perdant vers la pointe.

3477. — Or et pâte de verre bleu. —

Long. de la chaîne 0^m 90.

Grosse chaîne flexible terminée par deux têtes d'oie recourbées qu'on liait au moyen d'une ficelle, quand on voulait fermer le collier. Le scarabée, qui lui sert de pendeloque, a le corselet et les élytres en pâte de verre bleu, rayée d'or : les pattes et le corps sont en or massif.

3508. — Or et pierres précieuses.

Sorte de diadème, qui a été trouvé engagé dans les cheveux de la momie. Sur le devant, le cartouche d'Ahmos Ier (or et pâte bleue imitant le lapis-lazuli) :

de chaque côté deux petits sphinx en or ont l'air de garder le cartouche.

3509. — Or et perles en pierres précieuses.

Les perles sont passées sur des fils d'or et forment un treillis à jour. Sur le fermoir, qui est en or, le prénom Nibpehtirî (cfr. n° 3449 et 3450).

3510. — Or et pâte bleue imitant le lapis-lazuli.

Le bracelet s'ouvre à charnière maintenue au moyen d'une aiguillette en or. Sur le fond bleu, Ahmos est à genoux entre le dieu Sib et ses acolytes.

3564. — Or.

Un des chapitres du *Livre des Morts* ordonnait de déposer sur la poitrine de la momie un large collier d'une forme particulière *(ouoskh)*. Toutes les pièces réunies sous le numéro 3564 faisaient partie d'un collier de ce genre que portait la reine Ahhotpou. Les deux agrafes sont formées chacune d'une tête d'épervier; les rangs sont composés de cordes enroulées, de fleurs à quatre pétales en croix, d'antilopes poursuivies par des lions, de chacals accroupis, d'éperviers, de vautours et d'uræus ailées. Toutes les pièces sont en or repoussé. Elles étaient cousues sur le maillot de la momie au moyen d'un petit anneau soudé par derrière.

3565. — Or et pierres précieuses.

Pectoral attaché, au-dessous du collier, sur la poitrine du mort. La forme générale est celle d'un naos : Ahmos, debout dans une barque, entre Ammon et Râ, reçoit sur la tête et sur le corps l'eau qui doit le purifier. Le contour des figures est dessiné par des cloisons d'or : le corps se composait de petites plaques de pierres précieuses dont beaucoup ont disparu.

3582. — Or, argent, bois et bronze.

Sur un petit chariot en bois, à roues de bronze, est montée une barque d'or massif. Douze rameurs en or massif voguent, sous les ordres du timonnier et du pilote d'avant. Au centre, un petit personnage est assis, qui tient la hache et le bâton de commandement. Un cartouche, gravé derrière le timonnier, nous apprend que le mort à qui était destinée primitivement cette barque était le roi Kamôs.

J'ai dit plus haut que le mort devait se rendre à Abydos, par eau, afin de passer dans l'autre monde (cfr. p. 30) : la barque 3582 servait à l'accomplissement de la traversée.

3595. — Or.

Chaîne à laquelle sont suspendues trois mouches d'or massif. On a pensé que ces mouches étaient une sorte de décoration officielle : rien n'est venu jusqu'à présent confirmer cette hypothèse.

3597—3598. — Or et argent.

Neuf petites hachettes, trois en or et six en argent.

3605. — Bois noir et or.

Bâton de commandement recourbé à l'extrémité.

3606. — Argent, or et bois.

Hache. Le manche en corne garni d'or, le tranchant en argent.

3607. — Bois et or.
Manche d'éventail en bois lamé d'or. Sur la tranche, on voit encore les trous où s'emboîtaient les plumes d'autruche. Sur les plaques d'or, le roi Kamôs fait une offrande au dieu Khonsou.

3608. — Or et bronze.
Poignard : le manche en or, la lame en bronze.

3614. — Or.
Fourreau du poignard n° 3476 (*Vitrine H*, p. 80).

3615. — Bronze et argent.
Poignard composé d'une lame en bronze très lourd, et d'un disque d'argent servant de poignée. Pour s'en servir, appuyer le disque sur la paume de la main, et passer la lame entre l'index et le médium.

3617. — Or et argent.
Deux petites mouches (cfr. n° 3595, p. 82).

3628. — Ebène, or et bronze doré.
Miroir de la reine Ahhotpou.

Il faut joindre à cette énumération un assez grand nombre de bracelets et d'anneaux de jambe, en or massif ou creux (n° 3629, 3630 etc.), des débris de bracelet (n° 3632), et plusieurs pièces de moindre intérêt, enfin une barque en argent (n° 2966) et une tête de lion en bronze (n° 2955) qui sont exposées dans l'armoire X. Les seules collections de bijoux qu'on puisse comparer à celle-là sont au Louvre et à Berlin : encore ces deux musées sont-ils loin de posséder des objets aussi soignés d'exécution que le poignard d'Ahmos ou la Chaîne n° 3477.

3447. — Or. — (Mariette, *Abydos*, t. II, pl. 40 *a*, *b*, et t. III, p. 527—529, n° 1370.)

Au mois de Juin 1859, on découvrit à Abydos un sarcophage en calcaire grossièrement taillé et sans inscription. Le cercueil en bois qu'il renfermait et la momie étaient tellement gâtés par l'humidité, qu'ils tombèrent en poussière dès qu'on y toucha. De chaque côté de la tête étaient disposées deux boucles d'oreille, formées d'un gros disque garni à la circonférence d'une gorge de poulie. D'un côté du disque, on voit cinq uræus, de l'autre, le nom et le prénom de Ramsès XIII. Cinq uræus coiffées du soleil sont suspendues au-dessous et soutiennent sept autres uræus pareilles au bout de sept chaînettes en or.

Des boucles de cette taille ne se portaient pas aux oreilles : on les attachait à la perruque, de chaque côté de la figure. — XXe dyn.   *Abydos*.

3624. — Or. — (Mariette, *Abydos*, t. III, p. 527, n° 1370.)

Sur la poitrine de la même momie était un collier, cousu aux linges du maillot. Il consistait en cinquante-huit petites égides d'or, dont il ne subsiste plus que les quarante et une réunies sous le n° 3624. Elles sont d'un travail fort délicat et surmontées, sept d'une tête de lionne représentant la déesse Sokhit, trois d'une tête d'Hor enfant, deux d'une tête de bélier, deux d'une tête d'épervier, le reste de la tête d'Isis. — XX⁰ dyn. *Abydos.*

3479. — Emeraude et or.

Une émeraude brute, enfermée dans un réseau d'or dont les mailles ont dû être soudées successivement l'une après l'autre, sans que la pierre ait souffert en rien. — XXᵉ dyn.

3538. — Or.

Vingt plaques travaillées au repoussé et ayant fait probablement partie d'une ceinture de cérémonie. Sur chacune d'elles, l'image d'Ormuzd ailé. Ces objets auront appartenu à quelque fonctionnaire perse de séjour en Égypte. — Epoque persane.

Tméï el-Amdid.

3580. — Or. — Long. 0ᵐ 20.

Diadème de travail grec. Au milieu, une tête de Méduse au repoussé, dont les cheveux se répandent en ondes et couvrent la surface du bandeau. Une chaînette d'or relie les deux extrémités : elle passait sous le chignon et maintenait le diadème en place.

3566—3572. — Or et pierres précieuses.

Dans ces dernières années, les fellahs ont trouvé, en cherchant du *sebakh* dans les ruines de l'ancienne Bubaste, un grand nombre de bijoux d'époque romaine et byzantine. Les bracelets inscrits sous les n⁰ 3566—3572 proviennent de cette localité.

La plupart des bijoux non décrits que renferme la vitrine H, bagues, anneaux, bracelets, boucles d'oreilles, chaînes, petits amulettes, sont de basse-époque et n'ont aucun mérite artistique. Les procédés de soudure et de ciselure sont assez perfectionnés et donnent une idée satisfaisante du savoir-faire des orfèvres égyptiens.

Vitrine P.

M. Mariette avait rassemblé dans la vitrine P, de petits objets historiques et des scarabées, qui y formaient comme une petite chronologie par les monuments. Presque toute la collection des scarabées a été volée après l'inondation de 1878 : j'en ai racheté une quarantaine à la fin de 1882, mais je n'ai pas encore réussi à combler les lacunes que cet accident a produites dans la série des noms royaux.

3885. — Calcaire blanc. — H. 0^m 41; larg. 0^m 30. — (Mariette, *Abydos*, II, pl. 52 *a*; t. III, p. 439.)

Au centre de la vitrine est une stèle, où un prêtre du roi Nakht-Set de la XXe dynastie, s'est fait représenter en adoration devant ce Pharaon et sa femme Tii Miisit. Dans le registre supérieur, le roi Ramsès III, fils de Nakht-Set, fait l'offrande de l'eau et du feu à la triade d'Abydos, Osiris, Hor et Isis. — XXe dyn. *Abydos.*

3884. — Etoffe de lin.

La pièce d'étoffe roulée qui est au pied de la stèle, est, comme l'indique une inscription tracée à l'encre, « la toile vénérable, faite pour le roi Pépi vivant à

» jamais » : elle a donc aujourd'hui plus de cinq mille ans. Nous avons trouvé, dans la pyramide du roi Ounas, des morceaux d'étoffe aussi bien conservés et plus vieux que celui-ci de quelques années. — VIe dyn. *Saqqarah.*

La série des scarabées et cartouches royaux commence à droite de la stèle, au premier étage. Elle s'étend des temps mythiques à la conquête macédonienne.

3639. — Email vert. — H. 0^m 014, et **3682. — Email blanc. —** H. 0^m 013. — (Mariette, *Abydos*, t. III, p. 535, n° 1379.)

Scarabée au nom du dieu Shou, fils de Râ, l'un des rois-dieux de l'Égypte. *Abydos.*

3640. — Jaspe noir. — H. 0^m 02.

Scarabée au cartouche d'Osiris, roi-dieu de l'Égypte. *Abydos.*

3641. — Email vert. — H. 0^m 058.

Petit couvercle de vase au nom du roi Snofrou. — IIIe dyn.

3642. — Email bleu. — H. 0^m 011.

Scarabée au nom de Menkoourî (Mycerinus). Cfr. n° 3643, 3647—3649. — IVe dyn. *Sân.*

3644. — Email vert. — H. 0^m 057. — (Mariette, *Mon. Div.*, pl. 32.)

Amulette en forme de cartouche, au nom de Tatkerî Assi. — V^e dyn. *Abousir.*

3645. — **Email vert.** — H. 0^m 015. — (Mariette, *Mon. Div.*, pl. 32.)

Scarabée au nom d'Ounas, dernier roi de la Ve dynastie. *Mit-Rahinéh.*

3646. — **Schiste émaillé vert.** — H. 0^m 022. — (Mariette, *Abydos*, t. II, pl. 40f; t. III, p. 536, n° 1382.)

Scarabée au nom de Pépi, vivant à toujours. — VIe dyn. *Abydos.*

3650. — **Email bleu.** — H. 0^m 019.

Scarabée au prénom Nibtoouïrî, du roi Monthotpou III. — XIe dyn. *Drah abou 'l Neggah.*

3651. — **Email vert.** — H. 0^m 02. — (Mariette, *Abydos*, t. III, p. 549, n° 1419.)

Cylindre au cartouche Amenemhâït. — XIIe dyn. *Abydos.*

3652. — **Schiste émaillé vert.** — H. 0^m 017.

Amulette en forme de double cartouche. D'un côté, les prénoms d'Ousirtasen II et III; de l'autre, le cartouche d'Ahmos Ier de la XVIIIe dynastie. Il n'est pas nécessaire de supposer qu'un roi de la XIe dynastie s'est appelé Ahmos : la popularité des rois de la XIIe dynastie était grande à Thèbes, pendant toute la durée du Nouvel-Empire, et explique le rapprochement de leurs noms avec le nom d'Ahmos. — XVIIIe dyn. *Drah abou 'l neggah.*

3653. — Schiste. — H. 0^m 015.
Scarabée au cartouche Ousirtasen. — XIIe dyn.

3654. — Email vert. — H. 0^m 034.
Scarabée au prénom Khâkhopirrî d'Ousirtasen II (cfr. n° 3655—3656, 3658).

3657. — Email vert. — H. 0^m 021. — (Mariette, *Abydos*, t. III, p. 549, n° 1419.)
Cylindre au cartouche Noubkoourî d'Amenemhâït II.
Abydos.

3659. — Email vert. — H. 0^m 019. — (Mariette, *Mon. Div.*, pl. 32.)
Scarabée au cartouche Khâkerî d'Ousirtasen III (cfr. n° 3660, 3661).   *Kom Abou-Khanzîr.*

3662. — Email vert. — H. 0^m 012.
Cartouche d'Amenemhâït III.

3663. — Email vert. — H. 0^m 022.
Cylindre au cartouche de Skhemrâkhoutoouï, Sobkhotpou III. — XIIIe dyn.

3664. — Email vert. — H. 0^m 022. — (Mariette, *Mon. Div.*, pl. 48 *j.*)
Scarabée au nom de Souazrâskhemtoouï, Sobkhotpou II, fils de la reine Wouap .... — XIIIe dyn.

3665. — Email vert. — H. 0^m 026. — (Mariette, *Abydos*, t. III, p. 536—537, n° 1383.)
Scarabée au cartouche de Skhemrâsouaztoouï,

Sobkhotpou IV, fils du prêtre Monthotpou. — XIIIe dynastie. *Abydos.*

3666. — **Email vert.** — H. 0^m 023. — (Mariette, *Mon. Div.*, pl. 48 *p.*)

Scarabée au nom de Khâhotpourî Sobkhotpou VII. — XIIIe dyn. *Abydos.*

3667. — **Email vert.** — H. 0^m 024. — (Mariette, *Abydos*, t. III, p. 536—537, n° 1383.)

Scarabée au nom de Khasosshourî Nofirhotpou II, fils du prêtre Hâonkhf. — XIIIe dyn. *Abydos.*

3668. — **Email vert.** — H. 0^m 023. — (Mariette, *Mon. Div.*, pl. 48 *o.*)

Scarabée aux noms de Mirinofirrî Aï. — XIVe dyn.

3669. — **Email vert.** — H. 0^m 026. — (Mariette, *Abydos*, t. III, p. 538, n° 1391.)

Scarabée au nom d'un roi de la XIVe dynastie Mâabrî (cfr. 3670—3672). *Abydos.*

3675. — **Email vert.** — H. 0^m 021. — (Mariette, *Abydos*, t. III, p. 538, n° 1391.)

Scarabée au nom d'un roi de la XIVe dynastie Khânofriti. *Abydos.*

3684. — **Email vert.** — H. 0^m 014. — (Mariette, *Abydos*, t. III, p. 537, n° 1384.)

Scarabée au prénom de Nibpehtirî d'Ahmos Ier. — XVIIIe dyn. *Abydos.*

3685. — **Email vert.** — H. 0^m 017.
Scarabée au nom Ahmos Nofirtari de la femme d'Ahmos Ier (cfr. n° 3694). — XVIIIe dyn.

3686. — **Email vert.** — H. 0^m 017.
Scarabée d'Amenhotpou I (cfr. n° 3689—3692.) — XVIIIe dyn. *Drah abou 'l neggah.*

3695. — **Email vert.** — H. 0^m 019.
Scarabée au prénom Aakhopirkerî de Thoutmos Ier (cfr. n° 3696). — XVIIIe dyn.

3697. — **Email bleu.** — H. 0^m 018.
Amande au prénom Akhoprinrî de Thoutmos II. — XVIIIe dyn.

3698. — **Email bleu clair.** — H. 0^m 03.
Sceau du Temple d'Ammon dans Bouto, au cartouche de la reine Hatshopsitou (cfr. n° 3699—3702). — XVIIIe dyn.

3703. — **Email bleu sombre.** — H. 0^m 02.
Sceau en forme de cartouche au prénom Menkhopirrî de Thoutmos III (cfr. 3704—3733). — XVIIIe dyn.

3734. — **Email bleu.** — H. 0^m 02.
Scarabée au prénom Aakhopirourî d'Amenhotpou II (cfr. n° 3735). — XVIIIe dyn.

3736. — **Email bleu.** — H. 0^m 018.
Scarabée au prénom Mânibrî d'Amenhotpou III (cfr. n° 3737—3742, 3744—3749). — XVIIIe dyn.

3743. — **Email vert.** — H. 0ᵐ 051.

Scarabée. Sur le plat, la légende *Mânibrî, qui se lève comme le disque solaire*, où l'on sent déjà l'influence du culte d'Aten, qui devint prédominant sous le roi suivant Amenhotpou IV. — XVIIIe dyn.

3753. — **Email vert.** — H. 0ᵐ 048. — (Don de M. Insinger.)

Scarabée au nom de l'épouse principale Tii, femme d'Amenhotpou III. — XVIIIe dyn.
Ile de Saï en Nubie.

3751. — **Email bleu.** — H. 0ᵐ 029. — (Mariette, *Abydos*, t. III, p. 549, n° 1422.)

Scarabée au nom du roi Toutonkhamon. — XVIIIe dynastie. *Abydos.*

3752. — **Email bleu.** — H. 0ᵐ 021.

Scarabée au prénom Sorkhopriourî-sotpenrî d'Harmhabi (Armaïs), appelé improprement Horus. — XVIIIe dynastie.

3754. — **Schiste.** — H. 0ᵐ 019. — (Mariette, *Mon. Div.*, pl. 32.)

Cartouche-prénom Menpehtirî de Ramsès Ier. — XIXe dyn. *Kom Abou-Khanẓîr.*

3755. — **Email vert.** — H. 0ᵐ 014.

Cartouche-prénom Menmarî de Séti Ier Minephtah (cfr. n° 3756—3759). — XIXe dyn.

3760. — **Email blanc.** — H. 0ᵐ 011.

Cartouche-prénom Ousirmarî de Ramsès II, pendant les premières années de son règne. — XIXᵉ dyn.

3761. — Email vert. — H. 0ᵐ 017.

Scarabée au prénom Ousirmarî-sotpenrî de Ramsès II (cfr. n⁰ 3762—3772). — XIXᵉ dyn.

3773. — Email bleu. — H. 0ᵐ 015. —
(Mariette, *Mon. Div.*, pl. 32.)

Scarabée au prénom Ousirkhopirrî-sotpenrî de Séti II (cfr. n⁰ 3774). — XIXᵉ dyn.

Kom Abou-Khanẓîr.

3778. — Or. — H. 0ᵐ 032.

Petite feuille en or, sur laquelle est gravé à la pointe le cartouche de Siamoun-Miamoun Hrihor (cfr. n⁰ 3779, 3780, 3840, 3841 etc.). — XXIᵉ dyn.

3783. — Lapis-lazuli cerclé d'argent. —
H. 0ᵐ 029. — (Mariette, *Abydos*, III, p. 539, n⁰ 1392.)

Scarabée aux cartouches de Shishonq Iᵉʳ, le Shishak de la Bible (cfr. n⁰ 3784). — XXIIᵉ dyn.

Abydos.

3785. — Email vert. — H. 0ᵐ 017. —
(Mariette, *Mon. Div.*, pl. 32.)

Scarabée d'Osorkon II. — XXIIᵉ dyn.

3783. — Email vert. — H. 0ᵐ 013. —
(Mariette, *Abydos*, t. III, p. 548, n⁰ 1415.)

Petite plaque au cartouche Aakhopirrî de Sheshonq IV. — XXIIᵉ dyn.

Abydos.

3786. — **Email vert.** — H. 0ᵐ 053. —
(Mariette, *Mon. Div.*, pl. 29 *d.*)

Scarabée aux noms de Sabacon (cfr. n⁰ 3781—3782).
— XXVᵉ dyn. *Mit-Rahinéh.*

3787. — **Email blanc.** — H. 0ᵐ 022. —
(Mariette, *Mon. Div.*, pl. 48 *s.*)

Scarabée de la reine Ameniritis, fille du roi éthiopien Kashti et sœur de Sabacon (cfr. n⁰ 3778). — XXVᵉ dyn. *Déir el-Médinéh.*

3789. — **Email vert.** — H. 0ᵐ 012. —
(Mariette, *Mon. Div.*, pl. 32.)

Scarabée au nom de Psamitik. — XXVIᵉ dyn.
Kom Abou-Khanẓîr.

3790. — **Email vert.** — H. 0ᵐ 05.
Petite plaque au prénom d'Apriès. — XXVIᵉ dyn.

3791. — **Email bleu.** — H. 0ᵐ 052.
Cartouche de Nectonabo Iᵉʳ. — XXXᵉ dyn.

3844. — **Bois.** — Long. 0ᵐ 26.

On a trouvé, depuis le commencement du siècle, un grand nombre d'instruments votifs en bois ou en bronze, qui avaient servi au roi Thoutmos III et à la reine Hatshopsitou, lors de la fondation d'une des chapelles du temple de Déir el-Baharî. L'instrument coté n⁰ 3884 est un modèle d'herminette ⌢ : il est au cartouche de Thoutmos III (cfr. n⁰ 3851). — XVIIIᵉ dyn. *Déir el-Bahari.*

3845. — **Bronze**. — Long. 0^{m}175.

Modèle de lame de ciseau en bronze, au cartouche d'Hatshopsitou, provenant du même fonds que l'objet qui précède (cfr. n° 3931—3934).

3850. — **Calcaire**. — H. 0^{m}13.

Petit modèle de buste royal (cfr. *Armoires R et Q*).

3852—3860, 3874—3678. — **Bronze**. — H. moyenne 0^{m}03 et 0^{m}05. — (Mariette, *Mon. Div.*, pl. 103.)

Ces petits cubes proviennent du temple de Tanis. Ils semblent avoir servi de pieds à des coffrets en ivoire et en bois précieux, analogues au coffret du roi Ramsès IX, qui est dans la *Salle des momies royales*. Chacun d'eux porte, gravés au trait, puis relevés d'argent, des noms de divinités, le cartouche du dieu Thébain Khonsou, une bannière royale Sonkhtaouï que je ne sais à quel roi donner, le nom d'une princesse Nibhoteptiou, etc. Le style des inscriptions nous ramène à la XXIe dynastie, plutôt même à l'époque saïto-persane. *Sân.*

3867. — **Bois**. — Long. 0^{m}14.

Etui à poudre d'antimoine. Il porte le prénom d'Amenhotpou III et celui de sa femme Tii. — XVIIIe dyn.

3870. — **Terre émaillée**. — H. 0^{m}14; diam. 0^{m}18.

Ce beau vase provient de la collection Huber. Il a malheureusement perdu le goulot. Les deux cartouches qu'il porte sont ceux d'Amenhotpou III et de sa femme Tii. — XVIIIᵉ dyn.

3871. — Schiste. — H. 0ᵐ07. — (Mariette, *Abydos*, III, p. 537, nº 1387.)

Ce scarabée, dont chaque Musée de l'Europe possède au moins un exemplaire, a été gravé à l'occasion du mariage d'Amenhotpou III avec la reine Tii, fille d'Iouaa et de la dame Touaa : il nous apprend que l'Égypte s'étendait alors du pays de Gari, en Éthiopie, jusqu'au Naharina.

Il y a peu de personnages sur lesquels on ait émis autant de conjectures que sur la reine Tii. On a affirmé qu'elle était étrangère : 1º à cause du nom de son père et de sa mère; 2º parce que son tombeau, dans la *Vallée des Reines*, à Thèbes, la représente avec les yeux bleus et les joues roses. La réponse à ces raisons a déjà été faite. 1º Les noms Iouaa, Touaa, Tii, loin d'être étrangers, sont du plus vieux fond égyptien et se trouvent sur les monuments de l'Ancien Empire. 2º Le tombeau de la Vallée des Reines n'est pas celui de la reine *Tii*, femme d'Amenhotpou III, mais d'une reine *Diti* de la XXᵉ dynastie : c'est donc cette reine, et non Tii, qui a les joues roses et les yeux bleus, où l'on a voulu reconnaître des marques d'origine étrangère. — XVIIIᵉ dyn.

Abydos.

3872. — Schiste émaillé. — H. 0ᵐ065. — (Mariette, *Abydos*, III, p. 538, nº 1388.)

La longue inscription gravée sur ce scarabée raconte que le roi Amenhotpou III avait tué cent deux

lions de l'an I à l'an X de son règne. — XVIIIe dynastie.
Abydos.

3873. — Schiste. — H. 0^m 05.
Gros scarabée brisé de Ramsès III. — XXe dyn.

3882. — Email bleu. — H. 0^m 131.
Cette tablette porte le cartouche de Psioukhânou Miamoun, roi de la XXIe dynastie. Elle a été trouvée, ainsi que beaucoup d'autres au nom du même roi, sous le dallage d'une des salles du grand temple de Tanis (cfr. n°s 3899, 3906). — XXIe dyn.
Sân.

3898. — Porcelaine verte. — H. 0^m 047.
Petit épervier de travail fort délicat, perché sur un socle, entre deux tables d'offrandes. Le socle porte le cartouche-prénom du roi Neko II. — XXVIe dyn.
Sérapéum.

3901—3902. — Albâtre. — H. 0^m 156. —
(Mariette, *Mon. Div.*, pl. 54 g.)
Vase. Il porte, sur la panse, le nom de Mirenrî, et, sur le couvercle, celui de Nofrikerî Pepi II, frère et successeur de Mirenrî. — VIe dyn.
Éléphantine.

3903. — Terre émaillée bleue. — H. 0^m 14.
Statuette funéraire du roi-prêtre Pinotm II (Don de M. Letourneux, 1881). — XXe dyn.
Louxor.

3904. — **Terre émaillée verte.** — H. 0^m 16. — (Mariette, *Abydos*, t. III, p. 64, n° 412.)

Statuette funéraire de la reine Isis. — XXe dyn.
Abydos.

3910. — **Terre émaillée bleue.** — H. 0^m 30. — (Mariette, *Abydos*, t. II, pl. 60 ; t. III, p. 63, n° 409.)

Statuette funéraire du roi Ramsès IV. — XXe dynastie.
Abydos.

3914. — **Terre émaillée bleue.** — H. 0^m 148.

Scarabée aux deux cartouches d'Apriès. — XXVIe dynastie.

3921. — **Albâtre.** — H. 0^m 14.

Fragment de vase sur lequel on lit la légende d'un roi Menkhopirrî, dont le nom, martelé avec soin, devait se lire probablement Séti, comme celui du roi qui a consacré la stèle C 100 du Louvre. Ce roi, qui ne régna que sur la Thébaïde, vivait à la fin de la XXVe ou au commencement de la XXVIe dynastie.
Karnak.

3925. — **Schiste émaillé violet.** — H. 0^m 07. — Don de M. Henri Pereire. — (Mariette, *Mon. Div.*, pl. 48 *a*.)

Petit cœur, sur lequel est gravé le chapitre du *Livre des Morts* relatif au cœur. La formule est consacrée au roi Séti Ier. — XIXe dyn. *Assassif.*

Vitrine P.

3927. — Email vert. — H. 0ᵐ 11.
Statuette funéraire du Pharaon Niforit. — XXIXᵉ dynastie. *Tell-et-Tmaï.*

3928. — Feldspath vert. — H. 0ᵐ 07 ; long. 0ᵐ 12 ; larg. 0ᵐ 048.
Petit sphinx brisé aux cartouches d'Apriès. — XXVIᵉ dyn.

3937—3939. — Cire.
Vers la XXVIᵉ dynastie, l'habitude s'établit de sceller les lettres et les actes publiques, non plus avec de la terre glaise comme auparavant, mais avec de la cire. Les sceaux ont survécu aux papiers qu'ils fermaient, et j'ai acquis récemment les trois qui sont au Musée sous les nᵒˢ 3937—3939. Le nᵒ 3937 porte l'empreinte du cartouche d'Amasis (H. 0ᵐ 03); le nᵒ 3938, le nom de Psamitik (H. 0ᵐ 022); le nᵒ 3939 le nom Menkhopirrî, avec la figure d'un singe marchant à quatre pattes (H. 0ᵐ 023). — XXVIᵉ dyn.
Zagazig.

3944—3948. — Parchemin et cuir rouge.
Vers la fin de la grande époque thébaine, les momies portaient sur leur maillot des bretelles en toile, terminées par des bouts en parchemin bordés de cuir rouge. Ces bouts en parchemin, fabriqués par les prêtres, portaient ordinairement, comme marque d'origine, une scène d'adoration à Ammon-Râ par le grand-prêtre ou par le roi régnant. Les nᵒˢ 3944 (H. 0ᵐ 008), 3946 (H. 0ᵐ 07), 3947 (H. 0ᵐ 072), 3948 (H. 0ᵐ 086) portent les cartouches d'Osorkon Iᵉʳ, le

n⁰ 3945 (H. 0ᵐ 067) est illisible, mais vient du même fond que les numéros précédents. — XXIIᵉ dyn.

Assassif.

3952. — Albâtre. — H. 0ᵐ 097.

Petit vase au cartouche du roi Teti. — VIᵉ dyn.

3960. — Basalte vert. — H. 0ᵐ 15 ; larg. 0ᵐ 12. — (Mariette, *Karnak*, pl. 45 *a.*)

La statue représentait le roi Taharqou. Il n'en reste plus que les pieds et la base. Sur la tranche, une série de vingt-huit captifs enchaînés (quatorze nègres et quatorze Asiatiques) donne l'énumération des peuples soumis par le roi. Au premier rang, figurent la Palestine et l'Assyrie. — XXVᵉ dyn.

Karnak.

Armoires R et Q.

Sauf l'étage du bas qui est occupé par des statuettes funéraires d'époque gréco-romaine, les deux armoires R et Q sont remplies par des modèles de sculpteur, trouvés en différents endroits. Cette collection, unique en son genre, nous montre comment on s'y prenait en Égypte, pour former les artistes et les ouvriers employés à la décoration des temples et des tombeaux.

Armoire R. Les modèles de tête royale que possède le Musée sont au nombre de vingt-neuf, dont quinze proviennent de Saqqarah, onze de Sân, et trois de Crocodilopolis (Mit-Farès), dans le Fayoum. La série de Saqqarah, la plus complète de toutes, est aussi la plus instructive : c'est une véritable suite d'exercices gradués, destinée aux élèves sculpteurs. Le n° 3358 (H. 0^m 23) nous fournit le point de départ, avec une tête à peine ébauchée. En regardant sur la face plane de derrière, on y distingue encore, tracées à la pointe, les traits de proportion qui indiquaient la place des yeux, du nez, de la bouche et de toutes les parties du visage. La figure employée comme modèle était évidemment celle du roi régnant. C'était celle que les sculpteurs avaient le plus souvent à reproduire, aussi l'étudiaient-ils avec soin, de face et de profil, jusque dans ses moindres détails. Le n° 3359 (H. 0^m 21) nous montre en effet, vu de profil, le même personnage que tous les autres modèles nous montrent de face. Deux modèles de pied, découverts à Sân, n° 3373 et n° 3374 (long. 0^m 125), nous prouvent qu'on appliquait aux autres membres le procédé qui réussissait si bien pour la tête. Le n° 3366 (H. 0^m 12; long. 0^m 346; larg. 0^m 115) est un modèle d'architecture : il représente un petit autel, auquel on arrive, d'un côté par deux petits escaliers, de l'autre par deux rampes assez raides, où l'on se proposait probablement de tailler des marches.

Armoire Q. — Les petites dalles n° 3382—3413, découvertes à Tanis, sont, pour le graveur d'hiéroglyphes et de bas-reliefs, ce que les bustes royaux étaient pour le statuaire. Quelques-unes d'entre elles ont été travaillées sur les deux faces (n° 3405, 3412, 3413); quelques autres indiquent le procédé à suivre pour ébaucher la figure. Les n°^{s} 3401 et 3407, par exemple, sont de véritables modèles de lettres. Les plus remarquables de ces pièces, celles au moins qui ont pour nous le plus de valeur artistique, sont les deux profils de Bast à tête de lionne (n⁰ 3386, H. 0ᵐ 18; n⁰ 3387, H. 0ᵐ 16), le fragment de bélier n⁰ 3393 (H. 0ᵐ 13), et la tête de cynocéphale n⁰ 3395 (H. 0ᵐ 12). Le tout paraît se rapprocher du faire saïte et ptolémaïque.

Les six autres armoires appliquées aux piliers contiennent une foule de menus objets qui servaient à l'ordinaire de la vie. Quelques-uns ont été trouvés dans les ruines des villes, la plupart proviennent des tombeaux. La même conception qui avait déterminé les Égyptiens à déposer avec les morts des vivres et des boissons, les engageait à mettre, soit sur la momie même, soit dans le voisinage immédiat, tous les ustensiles, toutes les étoffes, tous les jouets dont on se servait en ce monde. La vie d'outre-tombe était identique à la vie terrestre et en reproduisait les moindres détails. L'Égyptien vivant aimait passionnément le jeu de dames; l'Égyptien défunt devait l'aimer de même, et on lui faisait cadeau d'un damier pour qu'il pût satisfaire sa passion. L'Égyptien vivant se fardait, se noircissait les yeux, portait perruque : on mettait avec l'Égyptien défunt les fards et les perruques nécessaires. Quelquefois, les objets même que le vivant avait aimés, on les laissait au cadavre. Souvent, on en fabriquait de semblables, qu'on décorait de légendes funéraires. Le plus souvent, on se contentait de reproductions plus ou moins soignées, plus ou moins réduites, des objets usuels, et on donnait au mort un véritable mobilier de poupée. Il ne faut donc pas croire que tous les ustensiles employés à l'ordinaire de la vie avaient l'aspect et les dimensions des ustensiles exposés dans les vitrines : si quelques-uns auraient pu servir indifféremment en ce monde et dans l'autre, la plupart n'étaient que des *trompe-l'œil*, et n'auraient été pour le vivant que des joujoux inutiles ou incommodes.

Armoire Y.

3240. — **Faïence bleu**. — H. 0^m 13 ; long. 0^m 21.

Hippopotame debout marchant dans un marais. Le dessinateur a tracé à l'encre noire, sur le corps de la bête, des roseaux, des lotus, au milieu desquels volent des oiseaux et des papillons : c'est une manière naïve de montrer l'hippotame dans son milieu habituel. Ce curieux morceau a été découvert dans une tombe de la XIe dynastie, avec l'hippopotame n° 3340 (même armoire, rayon du bas) et un troisième hippopotame aujourd'hui perdu.

Drah abou 'l neggah.

Le rayon situé immédiatement au-dessous de l'hippopotame, contient de magnifiques spécimens de verres transparents ou colorés. L'art de la verrerie était déjà prospère au temps où l'on construisait les pyramides : les tombeaux de Saqqarah nous ont fourni plus d'un exemple du verrier soufflant dans sa canne, et les peintures des tombeaux postérieurs prouvent, qu'à la XIIe et à la XVIIIe dynastie, les Égyptiens savaient fabriquer des vases en verre coloré, d'une élégance et d'une richesse étonnantes. Il est malheureusement fort difficile de déterminer l'âge des verreries que nous possédons : la plupart doivent être d'époque ptolémaïque. On a pris l'habitude de les attribuer aux Phéniciens ou aux Chypriotes; mais, sans parler des figures reproduites dans les tombeaux, les objets que renferment les musées ont des formes qu'on ne trouve qu'en Égypte. C'est en Égypte seulement qu'on a pu fabriquer les cœurs, les colonnettes et les amulettes que contiennent les vitrines de la Salle funéraire. Loin donc de retirer à l'industrie égyptienne la plupart des verres trouvés en Égypte, je serais assez porté à croire qu'une partie des verreries dites phéniciennes et chypriotes ont été fabriquées en Égypte et envoyées à l'étranger, comme objets de commerce courant. Il me suffira de signaler les nos 3252 (H. 0^m 076), 3253 (H. 0^m 115), 3254 (H. 0^m 105), 3257 (H. 0^m 07), 3258 (H. 0^m 092), 3261 (H. 0^m 08), 3266 (H. 0^m 065), 3268 (H. 0^m 07) : une description ne pourrait jamais rendre la grâce des formes, la richesse et l'harmonie des couleurs, la finesse de la pâte. Les fioles à long goulot, n° 3251 (H. 0^m 23), 3265 (H. 0^m 065) etc. étaient des fioles à parfums : l'usage s'en est continué après la conquête musulmane, et je ne serais pas étonné si plusieurs de celles que nous possédons étaient de fabrication arabe.

3255. — Email vert. — H. 0^m 076.

Tête rase, probablement du dieu Imhotpou, fils de Phtah. La finesse des traits et la perfection du modelé justifient le surnom que lui donnaient les Égyptiens de *Dieu à la belle face*. — Ep. Saïte.

Mit-Rahinéh.

3262. — **Email blanc, bleu, jaune et violet.** — H. 0^m 195. — (Mariette, *Abydos*, III, p. 61—68.)

Cette statuette est la plus belle de toutes les statuettes funéraires connues jusqu'à présent. Sur un fond blanc, les hiéroglyphes et les détails de sculpture ont été gravés en relief, puis remplis de pâtes vitrifiées à la cuisson. Le visage et les mains sont bleu-turquois; la coiffure est jaune à raies violettes, violets également sont les hiéroglyphes et le vautour qui déploie ses ailes sur la poitrine. Le tout est harmonieux et fondu, sans que la moindre bavure d'un émail émousse la netteté du trait. Ce résultat est d'autant plus remarquable que, les verres employés pour obtenir les couleurs, sont fusibles à des températures assez différentes, et que la statuette a dû être passée au feu un certain nombre de fois avant d'être achevée.

Cette statuette unique en son genre, appartenait à un nomarque, premier prophète d'Ammon, du nom de Phtahmos. — XXe dyn. *Abydos.*

3267. — **Bois.** — H. 0^m 06; long. 0^m 12.

Veau couché, d'un travail fort délicat, creusé pour servir de boîte : la tête et le dos de l'animal s'enlèvent et font couvercle. — XXe dyn.

3270. — **Bois.** — H. 0^m 065.

Les Égyptiens des deux sexes aimaient à s'agrandir l'œil, en le cernant d'un trait noir qui finissait sur la tempe; ils mettaient aussi, à certaines époques, des fards de diverses couleurs, verts ou bleuâtres, sous la paupière inférieure. L'opération destinée à donner à l'œil une teinte noirâtre, se faisait au moyen d'un poinçon ou d'une aiguille mousse, qu'on passait autour du globe pour y introduire la poudre d'antimoine. Ces aiguilles et les vases destinés aux poudres et aux fards ont cent formes diverses. Le n⁰ 3270 est en bois et taillé de manière à figurer quatre étuis longs, collés deux à deux l'un contre l'autre. Une petite femme nue est debout contre le devant de la boîte. Les quatre étuis contiennent encore des restes de fards desséchés. La longueur de l'aiguille est de 0^m 069. — XXe dyn.

3273. — Bronze. — H. 0^m 078.

Petit prêtre agenouillé : il tient de la main droite un vase à libations, dont il verse le contenu sur une table d'offrandes qu'il a dans la main gauche. — Ep. saïte.

3274—3276. — Bois. — H. 0^m 208, 0^m 185, 0^m 175.

Sous les dynasties thébaines, on avait pris l'habitude de remplacer les statues en pierre ou en bois de grandes dimensions, qu'on déposait jadis dans les tombeaux, par des statuettes en bois de plus en plus petites. Beaucoup d'entre elles étaient fort soignées, et le Musée de Turin en possède une vingtaine, dont quelques-unes sont comparables aux plus beaux ouvrages de l'Ancien Empire. Le n⁰ 3274 et les deux suivants de notre Musée, sans être des chefs-d'œuvre, sont d'un art très fin et très délicat. Ce sont trois personnages, revêtus du costume d'apparat de la XXe dynastie : ils marchent droit devant eux, d'un mouvement mesuré, le buste bien effacé, la tête haute. L'expression de la physionomie, calme et rusée, montre qu'on a voulu faire des portraits : les traits de la face rappellent le type japonais plutôt que le type égyptien ordinaire. Le plus grand des trois personnages était un favori du roi, premier prophète de la déesse Oirthikoou, Hori, surnommé Râ. Aucune inscription ne nous apprend quel nom portaient les individus, au double desquels les deux autres statuettes devaient servir de support. — XXe dyn.

Saqqarah.

3277. — **Bois.** — Long. 0^m 226.

Une jeune fille nue, sauf une ceinture étroite qui lui serre les hanches, nage, tenant la tête bien hors de l'eau. Ses deux bras allongés soutenaient un canard creusé en boîte, et dont les deux ailes, s'écartant, formaient le couvercle. C'est un des motifs que les dames égyptiennes préféraient pour leurs boîtes à parfums : la jeune fille servait de manche, et le canard recevait la pâte odorante. Tous les musées d'Europe, et plus particulièrement le Louvre, possèdent de jolis spécimens bien complets de cet ustensile; nous n'avons jamais pu nous en procurer qui fussent intacts. Pour se figurer ce qu'il devait être au sortir des mains du fabricant, il faut mettre le canard n° 3283 (Long. 0^m 226), mais en le rapetissant, sur les bras de la jeune fille. — XXe dyn.

Drah abou 'l neggah.

3278. — **Porcelaine bleue.** — H. 0^m 054.

Tête de statuette royale, peut-être Neko II ou

Apriès. Le salpêtre s'est mis dans ce petit monument et le menace d'une destruction prochaine. — XXVIᵉ dyn. *Mit-Rahinéh.*

3279. — Bois. — H. 0ᵐ 111.
Cette petite statue est du même type et de la même provenance que les nᵒˢ 3274—3276. On remarquera le petit œil mystique qu'elle a au poignet : c'est un exemple presque unique de la manière dont les Égyptiens portaient fréquemment cet amulette. — XXᵉ dyn. *Saqqarah.*

3285. — Bois. — Long. 0ᵐ 22.
Cuiller à parfums, représentant un chien qui se sauve emportant un poisson dans sa gueule : le corps du poisson est le bol de la cuiller. Le troisième rayon de l'armoire renferme d'ailleurs une collection assez heureuse d'objets de ce genre. Le nᵒ 3291 (H. 0ᵐ 202) est un cartouche qui sort d'un lotus épanoui; 3292 (Long. 0ᵐ 164), une main qui tend un petit godet; 3295 (H. 0ᵐ 16), un fruit de lotus flanqué de deux boutons; 3296, une jeune fille qui, debout sur une barque, cueille des lotus : les fleurs et les fruits du lotus, réunis en gerbe autour de sa tête, ont été creusés pour recevoir le parfum. Le nᵒ 3312 (Long. 0ᵐ 28) est une jeune fille comme le nᵒ 3277, etc. — XXᵉ dyn.

3293. — Verre. — H. 0ᵐ 044.
Petit vase à Parfums. Les pâtes bleues, jaunes et blanches ont été disposées de manière à rendre l'effet d'une couverture de paille fine qu'on aurait tressée sur le verre.

3301. — **Bois.** — H. 0^m 045.

Un singe debout tend un arc. L'obélisque dressé en face de lui et qu'il semble viser, était la boîte qui le renfermait. — Ep. Saïte. *Abousir.*

3304. — **Bois.** — Long. 0^m 11.

Bobine allongée, terminée à chaque extrémité par une tête humaine : elle est encore chargée d'un fil assez fin. — XXe dyn.

3289, 3305, 3306, 3314. — **Emaux de diverses couleurs.**

Les fellahs découvrirent vers 1870, à Tell-Yahoudièh, près de Shibîn el Kanatîr, les restes d'un temple recouvert de briques et d'ornements en terre émaillés. Les marchands d'antiquités et différents amateurs du Caire réussirent à démolir en quelques mois ce qui subsistait de ce monument unique en son genre. Le British Museum et le Louvre ont acquis plusieurs fragments provenant de Tell-Yahoudièh : les débris réunis sous les trois n°s 3289, 3305, 3306, donnent l'idée de ce qu'était la décoration des murs. Le n° 3289 représente une tête de prisonnier nègre. Le n° 3306 est un fragment de bordure : le motif principal en est une fleur de lotus flanquée de deux boutons. Le n° 3305 représente une variante assez compliquée de l'œil mystique. Le cartouche de Ramsès III (n° 3314) nous donne la date exacte de l'érection du temple. — XXe dyn.

Tell-Yahoudièh.

3307. — **Bois.** — H. 0^m 13.

Les éventails égyptiens se composaient d'un manche,

et d'une pièce centrale qui couronnait le manche et dans laquelle venaient s'engager les plumes. Le n° 3307 est une pièce centrale : elle est formée de deux planchettes minces entre lesquelles était logé le ressort destiné à maintenir les plumes. Le ressort, d'ordinaire en bois, a disparu; mais nous l'avons trouvé encore intact dans la pièce n° 2996 *(Armoire X)*.

3315. — Bronze. — H. 0^m 17.

Bast, à tête de chatte, est debout, vêtue d'une robe rayée et brodée qui lui descend jusqu'au milieu du mollet. Elle tient à la main gauche la tête de Sokhit, avec le collier auquel on donne le nom d'égide. — XXVIe dyn. *Sérapéum.*

3317. — Bois. — H. 0^m 185.

Un esclave chauve, à tête en pain de sucre, plie sous le poids d'une grosse jarre. La jarre est le bol, et l'esclave le manche d'une cuiller à parfums. La plupart des musées de l'Europe possèdent des cuillers de ce type. — XXe dyn.

3318. — Corne. — Long. 0^m 143.

Epingle à cheveux terminée par un serpent lové. — XXe dyn.

3326. — Bronze et bois. — H. 0^m 26.

Miroir. La plaque en bronze : le manche en bois, incrusté d'ivoire, représente une tête de Bes. Trouvé dans une tombe de l'Ancien-Empire.

Sérapéum.

3327. — Bois. — H. 0^m 21; larg. 0^m 129.

Plaque en bois, où l'on a évidé avec soin les formes d'un manche de miroir et de deux petits godets. On y coulait de la cire sur laquelle on établissait ensuite les moules qui servaient à la fonte des objets en question.

3328 – 3331. — Email bleu. — H. moyenne 0^m 20.

Quatre petits vases canopes sans inscription. — XXe dyn.

3340. — Email bleu. — Long. 0^m 18.

Hippopotame couché dans les roseaux (cfr. n° 3240).

Armoire U.

3033. — Email vert. — H. 0^m 05.

Un petit singe, assis, soutient de ses deux mains un grand plat, qui repose sur un chapiteau à feuilles de palmiers. Brûle-parfums. — Ep. saïte.

Saqqarah.

3035. — Terre émaillée. — H. 0^m 051.

Petit pot, en forme de tête de Bes coiffée de ses plumes. — Ep. grecque. *Mit-Rahinèh.*

3141. — Schiste. — H. 0^m 185; larg. 0^m 12.

Deux statuettes funéraires sont taillées dans une même pierre : celle de la femme tient enlacée celle du mari. Le collier a été doré. L'homme s'appelait Mini et la femme Hontonou. — XXe dyn.

3142. — **Papyrus.** — Diam. 0^m 092.
Balle d'enfant, en feuilles de papyrus découpées et tressées. — XIe dyn.   *Drah abou 'l neggah.*

3143. — **Bronze.** — Long. 0^m 055.
Petit hoyau votif.

3148. — **Verre transparent blanc.** — H. 0^m 042.
Petit vase à fond plat.

3149. — **Verre transparent bleu.** — H. 0^m 027.
Petit vase à côtes, dont le goulot est cassé. Les côtes sont de la même pâte que le reste du vase; mais la plus grande épaisseur du verre aux endroits où il forme bourrelet, leur donne une teinte plus foncée.

3153. — **Verre peint.** — Diam. 0^m 004.
Petite soucoupe, sur laquelle on a peint deux gazelles courant à travers les roseaux.

3156. — **Bois.** — H. 0^m 155.
Femme nue debout, les bras collés aux hanches. — XXe dyn.

3159. — **Bois.** — H. 0^m 09.
Petite tête de jeune fille, cheveux ondés : une des plus jolies œuvres du ciseau égyptien. — V^e—VIe dyn.
Grandes-Pyramides.

3160. — **Cristal de roche.** — H. 0^m 108.
Fiole votive. Le goulot a été seul creusé : le corps

du vase est resté plein, soit que l'on ait voulu représenter un vase rempli d'eau, soit que l'ouvrier ait craint de casser la matière précieuse qu'il travaillait.

3164. — Bois. — H. 0^m 11.

Petite boîte en forme de gazelle, les pattes liées : le couvercle manque.

3165. — Jade rosé. — H. 0^m 05.

Petit vase, au fond duquel on trouve encore des traces de poudre d'antimoine.

3166. — Ardoise fine. — H. 0^m 027.

Petit vase jadis recouvert d'émail bleu.

3172. — Bois et ivoire. — H. 0^m 07; larg. 0^m 064; long. 0^m 09. — (Mariette, *Mon. Div.*, pl. 51, *h*.)

Petit modèle de coffret à linge, en bois, à deux couleurs et en ivoire. — XIe dyn.

Drah abou 'l neggah.

3173. — Bronze. — Long. 0^m 40.

Pince en forme de mains allongées, pour prendre l'encens ou les charbons allumés. — XXe dyn.

Louxor.

3179. — Email vert. — H. 0^m 067; long. 0^m 354; larg. 0^m 176.

Brique émaillée verte, sur laquelle sont tracés à l'encre les cartouches de Ramsès III : pièce unique jusqu'à présent. — XXe dyn. *Basse-Égypte.*

3180. — Bois. — H. 0ᵐ 22.

Statuette de femme, analogue aux statuettes nᵒˢ 3274, 3275, 3276, 3279 (*Armoire Y*, p. 106 et 108). La dame Honttoou est debout en costume d'apparat : elle a au cou un collier d'or et serre un bouquet contre sa poitrine. — XXᵉ dyn.

3181. — Bois. — H. 0ᵐ 08.

Petite tortue, dont la carapace percée de trous servait de pelotte. Les épingles à cheveux qu'on y voit fichées sont en bois et ont pour tête un museau de chacal ou de chien. — XIᵉ dyn. *Drah abou 'l neggah.*

3182. — Bois et ivoire. — H. 0ᵐ 05 ; long. 0ᵐ 265 ; larg. 0ᵐ 078. — (Mariette, *Mon. Div.*, pl. 51 *j*.)

Boîte à jeu. Les cases et le tiroir sont incrustés d'ivoire ; les panneaux portaient des sculptures, également en ivoire, dont il ne reste que peu de chose. Sept pions de différentes formes et de différentes matières sont encore dans le tiroir : ces pions se nommaient les *chiens*, comme dans la Grèce antique. Chacune des deux grandes faces de la boîte porte un jeu différent. A la face supérieure, douze cases, disposées en quinconce sur trois lignes de quatre : de la rangée du milieu part une bande divisée en huit cases. La face inférieure est partagée en trente-six cases, rangées également par trois séries de douze. On ne sait trop comment on disposait les pions sur les cases, ni d'après quelles règles on les mouvait. Un passage du Conte démotique de Satni-Khamoïs nous apprend, qu'une des façons de jouer s'appelait le *cinquante-deux*. Les Égyptiens modernes ont deux jeux qui doivent ressembler singulièrement aux jeux anciens, le *tab* et le *mounkalah* : le *mounkalah* se joue en soixante points (Lane, *Modern Egyptians*, 1837, t. II, p. 51 sqq.).

La plupart des damiers proviennent des tombes, et portent une légende qui souhaite une existence heureuse au défunt. Le *Livres des Morts* renfermait en effet un chapitre destiné à permettre au mort de jouer aux dames dans l'autre monde. Le n° 3182 a été trouvé avec la momie d'Ak-hor. — XVIIe dyn.

Drah abou 'l neggah.

3183. — **Bois.** — H. 0^m 057 ; long. 0^m 38 ; larg. 0^m 11. (Mariette, *Mon. Div.*, pl. 52 *a.*)

Damier au nom du Serviteur du roi dans ses expéditions au Nord et au Midi, chef des mercenaires, prophète de Sa Majesté, Abibi. — XVIIIe dyn.

Drah abou 'l neggah.

2791. — **Bronze.** — H. 0^m 155.

Miroir en forme de feuille de lotus : la tige de la feuille fait le manche du miroir.

3195. — **Jonc.** — H. 0^m 07.

Panier en jonc tressé de diverses couleurs. Il est semblable, pour la forme et la nuance, aux paniers qu'on fabrique encore aujourd'hui à Esnèh et à Assouân, mais plus fin de travail. — XIe dyn.

Drah abou 'l neggah.

3198. — **Bois.** — Long. 0^m 18.

Ce joli monument est un modèle de corne à boire,

du genre de celles que les Grecs appelaient *rhyton*. Le corps est en écorce, le bouchon en bois fin. La partie inférieure d'où jaillissait le liquide en filet mince, est une tête de vache en bois surmontée d'un disque solaire. Je ne crois pas qu'un autre musée possède une pièce du même genre. — XXVIe dyn.

Armoire V.

3126. — Bois. — H. 0^m 21.

Vase votif. Il est plein, et porte sur le haut du goulot des dessins simulant l'empreinte d'un cachet. Il est peint en imitation de granit noir et porte sur la panse une légende au nom du Chef-forgeron, modeleur d'Ammon, Notmouoten. C'était un de ces vases bon marché qu'on fabriquait à l'usage des morts, dont la famille n'était pas assez riche pour se procurer des vases réels en albâtre ou en granit. — XXe dyn.

3138. — Terre noire relevée de jaune. — H. 0^m 075.

Un cynocéphale accroupi tient devant lui un panier, sur la face extérieure duquel la déesse Apit est figurée debout. C'est un vase à collyre, comme le numéro suivant 3138 en terre émaillée bleue.

3045. — Calcaire. — H. 0^m 098.

Tête de statue de l'Ancien-Empire. L'exécution en est fort remarquable et fait regretter la perte du corps. — V^e—VIe dyn.   *Grandes-Pyramides.*

3047—3048. — Bronze et ivoire.

C'est avec intention qu'on a rapproché l'un de l'autre ces deux manches de poignard en forme de lion. Le n° 3047, en bronze (Long. 0^m 12) est assyrien ou persan et provient de Bagdad; le n° 3048 en ivoire (Long. 0^m 11) est égyptien. La manière dont le même motif a été traité fait ressortir toute la différence qu'il y a entre l'art assyrien et l'art égyptien. L'assyrien a exagéré le mouvement et la physionomie de la bête, au risque d'être brutal et disgracieux : l'égyptien, tout en pliant les formes animales à l'emploi auquel il les destinait, a su leur conserver un air de dignité et de grandeur.

3057. — Ivoire. — H. 0^m 122.

Etui à collyre en forme de colonne avec chapiteau bulbeux : manquent le couvercle et le fond.

3059. — Couleur bleue.

Les trois petits paquets enregistrés sous ce numéro sont tout ce qui reste de trois sachets remplis de couleur. La toile qui les renfermait est pourrie depuis longtemps, mais la pâte en a conservé les plis et l'empreinte. La couleur est fabriquée avec ce que les Égyptiens appelaient le *mafkat artificiel*, c'est-à-dire, avec un verre coloré en bleu au moyen d'un oxyde de cuivre, puis réduit en poudre. Le *mafkat vrai* était notre bleu d'outremer, c'est-à-dire, du lapis-lazuli pilé et agglutiné en pastilles ou en pains.

3063—3069.

On a réuni dans ce coin de l'armoire quelques

spécimeus curieux de pots et d'étuis à collyre. Le n⁰ 3063, en pâte rouge (H. 0^m 079) découpée à jour, est porté sur un petit tabouret à quatre pieds qui fait corps avec le vase lui-même. 3077 (H. 0^m 15) a dû appartenir à quelque pauvre diable : il est formé d'un roseau creusé et d'un morceau de bois travaillé, assez soigneusement reliés par une bande d'étoffe et du fil. Le n⁰ 3066 (H. 0^m 07) est un Phtah debout sur les crocodiles : la tête évidée recevait la poudre d'antimoine. Le n⁰ 3068 est un hérisson (H. 0^m 054), et le n⁰ 3069 (H. 0^m 105) une sorte de flûte, formée par cinq tubes d'inégale longueur en porcelaine verte. Quelques-uns de ces vases sont accompagnés de l'aiguille en bois ou en bronze qui servait à étendre autour de l'œil la poudre d'antimoine.

3075—3076.

Tous les menus objets de couleur diverse réunis sous ces deux numéros sont des pions avec lesquels les Égyptiens jouaient aux dames (cfr. n⁰ 3182, *Armoire U,* p. 114).

3080. — Jaspe vert. — H. 0^m 06.

Vase en forme de cœur. D'un côté est gravé un scarabée, de l'autre le chapitre XXX du *Livre des morts.* — Ep. saïte.

3081. — Terre émaillée. — H. 0^m 34.

Malgré ses dimensions exigues, cette tête mérite d'attirer un moment l'attention du visiteur : les traits caractéristiques de la physionomie du nègre y sont rendus avec une vérité qui fait honneur à l'habileté de l'artiste. — Ep. saïte.

3090. — Schiste. — Long. 0^m 07 ; larg. 0^m 104.

Sur cette pierre, le scribe égyptien broyait, puis délayait, avec un petit pilon (n°s 3094, 3102, 3115), l'encre et les couleurs dont il avait besoin pour écrire et enluminer les manuscrits.

3092. — Porcelaine verte. — Long. 0^m 07.

Petit encrier à deux godets, pour les deux encres noire et rouge.

3093.

Il est assez difficile de définir l'emploi des petits anneaux brisés en matières diverses (cornaline, verre jaune, blanc, vert, rouge etc.) qui sont réunis sous ce numéro. On les trouve en assez grand nombre près de la tête et de la poitrine des momies.

3098. — Email bleu. — H. 0^m 14.

Superbe buste d'Isis destiné à être porté sur un bâton d'enseigne : le haut de la coiffure est brisé. Les cartouches de Ramsès III nous donnent la date exacte de ce petit monument. — XXe dyn.

Zagazig.

3106. — Bronze. — Long. 0^m 057 ; larg. 0^m 08.

Table d'offrandes d'un aspect particulier. Elle représente une sorte de plateforme, sur les côtés de laquelle sont assis deux chacals et deux cynocéphales se faisant face : trois petits personnages, agenouillés dans le fond, présentent l'offrande et versent une libation. — Ep. grecque.

3107. — Bronze. — H. 0^m 36.

C'était une de ces enseignes qu'on promenait au bout d'un bâton en tête des processions religieuses. Un crocodile, posé sur une fleur de lotus, porte la barque sacrée de Râ. Un naos, ouvert et vide, surmonté d'un épervier couronné, en occupe le milieu. A l'avant, on voit le chacal d'Apmatonou, puis le prêtre qui tient à deux mains le vase à parfums, Hor à tête d'épervier levant la pique, et deux personnages brisés. Derrière le naos, Isis est debout avec Anubis à tête de chacal, et deux Hor à tête d'épervier manient les deux gouvernails. — Ep. saïte.

Armoire X.

2929. — Bois. — Long. 0^m 375 ; larg. 0^m 05.

Palette de scribe. Tout en haut, le cartouche de Thoutmos III, et au-dessous, six godets accouplés, qui renferment des pastilles de couleur vermillon, jaune d'ocre, terre brûlée, jaune de chrome (gomme gute?), blanc, bleu. Au-dessous, la fente où on logeait les plumes et les pinceaux, et, de chaque côté, une prière pour le scribe Thoutii, secrétaire du roi. — XVIIIe dyn.

2942. — Bois peint. — H. 0^m 17.

Vase fictif de même espèce que le vase n° 3126. (*Armoire V*, p. 116.)

2949. — Argent. — Diam. 0^m 15.

Ce beau vase a été trouvé dans les ruines de

Mendès (Tell-Tmaï), avec les n°s 2950 (H. 0^m 09), 2960 (Diam. 0^m 22), 2961 (Diam. 0^m 075), 2968 (Diam. 0^m 165). Ils faisaient partie du mobilier sacré du temple et avaient été déposé dans une cachette, où ils sont restés oubliés jusqu'à nos jours. Ils sont ornés de lotus épanouis et de boutons au repoussé. L'un d'eux, le n° 2961, est un couvercle, dont la poignée est formée de deux fleurs réunies par la tige. Rien n'indique l'âge de ces objets; mais, qu'ils soient de l'époque grecque ou de l'époque thébaine, le travail en est purement égyptien. Ils sont identiques de tout point aux vases d'or et d'argent, qu'on voit si souvent représentés entre les mains des prêtres et des rois, sur les murs des temples, à la XVIIIe et à la XXe dynasties. *Tell-Tmaï.*

2953. — **Bronze.** — H. 0^m 103. — Don de M. Maunier. — (Mariette, *Mon. Div.*, pl. 48, n° *b.*)

Le dieu Harpochrate couronné est debout, le doigt à la bouche. Le socle est orné de quatre cartouches : 1° Binpou, sur le devant; 2° Le dieu bon Nofirkerî, à droite; 3° Ahmos, par derrière; 4° Le dieu bon Souzenrî, à gauche. Le style de ce petit monument semble nous reporter vers la XXe dynastie; mais les noms dont il est chargé, appartiennent à la XVIIe.

Louxor.

2954. — **Bronze.** — H. 0^m 018.

Anneau trop étroit pour avoir servi de bague : le châton représente une gazelle couchée d'un travail très délicat. — Ep. Saïte.

2955. — Bronze. — H. 0ᵐ 03.
Tête de lion venant de la momie de la reine Ahhotpou (cfr. nº 3474, *Vitrine H*, p. 79). — XVIIᵉ dyn.
Drah abou 'l neggah.

2957. — Pâte verte. — H. 0ᵐ 065. — (Mariette, *Mon. Div.*, pl. 48 *c*.)
Ce scarabée est le seul souvenir qui nous reste des grandes guerres de Neko II. Le Pharaon y est représenté, sur le plat, debout, entre Isis, qui lui remet son arme, et Nith, qui lui donne une petite image du dieu guerrier Mont : deux prisonniers renversés occupent le registre inférieur. Neko II est le Pharaon qui battit à Magiddo le roi Josiah de Juda, et fut battu à Karkémish par Naboukoudouroussour. — XXVIᵉ dyn.

2958. — Email bleu. — (Mariette, *Mon. Div.*, pl. 52 *d*.)
Vase à poudre d'antimoine en forme d'épervier couronné : la couronne servait de bouchon. Sous le pied, des asiatiques enchaînés : sur le pourtour de la couronne, la légende d'Ahmos Iᵉʳ. — XVIIIᵉ dyn.
Drah abou 'l neggah.

2960. — Argent. — Diam. 0ᵐ 22.
L'un des vases de Tell-Tmaï (cfr. nº 2949, p. 120).

2961. — Argent. — Diam. 0ᵐ 075.
Couvercle de vase provenant de Tell-Tmaï (cfr. nº 2949, *Armoire X*, p. 120).

2962. — Faience verte. — H. 0^m 078.

Petite bouteille dont le goulot, aujourd'hui cassé, était flanqué de deux petits cynocéphales accroupis servant d'anse (cfr. n° 2956). Le milieu du disque est à jour. Le cartouche d'Amasis donne la date de ce petit monument. — XXVIe dyn.

2963. — Bois noirci par devant, doré par derrière. — H. 0^m 077.

Amulette en forme de boucle de ceinture, au nom de Séti Ier. *Abydos.*

2965. — Jaspe rouge. — H. 0^m 035.

Tête de lion (cfr. n°s 3474, *Vitrine H*, p. 79 et 2955, *Armoire X*, p. 122). Sur le front, entre les deux oreilles, le cartouche Mâkerî. Un autre cartouche renferme le nom de la reine Hatshopsitou et sert de collier. — XVIIIe dyn. *Karnak.*

2966. — Argent. — Long. 0^m 38.

Barque à dix rameurs et à un pilote, venant de la reine Ahhotpou, comme la barque d'or n° 3582 (*Vitrine H*). Les quatre petits anneaux qu'on remarque sous la carène servaient à fixer la barque sur un petit charriot à quatre roues. — XVIIe dyn.

Drah abou 'l neggah.

2967. — Email gris violet. — H. 0^m 045.

Petit vase à poudre d'antimoine, sur la panse duquel sont gravés les deux cartouches du Pharaon Ai. — XVIIIe dyn. *Abydos.*

2968. — Argent. — Diam. $0^m 165$.
Un des vases de Tell-Tmaï (cfr. n⁰ 2949, p. 120).

2970. — Argent. — H. $0^m 08$; Diam. $0^m 147$.
Un des vases de Tell-Tmaï (cfr. n⁰ 2949, p. 120).

2975. — Calcaire noirci (?). — Long. $0^m 04$.
Osselet sculpté.

2976. — Email bleu.
Collection de quatorze pions pour jeu de dames (cfr. *Armoire V*, n⁰ 3075, p. 118 et *Armoire U*, n⁰ 3182, p. 114).

2977—2978.
Collection de bagues et d'anneaux brisés (cfr. *Armoire V*, n⁰ 3093, p. 119).

2979. — Email vert. — Long. $0^m 18$.
Coupe en forme de poisson au cartouche de Thoutmos III. — XVIII⁰ dyn.

2981. — Albâtre. — H. $0^m 074$; larg. $0^m 041$.
Plaque au cartouche Sonkhkarî, aimé de Montou, maître de Thèbes, d'un roi dont l'autre nom paraît avoir été Amoni. — XI⁰ dyn.

Drah abou 'l neggah.

2984. — Email vert. — H. $0^m 30$. — (Mariette, *Mon. Div.*, pl. 34, *a*.)
Un homme, debout, a les mains appuyées sur un petit naos posé à terre, et qui renferme Osiris-

momie. La statuette est posée sur un socle assez haut, couvert d'inscription sur toutes ses faces. Le personnage était prince héréditaire, et l'un des principaux officiers du roi : il s'appelait Nofirabrî. — XXVIe dyn.

Kom el Qalâa.

2985. — Matières diverses.

Collection de pions pour jouer aux dames (cfr. *Armoire U*, n° 3182, p. 114). Quelques-uns d'entre eux sont surmontés d'une tête de chien, ce qui explique le nom de *Chiens* qu'on donnait à toutes les pièces du jeu, d'une tête d'homme ou de dieu Bes.

2986. — Matières diverses.

Collection de dés à jouer, semblables à ceux qu'on emploie encore aujourd'hui.

2988. — Email vert. — Long. 0^m 066.

Petit encrier à deux godets, en forme de cartouche.

2991. — Bronze. — H. 0^m 12.

Sphinx persan, coiffé de la tiare surmontée d'une étoile. — Ep. persane. *Sérapéum.*

2993. — Ivoire. — Long. 0^m 16.

Les encensoirs en usage dans les temples égyptiens se composaient d'un manche que terminait une main en ivoire, surmontée d'un petit godet en bronze où brûlait l'encens. Le n° 2993 est une main d'encensoir.

2994—2995. — Bois incrusté d'ivoire. — H. 0^m 22 et 0^m 14.

Becs de canne formés de trois têtes d'oies.

2996. — Bois. — H. 0^m 138; larg. 0^m 067.

Pièce centrale d'éventail au nom du scribe du temple de Râ, Khimnakht (cfr. *Armoire Y,* n° 3307, p. 109). Les deux ressorts en bois qui maintenaient les plumes, sont encore intacts.

2997. — Bois. — Long. 0^m 20; larg. 0^m 065.

Palette de peintre avec ses couleurs.

3004. — Granit noir. — H. 0^m 055. — (Mariette, *Mon. Div.*, pl. 48 *d*).

Petit vase à poudre d'antimoine : il a pour anse un singe grimpant. Il a été consacré par la reine Hatshopsitou, à sa mère, la reine Ahmos. — XVIIIe dyn.

El-Assassif.

3011. — Bronze. — H. 0^m 22.

Bout de sceptre.

Armoires S et T.

Les deux armoires *S* et *T* renferment des vases en terre et en bronze, ainsi que des objets de ménage. Quelques-uns des vases renferment encore des essences, des poudres, de la farine, des œufs et d'autres substances.

2819. — Bois. — Long. 0^m 22; diam. 0^m 09.

Corne à boire dont le fond est une tête de bélier.

2825. — Bronze. — H. 0^m 105.

Bouillotte en bronze; le manche est une fleur de lotus recourbée.

2829. — **Email bleu.** — H. 0^m 08.

Vase à anse et à goulot, orné d'une bande de dessins à l'encre, représentant des fleurs de lotus entre des yeux mystiques.

2847. — **Email vert.** — H. 0^m 14.

Vase en forme de fleur de lotus à moitié épanouie.

2848. — **Bronze.** — H. 0^m 215.

On employait, pour les purifications des morts et dans les cérémonies du culte ordinaire, de l'eau consacrée avec certaines cérémonies. Les petits vases en bronze du type n° 2848 étaient destinés à contenir cette eau bénite. Ils sont quelquefois garnis de bas-reliefs, représentant le possesseur en adoration devant ses dieux; souvent, ils ne portent ni bas-reliefs ni inscriptions; souvent enfin, ils n'ont d'autre ornement qu'une légende donnant le nom, les titres et la filiation du possesseur. Le vase n° 2848 appartenait à un prêtre Psamitik, fils de Shishanq et de la dame Miritiouri. — Epoque saïte. *Zagazig.*

2860. — **Bronze.** — Long. 0^m 49.

Longue cuiller à pot : le manche est en cou d'oie recourbé.

2862. — **Terre cuite.** — Long. 0^m 40; diam. 0^m 149.

Petit tonneau orné de dessins au pinceau. — Epoque grecque. *Drah abou 'l neggah.*

2891. — **Bois.** — Long. 0^m 09.

Cadenas en forme d'oiseau, analogue aux cadenas encore en usage dans quelques parties de l'Égypte.

2896. — Terre cuite. — H. 0^m 20.

Vase grotesque. Sur la panse sont tracés grossièrement deux yeux, un nez, une bouche et deux bras fort courts allongés sur la panse.

2765. — Bronze émaillé. — Diam. 0^m 16.

Collier en bronze fermé par une grande rosace flanquée de deux rosaces trop petites : le travail ressemble au travail des bijoux mérovingiens.

2783. — Email bleu. — H. 0^m 12.

Vase en forme de fleur de lotus, comme le n° 2847 (*Armoire S*, p. 127) : le pied est cassé.

Vitrine O.

Le mobilier funéraire proprement dit est dans la Vitrine O et dans les armoires N, M, J, K, L, qui remplissent presque entièrement le côté droit de la salle du centre.

Les quatre vases n°s 1606—1607, 1648—1649, sont les Canopes de Pkimi, surnommé Ouhabrî Miamoun (XXVIe dyn.). Pendant les cérémonies de l'embaumement, on retirait du corps le foie, le cœur, les poumons et les autres parties internes, on les préparait séparément, et on les répartissait entre quatre vases. Quelquefois, on mettait ces quatre vases aux quatre coins du cercueil, souvent on les plaçait dans une caisse à quatre compartiments, sur le couvercle de laquelle était accroupi un chacal.

Les parties séparées de la sorte étaient identifiées chacune à l'un des quatre génies funéraires, Hâpi, Amsit, Tioumoutf, Kobhsonnouf. On met donc d'ordinaire sur les vases, en guise de couvercle, la tête de ces divinités : une tête humaine pour Amsit, une tête de cynocéphale pour Hâpi, une tête de chacal pour Tioumoutf, une tête d'épervier pour Kobhsonnouf. Chaque vase était lui-même identifié avec une déesse, qui était censée veiller sur le dieu : Isis sur Amsit, Nephthys sur Hâpi, Nit sur Tioumoutf et Selk sur Kobhsonnouf. La formule gravée sur la panse est un discours de ces déesses. « Je dompte »l'ennemi, dit Isis, j'exerce la protection sur cet Amsit »qui est en moi ; le salut du défunt X est le salut »d'Amsit, car Amsit est le défunt X.» — «Moi,» dit Nephthys, « je cache ce qui est secret, et je fais le »salut de cet Hâpi qui est en moi, car le salut du défunt X est le salut de l'Hâpi qui est en moi.» Nit dit : « Je suis matineuse et je veille le soir, chaque »jour, pour veiller sur ce Tioumoutf qui est en moi; »car le salut du défunt X est le salut du Tioumoutf »qui est en moi.» J'ajouterai que réellement les embaumeurs s'inquiétaient assez peu de mettre chaque partie du corps dans le vase correspondant : ils répartissaient l'ensemble en quatre parties à peu près égales qu'ils enfermaient au hasard, si bien que le vase du cœur recevait souvent le poumon, et celui du foie les intestins. Parfois même on a trouvé de simples paquets de linge sans trace de débris organiques. Souvent on versait sur le tout du bitume bouillant qui a débordé et rayé de noir la surface extérieure du canope.

1591. — Albâtre oriental. — H. 0^m 18 ; larg. 0^m 17.

Aujourd'hui encore, les Nubiens emploient des chevets de forme analogue, pour reposer leur tête pendant le sommeil. Ceux qu'on donnait aux morts étaient destinés à leur procurer des nuits paisibles dans l'autre monde : certains manuscrits du *Livre des Morts* ont même un chapitre du chevet, dont des extraits sont gravés quelquefois sur les chevets funéraires. Rarement, on les trouve sous la tête de la momie : presque toujours, ils sont à terre, à côté du cercueil.

1621. — Calcaire blanc et granit noir. — H. du sarcophage 0^m 20 ; long. 0^m 31 ; prof. 0^m 15.

L'âme égyptienne était figurée par un épervier à tête et à bras d'homme : il s'envolait à la mort, et l'un des souhaits adressés au défunt était que « son âme pût rejoindre son corps à son gré ». Le petit monument représente cette réunion de l'âme et du corps. La momie, enveloppée de son maillot et couchée sur le lit funéraire à pieds de lion, attend : l'épervier est descendu dans le tombeau et, posé à côté d'elle, place les deux mains sur l'endroit où était le cœur, en regardant attentivement la face impassible. Le mouvement du petit oiseau symbolique, l'expression douce et presque suppliante de l'âme, le contraste entre la vie qui anime ses traits et l'immobilité de la momie font de ce groupe un véritable chef-d'œuvre en son genre. Il était enfermé dans un sarcophage de calcaire blanc, couvert d'inscriptions et de figures : Isis à la tête, Nephthys aux pieds, sur les côtes Anubis et les génies des morts.

Le personnage étendu sur le lit funéraire était premier héraut du roi et s'appelait Râ. — XXII⁰ dyn.

1622. — Bois peint. — 0ᵐ 28.

Le registre du bas est un exemple fort rare d'un paysage égyptien : je ne connais que deux autres stèles analogues, l'une au Musée de Boulaq *(Armoire L)*, l'autre au Musée de Turin. La montagne, peinte en jaune rayé de rouge, couvre le champ de gauche : deux petites portes surmontées de pyramidions marquent la tombe de la dame Zodamen-Efônkh. Une femme agenouillée se lamente et s'arrache les cheveux en signe de deuil : des arbres, dessinés derrière elle, figurent le jardin funéraire, où l'âme viendra s'ébattre et se nourrir à la table qui l'attend chargée d'offrandes. Au registre supérieur, la dame Zodamen-Efônkh vient réclamer auprès d'Harmakhis sa part des sacrifices que lui font ses parents. — XXII⁰—XXVI⁰ dyn. *Déir el-Baharî.*

Presque tous les objets exposés dans la vitrine O sont des statuettes funéraires. On les nommait Ouoshbiti ou Shbiti, les *Répondants*, à cause de la fonction qu'elles remplissaient dans l'autre monde : elles devaient *répondre* à l'appel du nom du défunt et se présenter à sa place, pour exécuter les corvées qu'Osiris avait le droit d'exiger de lui. Les formules diverses qu'on trouve écrites sur elles ne laissent subsister aucun doute à cet égard : « Je suis X, le serviteur de l'Enfer», ou « Je suis X, le serviteur d'Osiris ».

La plupart s'adressent aux statuettes elles-mêmes, et les conjurent de venir fidèlement à l'aide du défunt : « O Répondant d'Ahmos, si Ahmos est appelé pour » travailler dans l'enfer, crie : *Me voici!* » Cette idée développée avait fini par devenir une oraison assez longue, qui est le chapitre VI du *Livre des Morts*, et qu'on gravait fort souvent tout entière sur les statuettes. « O ces Répondants, si l'on appelle, si l'on » dénombre le nomarque Phtahmos, pour qu'il fasse » tous les travaux qu'il y a à faire dans l'autre monde, » — lui qui y a combattu l'ennemi, — comme un » homme qui doit la corvée, pour ensemencer les » champs, pour remplir les canaux, pour transporter » les grains de l'Est à l'Ouest : « C'est moi, me voici! » » exclamez-vous, et puisses-tu être appelé à toute » heure, au cours de chaque jour. »

Pour rendre leur service plus efficace, on les déposait en très grand nombre, par milliers même, avec les momies. Tantôt, elles sont jetées au hasard dans le sarcophage ; tantôt, on les a rangées debout contre le sarcophage ou répandues sur le sable de la chambre. On les entassait souvent dans des boîtes spéciales, grandes ou petites. Elles sont en toutes matières, mais les plus vieilles, celles qui sont antérieures, à la XVIIIe dynastie, sont plutôt en bois, en granit, en calcaire ou en albâtre. Sous la XVIIIe dynastie, la terre cuite recouverte d'un émail bleu commence à paraître, et sous la XXVIe, la terre émaillée verte l'emporte, presque à l'exclusion du reste. Au début, les statuettes funéraires ne sont qu'une dégénérescence des statues en calcaire qui servent de support au double : aussi leur donne-t-on l'aspect et le costume de l'homme vivant, plus rarement le costume et l'aspect de la momie. Plus tard, l'idée de leur usage détermina de plus en plus la forme de leur costume : on leur mit à la main la pioche pour travailler la terre, ou le sac à grains pour ensemencer, parfois un vase à libations ou une croix ansée, signe de vie. Aux dernières époques, leur identification avec le mort est si complète qu'elles ne sont plus que des momies de petites tailles.

La plupart n'ont aucune valeur artistique : il y en a pourtant que les artistes ont soignées avec autant d'amour que s'ils avaient eu à tailler une statue en calcaire ou en granit. Je rappellerai le n° 3262 (*Armoire Y*, p. 105), qui a été déjà décrit : les plus remarquables de ceux que renferme la vitrine O sont :

1594. — Bronze. — H. 0^m 19.

Je ne connais jusqu'à présent, en fait de statuettes de bronze, que les deux qui sont conservées au Musée de Boulaq, sous les n°s 1594 et 1601. Le n° 1594, qui est de travail fort soigné, appartenait au domestique privé du roi, Hor. — XXe dyn.

Saqqarah.

1595. — Calcaire. — H. 0^m 16.

Les Répondants n'étaient pas toujours fabriqués exprès pour une personne déterminée. Les marchands d'objets funèbres en avaient de tout préparés : les formules étaient gravées, la place du nom était réservée, et on la remplissait au moment de l'achat. Le n° 1595 est un bon spécimen de cette classe de *répondants* : le nom du mort a été écrit à l'encre, dans l'espace laissé vide au milieu de la formule gravée.

1601. — Bronze. — H. 0^m 19.

Statuette funéraire du Scribe-intendant des bœufs Amenmos. Beau style de l'époque des Ramessides. — XXe dyn. *Saqqarah.*

1603. — Pâte de verre noire et bleue. — H. 0^m 08 ; larg. 0^m 03.

Une statuette funéraire est collée contre une petite stèle cintrée, au revers de laquelle est tracée la formule ordinaire. Cette formule renferme une inadvertance assez curieuse du scribe. L'original était conçu en termes généraux : « Illumination d'un tel, » fils d'un tel », et le scribe aurait dû remplacer la locution vague *un tel, fils d'un tel,* par le nom et la filiation du défunt. Il ne l'a point fait et a laissé subsister le mot *mon, un tel.* C'est une étourderie qu'on relève assez souvent sur les menus objets destinés aux morts. — XXe dyn.

1604. — Bois peint et émail. — H. 0^m 19.

La figurine avait un charmant visage et des mains en faïence bleue, ce qui n'est pas très fréquent. Le nom a disparu avec l'inscription. — XXe—XXIIe dyn.

1610. — Albâtre. — H. 0^m 21.

Le nom a été laissé en blanc. J'ai déjà expliqué plus haut que l'âme venait rejoindre le corps dans la tombe, sous forme d'un épervier à tête humaine (cfr. p. 130, n° 1621). Ici, l'âme étend ses ailes sur la poitrine de la statuette et l'embrasse pour lui rendre la vie. — XVIIIe dyn. *Saqqarah.*

1618. — Schiste. — H. 0^m 19.

Le répondant serre son âme sur sa poitrine : le nom a été laissé en blanc.

1623—1629. — Faïence verte. — H. 0^m 21.

Statuette d'Ahmos fils de Khroudônkh. Le visage est d'une finesse admirable, et tous les détails de l'équipement ont été découpés avec le plus grand soin. — Epoque Saïto-grecque. *Grandes-Pyramides.*

1627. — Albâtre. — H. 0^m 19.

La dame Naï tient dans ses mains les deux hoyaux avec lesquelles son répondant doit remuer la terre; elle a, passés aux bras, les deux sacs à semailles avec lesquels il doit ensemencer les champs célestes. Un grand collier lui couvre la poitrine : il est formé de tous les amulettes qui peuvent protéger l'existence du mort dans l'autre monde. — XXe dyn.
Saqqarah.

1628. — Calcaire blanc. — H. 0^m 24.

Cette statuette avait été donnée à l'Intendant des bœufs, Amenqon, par grâce spéciale du roi : c'était une dernière faveur que le souverain avait voulu accorder à un serviteur dont il appréciait les mérites. — XIXe dyn.

1631. — Serpentine. — H. 0^m 22.

Statuette du chef des portiers du roi, Tounro. Elle

est vêtue de la grande robe d'apparat en usage vers la XXᵉ dynastie : elle tient, dans une main, le *tat*, emblème de la durée, dans l'autre, la boucle de ceinture, qui permet au mort de voyager, partout à son gré. — XXᵉ dyn. *Saqqarah.*

1633. — Email vert. — H. 0^m 095.

Le bœuf Apis, en mourant, devenait un Osiris comme les morts de l'espèce humaine ; il était traité à la façon des grands personnages de l'état et recevait tous les honneurs funèbres qu'on leur rendait. Ses statuettes ne diffèrent des autres Répondants que par la tête de bœuf qu'elles ont au lieu d'une tête humaine. Le nº 1633 est un spécimen assez grossier des statuettes du bœuf Apis. — XIXᵉ dyn.

Sérapéum.

1647. — Albâtre. — H. 0^m 23 ; larg. 0^m 18.

Le travail de cette stèle est fort délicat. Le gouverneur Shiti est assis à gauche, devant une table d'offrandes qui lui présente la dame Hotpoui. — XIIIᵉ dyn. *Abydos.*

1651. — Bois. — H. 0^m 25 ; larg. 0^m 18 ; long. 0^m 28.

Petite boîte destinée à contenir les statuettes funéraires d'une Chanteuse du Sanctuaire d'Ammon, Ameniritis, fille de Nsimin. Elle est en forme de sarcophage, avec un couvercle à dos d'âne flanqué de quatre montants carrés. — XXVIᵉ dyn.

Déir el-Baharî.

1633. — Faïence émaillée. — H. 0ᵐ 14.
— (Mariette, *Abydos*, t. III, p. 74, n° 444.)

Statuette du majordome Notmou. Il est représenté debout, enveloppé d'une robe collante : le fond est blanc, la chevelure et les hiéroglyphes sont noirs, les mains et le visage rouge vineux. Neuf autres statuettes proviennent du même tombeau ; les plus remarquables sont le n° 1663 et les deux numéros suivants 1664, 1665. XIXᵉ dyn. *Abydos.*

1677. — Bois. — H. 0ᵐ 25 ; long. 0ᵐ 27 ; larg. 0ᵐ 18.

Boîte à statuettes ayant appartenu à la dame Ameniritis, comme le n° 1651. — XXVIᵉ dyn.
Déir el-Baharî.

Armoire N.

La série des statuettes funéraires continue dans l'armoire N.

1106—1107. — Calcaire. — H. 0ᵐ 29.
Statuette de Montou surnommé Sonrîs, premier prophète d'Ammon générateur. — XVIIIᵉ dyn.
Drah abou 'l neggah.

Les autres statuettes, grandes et petites, ne font guères que reproduire les types déjà décrits. Nous n'avons donc aucun intérêt à les énumérer ; le visiteur saura bien distinguer celle, qui ont quelque mérite artistique de celles qui n'ont qu'une valeur archéologique.

Derrière la première rangée des statuettes funéraires, immédiatement sur la planchette du fond de l'armoire, sont disposés des objets en terre cuite rouge, que l'on appelle d'après leur forme, *cônes funéraires*. On n'a jusqu'à présent découvert de cônes funéraires qu'à Thèbes, principalement dans la partie de la nécropole qui entoure l'Assassif, de Drah abou 'l neggah à Sheikh Abd el Gournah. On les déposait d'ordinaire dans le sable, devant la tombe du personnage auquel ils étaient consacrés, et cette circonstance a fait croire à M. Mariette qu'ils servaient à limiter les tombes et le terrain qui leur appartenait. Je pense qu'il n'en est rien et qu'il faut y reconnaître une offrande fictive. Ils sont en effet revêtus d'une couleur blanche qui simule la farine, et la forme en est exactement celle de ce mélange de farine fine et de sel, qu'on présentait dans le sacrifice, aux morts et aux dieux. De même qu'on enterrait à Memphis, sous l'Ancien Empire, des oies et des pains en pierre, destinés à servir éternellement au mort d'oies et de pain, de même à Thèbes, on donnait au mort un simulacre de mola plus durable que n'était l'offrande réelle : comme c'est l'usage en pareil cas, l'image de l'objet, offerte en ce monde, procurait à l'âme la réalité de l'objet dans l'autre. Si on ne trouve pas de cônes à Memphis, c'est pour la même raison qu'on ne trouve pas d'oies en pierre à Thèbes : chaque ville avait ses usages qu'on ne doit pas s'attendre à rencontrer dans les autres villes si ce n'est à l'état d'exception.

Les plus anciens des cônes que l'on possède jusqu'à présent sont ceux de la XIe dynastie, les plus modernes, ceux de la XXVIe.

1117. — Terre cuite.
Cône du Voyant d'Ammon, le scribe Nakht et sa sœur. — XX⁰ dyn. *Drah abou 'l neggah.*

1118. — Terre cuite.
Cône de Montou dit Sonrîs (cfr. les statuettes n⁰ 1106—1107). — XVIII⁰ dyn.
Drah abou 'l neggah.

1120. — Terre cuite.
Cône du Scribe Nibenhâaou, surnommé Akhi. — XIII⁰ dyn. *Drah abou 'l neggah.*

1136. — Terre cuite.
Cône d'Entef. — XI⁰ dyn.
Drah abou 'l neggah.

1122. — Bois colorié.
Epervier accroupi, le corps et les pattes momifiées, la tête libre. Cet emblème, qu'on appelait *âkhôm, l'aigle,* en égyptien, servait à désigner quatre génies, qui veillaient aux quatre angles du sarcophage, et que l'on confondait souvent avec les quatre génies des vases Canopes. Aussi trouve-t-on d'ordinaire les éperviers de ce genre perchés sur les quatre montants en bois qui ornent les cercueils, sous la XX⁰—XXII⁰ dynasties, ou sur le couvercle des grandes boîtes en bois qui renferment les statuettes funéraires. Il y avait cependant, entre les génies de l'angle *(Kobkeb* ou *Kobtiou)* et les génies funéraires, cette différence que les premiers étaient des formes d'Hor, tandis que les seconds étaient ses fils.

1127. — Bois noir. — H. 0^m 29 ; long. 0^m 44.

Ce chacal couché, emblème d'Anubis, se trouve d'ordinaire sur le couvercle des boîtes à statuettes funéraires, où il échange avec l'épervier *âkhôm*. Nous verrons dans la *Salle des momies royales,* une boîte à statuettes qui a encore le chacal noir posé sur le couvercle. — XXe—XXIIe dyn.

Sheîkh Abd el Gournah.

1156. — Calcaire blanc. — H. 0^m 50 ; larg. 0^m 30. — (Mariette, *Abydos*, t, III, p. 552 à 553, n° 1425.)

Au fond de chaque temple, il y avait une chapelle monolithe, semblable pour la forme, sinon pour les dimensions, au petit monument n° 1156 : c'était là qu'était censé résider le dieu du temple, et on y renfermait soit l'emblème de ce dieu, soit l'animal vivant qui lui était consacré.

L'usage voulait qu'on plaçât parfois des naos de ce genre dans les tombeaux. Celui-ci avait une statue, aujourd'hui perdue, du mort auquel il était dédié, Iouf, fils de Sonit. Il est décoré à l'extérieur de deux scènes d'adoration, dont l'une occupe deux faces et l'autre une seule : la famille et les amis, conduits par la dame Sazit, défilent devant Iouf et lui font l'offrande. — XIIIe dyn. *Abydos.*

Armoire M.

1200. — Poterie. — H. 0^m 59. — (Mariette, *Abydos*, III, p. 580, n° 1479.)

A l'Ouest d'Abydos, s'élève une forteresse assez bien conservée, à laquelle les gens du voisinage donnent le nom bizarre de *Magasin aux raisins secs, Chounét ez-zébîb*. Elle avait été abandonnée à partir de la XXe dynastie, et le vent du désert avait entassé dans l'intérieur, contre le mur nord, une butte de sable de cinq à six mètres de hauteur. Sous la XXVIe dynastie, on transforma cette butte en cimetière, et on y déposa un nombre considérable d'ibis momifiés, renfermés dans des vases en terre.

Le vase n° 1200 appartient aux plus soignés de cette catégorie. Sur un fond blanc, la déesse protectrice Khouït étend ses ailes, tandis qu'Hor et Thot présentent la bandelette et le vase à onguent. L'inscription est une prière à Thot, le dieu Ibis, pour qu'il soit favorable à la dame Bouâaou, qui avait fait enterrer à ses frais l'oiseau renfermé dans le vase. Les vases n°s 1201, 1243, 1244, ont la même origine : ils n'ont jamais été ouverts. — XXVIe dyn.

Abydos.

1202. — Momie. — H. 0^m 37.

Le paquet si joliment enveloppé renferme une des momies d'Ibis découvertes à Abydos. Les n°s 1203, 1238, 1239, 1240, 1242, 1272, viennent en partie de Saqqarah. Les animaux qu'on enterrait si soigneusement étaient les ibis sacrés de la chapelle de Thot. — XXVIe dyn. *Abydos.*

1204. — Toile stuquée et peinte. — H. 0^m 28; larg. 0^m 40.

La momie, une fois revêtue de ses bandelettes, recevait une certaine quantité d'ornements en toile stuquée et peinte. C'était généralement la reproduction des ornements réels qu'on devait déposer avec elle, un collier, des figurines, des scarabées, des sandales. Le collier en toile tenait lieu du collier réel et coûtait moins cher.

L'objet n° 1204 est un collier de l'espèce nommé *Ouôskh* (large) : il est surmonté du scarabée à ailes éployées qui représente l'âme humaine. Le chapitre CLVIII du *Livre des Morts* lui était consacré : « Mon père Osiris, y disait le défunt, et ma mère Isis » m'enveloppent, me regardent et je deviens un de » ceux là qu'a enveloppés et que voit Sib. » Il fallait réciter cette phrase sur le collier, avant de le placer au cou du mort le jour de l'enterrement : l'objet ainsi consacré le mettait sous la protection du dieu Sib. — Ep. grecque. *Saqqarah.*

1215. — **Bois peint et doré.** — H. 0^m 43 ; larg. 0^m 22.

Boîtes à statuettes funéraires en forme de naos carré. Elle est couverte de peintures d'une fraîcheur étonnante. La scène principale représente un roi qui fait offrande à Hor et Osiris debout. Ce roi n'est pas un pharaon réel, mais un particulier vêtu en roi. L'usage admettait ces déguisements dans l'autre monde; plusieurs chapitres du *Livre des Morts* étaient destinés à permettre au défunt de prendre place parmi les rois d'Égypte qui sont l'équipage de la barque solaire. — Ep. grecque. *Saqqarah.*

1220. — **Bois peint.** — H. 0^m 40.

Un Osiris en forme de momie est debout sur un

Armoire M. 143

socle. Il a sur la tête deux grandes plumes, un disque solaire et une paire de cornes; devant lui, est un petit épervier accroupi. L'épervier sert de couvercle à une boîte ménagée dans le socle, et qui renfermait soit un petit papyrus, soit quelque lambeau du corps momifié. L'Osiris n° 1220 appartenait à une dame Zostpirou. — XXIIe dyn. *Saqqarah.*

1246. — Toile stuquée et peinte. — H. 0^m 210; larg. 0^m 07.

Sandales qu'on mettait aux pieds de la momie. Le mort en avait d'autant plus besoin, qu'à une certaine époque on lui enlevait la peau de la plante des pieds : c'était afin qu'en arrivant dans la salle de la vérité, où les âmes passaient le jugement, il n'y apportât aucune des souillures de la terre. « Ne marche » point sur moi, s'écrie le sol de cette salle, car je » suis pur, et si tu ne sais pas le nom de tes deux » pieds, tu ne marcheras point sur moi. — Le nom » de mon pied droit est *Bandelette de Min*, le nom » de mon pied gauche est *Boucle de Nephthys.* »

On peignait souvent sous les sandales des figures d'ennemis liés et renversés, afin d'accomplir la parole des Livres Saints égyptiens qui promettait au mort de lui jeter ses ennemis sous les sandales. — Ep. grecque. *Saqqarah.*

1261. — Email verdâtre. — H. 0^m 10.

Le nom égyptien de cet objet est *Tat* qui signifie stabilité : on croit qu'il représente un autel à quatre ou cinq tablettes. C'est un des amulettes qu'on trouve

le plus fréquemment sur les momies : il leur assurait la durée, et sa forme, qui rappelle de loin celle de l'épine dorsale, avait donné aux Égyptiens l'idée de l'identifier avec cette partie du corps. Pour le consacrer, on récitait cette formule : « Ton épine dor-
» sale est à toi, ô dieu dont le cœur est immobile
» (Osiris)! Mets-toi sur le flanc, car je verse l'eau sous
» toi, et voici que je t'ai apporté ce *Tat*, afin que tu
» te réjouisses de lui. » Une fois cet amulette au cou de la momie, le mort peut « franchir les portes du
» ciel; il reçoit les gâteaux, les boissons, quantité des
» chairs qu'on dépose sur l'autel d'Osiris, et sa voix
» prévaut contre ses ennemis en vérité, à tout ja-
» mais. » (*Livre des Morts,* ch. CLV.) — Ep. grecque.

Saqqarah.

1271. — **Momie.** — Long. 0^m 32; larg. 0^m 075.

Momie de petit crocodile. (Cfr. n°s 1273, 1274, 1276.) *Assassif.*

1275. — **Momie.** — Long. 0^m 27; larg. 0^m 07.

Momie de petit chacal : le maillot est surmonté d'une tête de chacal en toile, assez grossièrement imitée. *Saqqarah.*

1279. — **Terre cuite.** — Long. 0^m 21; larg. 0^m 09.

Une femme est couchée nue sur un lit : elle allaite un petit enfant. Cette figure qu'on rencontre assez souvent, même dans des tombeaux d'homme, me paraît représenter Isis allaitant Horus : les Égyptiens espéraient qu'Isis les nourrirait de son lait dans l'autre monde, comme elle avait fait son propre fils. — Ep. grecque. *Abydos.*

Armoires J, K, L.

La série des objets funéraires continue sans grand changement dans les armoires J, K, L. Je me contenterai d'y signaler au passage quelques objets plus intéressants que les autres.

1353. — Bois et serpentine.

Petit cercueil en bois noirci (H. 0^m 13, long. 0^m 32, larg. 0^m 13) renfermant une statuette en serpentine (H. 0^m 26), dont la légende est consacrée par inadvertance à *un tel, fils d'un tel* (cfr. p. 134, n° 1603). Ici, l'identification de la statuette avec la momie est telle, qu'on a donné à la statuette un petit cercueil, image exacte du grand. — Ep. saïte.

1356—1364. — Email. — H. 0^m 04.

Malgré leur petite taille, ces statuettes sont des *Répondants* au même titre que les autres, et possèdent toutes les vertus de leurs confrères. La mode paraît avoir été pendant quelque temps aux Oushabti nains et sans légende : on en a trouvé à Thèbes de pleines boîtes. Rarement ils sont aussi fins d'exécution que les n°s 1356—1364 : le plus souvent, ce ne sont que de petits morceaux d'argile non cuite, un peu arrondis en haut et en bas pour simuler la tête et les pieds.

1365. — **Serpentine grise.** — H. 0ᵐ 045; long. 0ᵐ 16; larg. 0ᵐ 05. — (Mariette, *Abydos*, III, p. 81, n° 520.)

Lit funèbre du chef des scribes Miri : l'âme est venue s'abattre à côté de lui et lui met les deux mains sur la poitrine. La formule est celle qu'on trouve sur les statuettes funéraires (cfr. p. 132). — XX⁰ dyn. *Abydos.*

1420 — 1429. — **Pâtes diverses.** — H. 0ᵐ 010.

La grenouille est une déesse, Hiqit, dont le rôle est encore obscur. Non seulement elle était l'une des principales parmi les divinités cosmiques, et avait contribué avec Khnoum à l'organisation du monde, mais elle était liée au dogme de la résurrection. C'est pour cela qu'on la trouve sur les momies. Les chrétiens d'Égypte l'empruntèrent aux payens et fabriquèrent des lampes en forme de grenouille, sur lesquelles ils écrivaient : *Je suis la résurrection,* Ἐγὼ εἰμι Ἀνάστασις.

1445. — **Bois.** — H. 0ᵐ 48; long. 2ᵐ 10.

Panneau du cercueil de Bisinmout, fils de la dame Shopenkhonsou. Les légendes, tracées à l'encre, sont extraites du *Livre des Morts.* — Ep. saïte.

1483. — **Calcaire.** — H. 0ᵐ 37; larg. 0ᵐ 24; prof. 0ᵐ 22.

Naos (cfr. p. 140, n° 1156) de Nakht : la statue en serpentine (H. 0ᵐ 17) représente le défunt dans sa chapelle. — XIII⁰ dyn. *Abydos.*

1508. — **Calcaire blanc.** — H. 0ᵐ 07; larg. 0ᵐ 056; long. 0ᵐ 105.

Petite boîte carrée que surmonte une figure de scarabée en relief : l'intérieur renferme une momie de scarabée, enveloppée dans du linge très fin.

1530. — **Calcaire blanc.** — H. 0ᵐ 53; larg. 0ᵐ 37. — (Mariette, *Mon. Div.*, pl. 47 B.)

Stèle de Bismout qui, né l'an XXVIII de Psamitik Iᵉʳ, mourut à l'âge de quatre-vingt-dix-neuf ans. — XXVIᵉ dyn. *Louxor.*

1534. — **Calcaire blanc.** — H. 0ᵐ 078; larg. 0ᵐ 034; long. 0ᵐ 14. (Mariette, *Abydos*, III, p. 80, n° 519.)

La momie de la dame Toupou est étendue sur le lit funéraire. A la tête, une image de Nephthys accroupie est sculptée en relief. Aux pieds, une petite femme s'appuie contre le lit, et se hausse pour regarder la figure de la morte : c'est l'âme qui revient animer le corps. Ce joli monument est d'une exécution très fine et d'un sentiment très délicat. — XIIIᵉ dyn. *Abydos.*

PANTHÉON ÉGYPTIEN

(Armoires A, B, C, D, E, F, G, I).

Toutes les armoires, qui nous restent à décrire dans la Salle du Centre, renferment des figures de divinités et forment un véritable Panthéon Égyptien.

Les Egyptologues ne sont pas d'accord sur la nature du culte que les Egyptiens rendaient à la divinité. Les uns, désireux de retrouver partout l'unité de Dieu, ont cherché en Égypte les preuves d'une conception monothéïste, et, négligeant les témoignages qui déposaient contre leur théorie, ont démontré, à leur satisfaction, que la religion égyptienne était une religion monothéïste. D'autres, frappés surtout par le vague des formes divines et voyant qu'elles rentrent sans peine et s'absorbent l'une dans l'autre, ont cru reconnaître, parmi les diverses doctrines énoncées, diverses nuances de panthéïsme. Pour certains, le polythéïsme, et le polythéïsme le plus grossier, ressort jusqu'à l'évidence du témoignage des monuments. Quelques-uns découvrent partout le soleil et les cultes solaires; quelques autres pensent que les dieux ne sont que la représentation concrète des notions métaphysiques les plus abstruses. Tous me semblent avoir raison par quelque endroit, tort par le plus grand nombre de points.

Chaque fois que j'entends parler de la religion égyptienne, je suis tenté de demander de quelle religion égyptienne il s'agit. Est-ce de la religion égyptienne de la quatrième dynastie, ou de la religion égyptienne de l'époque ptolémaïque? Est-ce de la religion populaire ou de la religion des gens instruits? de la religion telle qu'on l'enseignait à l'école d'Héliopolis, ou de la religion telle que la concevaient les membres du sacerdoce thébain? Entre le premier tombeau memphite portant le cartouche d'un roi de la IIIe dynastie, et les dernières pierres gravées à Esnèh sous César Philippe l'Arabe, il y a cinq mille ans d'intervalle. Sans compter l'invasion des Pasteurs, la domination éthiopienne et assyrienne, la conquête persane, la colonisation grecque et les mille révolutions de sa vie politique, l'Égypte a passé, pendant ces cinq mille ans, par maintes vicissitudes de vie morale et intellectuelle. Le chapitre XVII du *Livre des Morts*, qui paraît contenir l'exposition du système du monde tel qu'on l'entendait à Héliopolis au temps des premières dynasties, nous est connu par plusieurs exemplaires de la XIe et de la XIIe dynasties. Chacun des versets qui le composent était déjà interprété de trois ou quatre manières différentes, si différentes que, selon les écoles, le démiurge devenait le feu solaire *Râ-Shou*, ou bien l'eau primordiale ; quinze siècles plus tard, le nombre des interprétations avait augmenté sensiblement. Le temps, en s'écoulant, avait modifié l'idée qu'on se faisait de l'univers et des forces qui le régissent. Depuis dix-huit siècles à peine que le christianisme existe, il a travaillé, développé, transformé la plupart de ses dogmes : combien de fois le sacerdoce égyptien ne dut-il pas altérer les siens, pendant les cinquante siècles qui séparent Théodose des rois constructeurs de pyramides ?

Et les matériaux que nous avons pour étudier l'histoire de cette évolution ne sont ni complets, ni souvent même intelligibles. Comme tous les peuples, l'Égyptien des temps pharaoniques n'admettait pas que sa puissance pût périr, et que le jour viendrait où, ce qui était pour lui la vie familière deviendrait matière à commentaires et à recherches archéologiques : il fait perpétuellement des allusions faciles à comprendre pour ceux qui connaissaient le dogme, nulle part il n'expose le dogme lui-même. C'est un édifice entier que nous devons reconstruire, avec des pierres à moitié brisées, et dont rien ne nous indique la place dans le plan primitif. On conçoit après cela quelle réserve il convient de mettre à l'énonciation des moindres idées. Pour moi, le fait principal que nous révèlent les monuments, c'est l'existence d'un nombre considérable de personnages divins ayant des noms et des formes différentes. C'est ce que les partisans du monothéïsme à tout prix ont appelé une apparence polythéïste : c'est ce que j'appelle un polythéïsme bien caractérisé. Que ces personnages soient, comme on l'a dit, des attributs, des rôles ou des fonctions d'un dieu plus grand, je ne le crois pas et d'ailleurs peu importe ; ils ont chacun un nom et une existence, que le fidèle reconnaissait par une dévotion plus ou moins particulière. Le dévot à Phtah ne s'adressait à Phtah que parce qu'il croyait que Phtah avait une personnalité bien marquée, et en implorant Phtah, il ne comptait pas plus sur la protection de Sovkou, qu'un dévot de nos jours, en se mettant sous le patronage de S*t* Paul, ne pense se mettre par là même sous le patronage de S*t* Antoine de Padoue. Les dieux semblent se répartir en trois groupes d'origine différente, répondant à autant de conceptions de la divinité : les dieux des morts, les dieux élémentaires, les dieux solaires. Les dieux des morts sont Sokari, Osiris et Isis, peut-être Hor le jeune, Anubis, Nephthys. Les dieux élémentaires représentent la terre *Sib,* le ciel *Nout,* l'eau primordiale *Nou,* le Nil *Hapi,* et probablement aussi des dieux comme Sobkou,

Sit-Typhon, Haroïri, Phtah, etc., dont nous ne connaissons le culte et l'histoire que par fragments. Parmi les dieux solaires je classerai Râ, Shou, Onhouri, Ammon, le journalier. Les dieux qui composaient ces trois groupes sont, à l'époque historique, les représentants du polythéïsme par lequel a débuté la religion égyptienne à l'époque préhistorique. Ils étaient associés à des dieux animaux, le chacal, le taureau, le bœuf, l'ibis, et à des fétiches dont le culte était en honneur même aux siècles les plus brillants. Un certain nombre d'entre eux ne sont guères que des doublures politiques ou géographiques les uns des autres. Sokari, par exemple, était le nom du dieu des morts en certains endroits, comme Osiris en certains autres, et ne différait probablement d'Osiris que par des nuances plus ou moins sensibles : où l'on adorait le soleil sous le nom de Râ, il est vraisemblable qu'on ne l'adora pas d'abord sous le nom de Shou. En tout cas, les trois groupes avaient chacun des facultés et des attributions bien tranchées : ils se complétaient l'un l'autre, mais ne se confondaient pas l'un dans l'autre.

Pour des raisons qu'il n'est pas facile de discerner, la conception de l'unité divine parut très tôt en Égypte. L'habitant d'Héliopolis qui adorait Râ et d'autres dieux, en arriva bientôt à penser que Râ était unique, mais la croyance en un Râ unique ne l'empêcha pas de continuer à révérer les autres divinités qui n'étaient pas Râ; son polythéïsme ne disparut pas, il se compliqua de monothéïsme. La multiplicité des dieux est peut-être incompatible en bonne logique avec l'unité de dieu, elle ne l'est pas dans la réalité de l'histoire. Pour l'Égyptien qui arrivait à la notion de l'unité divine, le dieu un n'était jamais dieu tout court : M. Lepage-Renouf a fait remarquer très finement que le mot *Noutir, nouti,* dieu, n'a jamais cessé d'être nom commun pour devenir nom propre. Dieu est toujours le dieu unique Ammon, le dieu unique Phtah, le dieu unique Osiris, c'est-à-dire un être bien déterminé, ayant une personnalité, un nom, des attributs, un costume, des membres, une famille, un homme infiniment plus parfait que les hommes. Les textes nous apprennent qu'il est le père des dieux, la mère des dieux, le suzerain des dieux, et nous donnent de lui l'idée d'un Pharaon céleste, roi des dieux, comme le Pharaon terrestre est le roi des rois. L'assimilation entre Pharaon et le dieu unique est à ce point complète, qu'à moins d'admettre que Pharaon régnât ici-bas sur des abstractions de sujets et de rois, il faut admettre que le Dieu unique régnait sur des réalités de dieux. Mais ce monothéisme est avant tout géographique. Si l'Égyptien de Memphis proclamait l'unité de Phtah à l'exclusion d'Ammon, l'Égyptien de Thèbes proclamait l'unité d'Ammon à l'exclusion de Phtah. Râ dieu un à Héliopolis n'est pas le même qu'Osiri dieu un à Abydos et peut être adoré à côté de lui sans s'absorber en lui. Le dieu unique n'est que le dieu du nome ou de la ville, *noutir noutti,* qui n'exclut pas l'existence du dieu unique de la ville ou du nome voisin. En résumé, ce n'est pas du dieu unique de l'Égypte qu'on devrait parler, quand on traite du monothéisme égyptien, mais des dieux uniques de l'Égypte. L'unité de chacun des dieux uniques, pour être absolue dans l'étendue de son domaine, n'empêchait pas la réalité des autres dieux.

L'unité de pouvoir politique qui, malgré l'organisation féodale du pays, s'était imposée depuis Mini, entraîna l'unité de conception religieuse. Les écoles de théologie établies à Saïs, à Héliopolis, à Memphis, à Abydos, à Thèbes, formèrent, probablement sans avoir conscience de leur œuvre, une sorte de syncrétisme, où l'on fit entrer de gré ou de force presque toutes les conceptions existantes à la surface du sol. Le culte qui l'emporta, et de bonne heure, fut celui des dieux solaires : ce fut le soleil qui devint le type de l'unité divine, et les autres dieux, ceux des morts comme ceux des éléments, furent presque tous identifiés au soleil pour se fondre plus aisément dans cette unité. Osiris fut le soleil de nuit, le soleil mort, comme Râ était le soleil vivant, le soleil diurne. Quelques-uns pourtant résistèrent à l'absorption : Sib, Nout ne devinrent que fort tard Sib-Râ, Nout-rît. On se débarassa d'eux en les donnant pour père et pour mère aux dieux solaires, c'est-à-dire, puisque dans la divinité le père et la mère ne sont qu'un avec le fils, des dieux-soleils qui avaient existé avant que le monde fût sorti du chaos. Ces identifications ne se firent pas sans difficulté. Le soleil, dieu de vie, est plus qu'un dieu, c'est une famille de dieux, une trinité formée du père, de la mère et du fils. Ce principe de la trinité ou de la triade, qui prévalut avec la prédominance des dieux solaires, gêna quelquefois les théologiens et les obligea à certains artifices. Les conceptions relatives à la mort avaient été représentées par deux groupes de dieux opposés, Sit d'un côté, et, de l'autre, Osiris, Isis, Nephthys, Hor, Anubis, Thot. En entrant dans une triade solaire, Osiris ne pouvait garder son cortége, ni Sit demeurer isolé : on se tira d'affaire en donnant à Sit pour femme Nephthys et pour fils Anubis, qui gardèrent leur rôle protecteur d'Osiris, malgré leur défection apparente. Il y eut un moment où toutes ces trinités, artificielles ou non, tendirent à se superposer et à disparaître l'une dans l'autre : ce fut vers la XIXe dynastie, et la triade qui faillit supplanter les autres, fut la triade thébaïne. Les prêtres d'Ammon en étaient arrivés bien réellement à extraire des textes anciens de la littérature sacrée, le dogme d'un dieu un, absolu, parfait, et, ici comme partout, la grandeur politique du pays aida à l'élévation de la pensée religieuse. Je ne puis m'empêcher de croire que les prêtres thébains n'auraient pas compris, aussi nettement qu'ils l'ont fait, l'unité et la suprématie d'Ammon, si les rois thébains n'avaient pas étendu leur domination, et par suite la domination du dieu de leur cité royale, sur la moitié du monde connu. Le fait matériel de l'hommage rendu au chef terrestre de Thèbes par les chefs terrestres d'Abydos, de Memphis, de Tanis, de la Syrie, de l'Ethiopie, n'a pas dû être pour peu de chose dans l'hommage rendu au dieu de Thèbes par les autres dieux de l'Égypte et des pays étrangers. Le seul dieu toujours victorieux a dû devenir plus facilement le seul dieu, et c'est la chute de son empire mondain qui décida, vers la XXe dynastie, le triomphe de l'ancien polythéisme sur le monothéisme des hymnes thébains.

Cela dit, le mieux est de décrire l'une après l'autre les images de dieux qui remplissent les armoires du musée, sans trop raffiner sur le sens des objets qu'elles portent et des emblèmes qui les accompagnent.

Armoire I.

1706. — Calcaire. — H. $0^m 15$; larg. $0^m 11$. — (Mariette, *Abydos*, III, p. 497, n° 1310.)
Sous les rois de la XVIIIe dynastie, les Égyptiens empruntèrent aux Asiatiques qu'ils avaient vaincus un certain nombre de divinités, Baal, Astarté, Anaïti, etc., qu'ils introduisirent dans leur panthéon. Bien que la stèle n° 1708 ne porte aucune inscription, d'autres monuments nous apprennent que le dieu brandissant sa lance était d'origine phénicienne et avait nom Roshpou (Resheph). Il était associé à une Astarté et à la déesse locale Qosh. — XXe dyn.
Abydos.

1709. — Terre cuite. — H. $0^m 19$.
Ce dieu venait de Pount, l'Arabie. Son nom, Bis ou Bês, est celui de la panthère dont il porte la peau, et dont la queue lui pend entre les deux jambes. Il a les fonctions les plus contradictoires. Quelquefois, il danse en brandissant une épée au-dessus de sa tête, et en ramenant sur sa poitrine un bouclier ovale; quelquefois, il a dans les bras un petit enfant qu'il semble vouloir avaler; il a souvent sur la tête un panache de plumes frisées. Il est le dieu de

la toilette, de la danse, de la musique, et tient parfois une harpe dont il joue tout en sautant. Sa figure a passé en Phénicie et en Grèce, où elle se confond avec le type de Silène et celui de la Gorgone. — Ep. grecque. *Saqqarah.*

1712. — Bronze. — H. 0^m 135.

La déesse Neith, Nit, debout, coiffée de la couronne de la Basse-Égypte. Les Grecs l'identifiaient à Athéné, et lui attribuaient l'invention du métier à tisser, des arts, des sciences. Comme déesse infernale, elle a souvent le visage et les mains peints en vert. Comme déesse guerrière, elle a les flèches et l'arc. Elle était adorée surtout à Saïs, bien qu'elle eût des temples à Thèbes, et passait pour être la mère du dieu Râ, la génisse qui enfante le soleil. Elle avait pour enfants deux crocodiles qu'elle allaite de son lait (cfr. *Armoire I*, n° 1716), et qui sont peut-être Hor et Sokhit. Sa statue portait une inscription rapportée par Plutarque : « Je suis ce qui est, ce qui » sera, ce qui a été; nul n'a soulevé ma robe, et le » soleil est le fruit que j'ai enfanté. » — Ep. saïte.

1714. — Bronze. — H. 0^m 32.

Le dieu Nofirtoum, debout, la main droite armée d'un sabre recourbé, s'avance la tête couronnée d'un lotus épanoui d'où sortent deux grandes plumes. Les couleurs de la fleur étaient imitées au moyen de plaquettes en pierre dure incrustées dans le bronze. Nofirtoum était le fils de la déesse Bast-Sokhit, et paraît avoir représenté une des formes du soleil de nuit, celle qui précède immédiatement l'aurore. Il était souvent représenté debout sur un lion couché. — Ep. saïte. *Saqqarah.*

1715. — **Bronze.** — H. 0^m 17.

Cette étrange divinité avait nom Nahbkôou, *celui qui unit les doubles,* et le rôle qu'elle joue n'est pas très bien défini. Parfois c'est un simple serpent avec deux mains qu'il porte à la gueule. Souvent c'est un serpent, debout sur deux jambes d'homme, avec ou sans les bras. — Ep. grecque. *Saqqarah.*

1716. — **Email vert.** — H. 0^m 08.

Nit allaitant les crocodiles (cfr. p. 156, n° 1712). — Ep. grecque.

1722. — **Email vert.** — H. 0^m 035; larg. 0^m 03.

Triade adorée à Memphis, et formée de Nofirtoum, Phtah, Sokhit à tête de lionne couronnée du disque solaire (cfr. p. 156, n° 1714). — Ep. grecque.

1724. — **Email.** — H. 0^m 035.

Le même socle porte sept figurines du même dieu Shou. Il a le genou en terre, le disque sur la tête et ses deux bras levés supportent la voûte céleste : il avait séparé la terre du ciel dans Eshmoun, et, se glissant entre les deux sous forme de disque, avait levé le premier soleil. Il porte quelquefois sur la tête une plume d'autruche, hiéroglyphe de son nom. Il avait Râ pour père, pour mère Hathor et pour sœur jumelle Tafnout. Shou et Tafnout ne forment qu'une seule divinité en deux personnes, une « âme en ses deux jumeaux » : on les figure souvent comme deux lions couchés à côté l'un de l'autre. — Ep. grecque.

1728—1729. — Terre émaillée. — H. 0^m 04.

Onze figures du dieu Min (Khem) sur un même socle. Ce dieu, l'un des plus importants de l'ancienne Égypte, avait des fonctions génératrices qui expliquent suffisamment sa forme. Le corps est momifié et enveloppé de bandelettes, sauf les deux bras, dont l'un est ramené sur le ventre, tandis que l'autre soulève le fouet. Sa coiffure est celle du dieu Ammon, avec lequel il se confond souvent, deux longues plumes perchées sur une sorte de mortier aplati. Les textes l'appellent le mari de sa mère, le fils d'Isis, le père de Râ, celui qui dresse haut ses deux plumes. Khemmis, aujourd'hui Akhmîm, était le siége principal de son culte : les Grecs l'identifièrent au dieu Pan et donnèrent à sa ville le nom de Panopolis. — Ep. grecque.

1731. — Bronze. — H. 0^m 15.

Dieu Bîs combattant : la lance a disparu. — Ep. grecque.

1732. — Bronze. — H. 0^m 11.

Le bas de cet objet représente ce que les Égyptiens appelaient la *monât*, un disque monté sur une longue gaîne conique, et que la déesse Hathor portait attaché au cou. La *monât* est surmontée d'un collier *ouoskh* (cfr. p. 141, n° 1204), qui est lui-même couronné des deux têtes du dieu en deux personnes Shou-Tafnout (cfr. p. 157, n° 1724). — Ep. grecque.

1736. — Bronze. — H. 0^m 23.

La déesse Mâït, la Vérité, est toujours représentée sous forme de femme portant une plume d'autruche sur la tête : la plume d'autruche se lisait Mâït et était l'hiéroglyphe de son nom. Elle était fille de Râ et présidait à la salle où se faisait le jugement de l'âme. Là, divisée en deux déesses jumelles *Maïti*, les deux Vérités, ou, comme on traduit le plus souvent la Vérité et la Justice, elle menait le défunt devant Osiris et l'assistait dans son interrogatoire. — Ep. saïte. *Saqqarah.*

1739. — Bronze. — H. 0^m 05 ; long. 0^m 11.

La musaraigne était consacrée à Bouto selon les Grecs; les inscriptions indiquent qu'elle était l'animal de Hor, maître de Khemmis et de Latopolis. — Ep. saïte. *Sérapéum.*

1740. — Bois. — L. 0^m 075.

Souris. Elle était perchée sur une petite boîte qui renfermait une souris momifiée. — Ep. saïte.

1741. — Bronze. — H. 0^m 155.

Ichneumon assis sur le train de derrière, les pattes de devant levées en attitude de défense. — Ep. saïte.

Sérapéum.

1742. — Bronze. — H. 0^m 06; long. 0^m 11.

Uræus. Le serpent uræus, la *naja*, orne le front des rois et des dieux. — Ep. saïte. *Sérapéum.*

1743. — **Bronze.** — H. 0^m 065 ; long. 0^m 18.

Musaraigne. Sur le dos, trois marques sacrées, analogues aux marques exigées du taureau Apis, un scarabée ailé, un disque ailé, un épervier déployant ses ailes. — Ep. saïte. *Sérapéum.*

1746. — **Bronze.** — H. 0^m 13 ; larg. 0^m 08.

Les Égyptiens, surtout ceux des derniers temps, réunissaient volontiers les attributs des dieux les plus divers, sur une seule figure, qui devenait alors comme un résumé de tout le Panthéon, un dieu Panthée. Celui-ci est à double face. Il a, par devant, la vigueur génératrice de Min, la tête d'Anubis, deux uræus aux genoux, une coiffure compliquée ; par derrière, une tête de bélier, une queue et deux ailes d'épervier qui l'enveloppent et retombent de chaque côté. Il tient deux ennemis écrasés sous ses pieds. — Ep. grecque. *Saqqarah.*

1748. — **Email bleu.** — H. 0^m 048.

Le dieu Nahbkoou, assis, les deux mains à la bouche (cfr. p. 157, n° 1715).

1749. — **Bronze.** — H. 0^m 27.

Le dieu Anhouri, coiffé de quatre longues plumes réunies en faisceau, lève les mains dans l'attitude du soldat qui perce de la pique un ennemi terrassé. Anhouri, « celui qui guide le firmament », est une forme jumelle de Shou et forme avec lui un couple Anhour-Shou, analogue au couple Shou-Tafnout. Sa fonction principale est d'écarter de la pique les serpents ou l'hippopotame qui auraient empêché la marche de la barque solaire dans le ciel. Les

Grecs, séduits par son caractère belliqueux, l'identifiaient à Arès. — Ep. saïte. *Sérapéum.*

1750. — Bronze. — H. 0^m 40.
Superbe Nofirtoum, incrusté d'émaux et d'or (cfr. p. 156, n° 1714). — Ep. saïte. *Sérapéum.*

1751. — Bronze. — H. 0^m 26.
Le dieu a sur la tête une coiffure, formée de deux cornes et de deux petites pousses, sur lesquelles est posée une étoile à cinq branches. Les pieds manquent. M. Mariette pensait que cette figure représentait Sib, le dieu de la terre : je préférerais y reconnaître, d'après les peintures astronomiques, Osiris-Sâhou, dieu de l'étoile Orion. Osiris-Sâhou était aussi le conducteur des âmes dans l'autre monde. — Ep. saïte. *Sérapéum.*

1761. — Bronze. — 0^m 04; long. 0^m 124.
L'oxyrrhynque, sorte de brochet propre au Nil, passait pour avoir dévoré l'un des membres d'Osiris, lorsque ce dieu avait été mis en pièces et jeté à l'eau par Sit-Typhon. Il était consacré à Hathor, dame d'Esnèh, et portait parfois la coiffure de cette déesse, le disque solaire entre deux cornes. — Ep. saïte. *Sérapéum.*

1766. — Bronze. — H. 0^m 205.
Shou cuirassé levant la lance : la coiffure est brisée (cfr. p. 157, n° 1724). — Ep. saïte. *Sérapéum.*

1770. — Bronze. — H. 0^m 15; long. 0^m 31; larg. 0^m 034.

Boîte en bronze, où était enfermée une momie de serpent. L'uræus figurée sur le couvercle avait une tête humaine coiffée du pschent : c'est l'aspect que présentent certains génies infernaux, dans les peintures des tombes royales. — Ep. saïte.

Sérapéum.

1771. — Bronze. — H. 0^m 09 ; long. 0^m 16.

Bœuf Apis agenouillé contrairement à l'usage. — Ep. saïte. *Sérapéum.*

1777. — Bronze. — H. 0^m 165.

Le dieu Nil debout, portant sur la tête le signe de l'eau, d'où sort un bouquet de fleurs. Il est représenté avec les chairs molles et la poitrine pendante en signe d'abondance. D'ordinaire, il tient entre les mains un autel, d'où pendent des poissons et des fleurs de lotus (cfr. p. 71, *Salle historique de l'Ouest*, n° 123, un autel de ce genre). Il était adoré à Silsilis avec Râ et Phtah. Ses statues sont fort rares. — Ep. saïte. *Sérapéum.*

1781. — Bronze. — H. 0^m 06 ; long. 0^m 10.

Poisson latus, le *bayad* des Égyptiens modernes, emblème de la déesse Hathor, comme l'oxyrrhynque. — Ep. saïte. *Sérapéum.*

1784. — Email vert. — H. 0^m 18.

Dieu Bes posé sur une fleur de lotus : il semble vouloir dévorer l'enfant qu'il tient entre les mains. — Ep. saïte. *Abydos.*

1788. — Bronze. — H. 0^m 07 ; long. 0^m 025.

Lézard sur une boîte qui renfermait une momie de lézard. Il y a, parmi les génies de l'enfer égyptien, un dieu à tête de lézard, dont on ne connaît point la fonction. — Ep. saïte. *Sérapéum.*

1815. — Email bleu. — H. 0^m 05.

Dieu à tête de lion debout, marchant. On l'a appelé Hobs ou Hbos, mais je crois que ce nom n'est qu'une erreur de lecture : c'est en réalité Shou (cfr. p. 157, n° 1724). — Ep. saïte. *Abydos.*

1820. — Lapis-lazuli. — H. moyenne 0^m 025.

Cinq petites figurines de Mâït, la plume sur la tête : travail assez délicat (cfr. p. 159, n° 1736). — Ep. saïte. *Saqqarah.*

1826. — Bronze. — H. 0^m 085 ; larg. 0^m 063.

Hor et Thot, debout, versent de l'eau sur la tête d'un personnage agenouillé entre eux. La scène est représentée souvent sur les monuments. Les deux divinités lavent les péchés du mort, avant de l'admettre au jugement. — Ep. saïte. *Sérapéum.*

1831. — Bronze. — H. 0^m 225.

Sur une fleur de lotus épanouie, un dieu à corps humain, à tête de taureau, coiffée du disque solaire, est debout les bras levés dans l'attitude du combat. C'est une forme de Thot, taureau dans la ville de Mendès, lorsqu'il combat dans la barque solaire. — Ep. saïte. *Sérapéum.*

Armoire G.

1856. — Bronze. — Larg. 0^m 095; H. 0^m 035.

La chatte était consacrée à la déesse Bast, ou à Sokhit (cfr. p. 8, no 6006) : aussi est-elle représentée sur les médailles grecques du nome Bubastite. La chatte no 1856 est couchée sur le flanc, entourée de ses petits : quelques-uns tètent consciencieusement, tandis qu'un autre caresse de la patte le museau de sa mère. — Ep. saïte. *Sérapéum.*

1859. — Bronze. — H. 0^m 125.

La déesse Bast, à tête de chatte, tenant l'égide ramenée sur la poitrine. Bast est une forme affaiblie de Sokhit (cfr. p. 8, no 6006) : elle est à Sokhit ce que la chatte est à la lionne. Cela n'empêche pas d'ailleurs que Bast n'ait dans sa nature des côtés violents et Sokhit des côtés pacifiques. — Ep. saïte.
Sérapéum.

1861. — Bronze. — H. 0^m 14.

La déesse Bast, à tête de chatte, tenant l'égide de la main gauche et un panier passé au bras. — Ep. saïte. *Sérapéum.*

1862. — Bronze. — H. 0^m 28.

Fort belle statue de la déesse Sokhit à tête de lionne, couronnée du disque solaire (cfr. p. 8, no 6006). — Ep. saïte. *Sérapéum.*

1864. — Bronze. — H. 0ᵐ 21.

Statue de Sokhit, le disque sur la tête, les pieds rapprochés, les bras collés au corps. — Ep. saïte.

Sérapéum.

1877. — Email vert. — H. 0ᵐ 068.

Chatte assise : trois petits chats sont debout devant elle, et elle appuie ses deux pattes de devant sur leur tête. — Ep. grecque. *Sérapéum.*

1878. — Email bleu. — H. 0ᵐ 058.

La déesse Bast à tête de chatte est assise sur un siége, et serre le sistre sur sa poitrine : sur les côtés du siége sont représentés une uræus et un serpent ailé du type de Nouhbkoou (cfr. p. 157, n° 1715). — Ep. saïte. *Sérapéum.*

1884. — Bronze. — H. 0ᵐ 215.

Phtah est debout, enveloppé de bandelettes : seule, la tête est vivante, et les deux mains, dégagées du maillot, tiennent le sceptre. Phtah était au début le dieu des morts : ce n'est que plus tard qu'on est arrivé à le faire rentrer tant bien que mal dans la catégorie des dieux solaires. Son nom signifie *celui qui ouvre*, et fait peut-être allusion à l'une de ses fonctions, qui était d'ouvrir le cercueil et de dévoiler la face du mort pour lui rendre la vie. Il était le dieu national de Memphis et y avait le plus grand de ses temples : il y était associé à Sokhit et à Imhotpou (cfr. p. 104, n° 3255), quelquefois à Nofirtoum (cfr. p. 156, n° 1714). Les traits de sa figure sont très fins, aussi l'appelle-t-on Phtah au beau visage. — Ep. saïte. *Saqqarah.*

1886. — Bronze. — H. 0ᵐ 16.

Le dieu Imhotpou, assis sur un siège, lit un rouleau de papyrus étalé sur ses genoux. Son nom signifie *celui qui vient en paix*, et son rôle est de protéger les sciences : il est le dieu médecin par excellence, celui que les Grecs avaient identifié à Asclépios (cfr. p. 104, n° 3255). — Ep. saïte. *Sérapéum.*

1902. — Email vert. — 0ᵐ 065.

Ce petit dieu monstrueux a été pris pour un fétus, et est appelé d'ordinaire Phtah-embryon. Une maladie spéciale de la moëlle épinière produit les phénomènes de déformation qui le signalent, et j'ai vu moi-même, dans les hôpitaux de Paris, des enfants de dix à douze ans qui étaient la reproduction vivante des statuettes de nos musées : le nom de Phtah-embryon est donc à rejeter. Les inscriptions l'appellent tantôt Phtah, tantôt Phtah-Sokari, tantôt Phtah-Sokar-Osiri : c'est en effet un Phtah au même titre que le Phtah momie (cfr. p. 165, n° 1884). Les Égyptiens ont accumulé sur lui divers emblèmes. Le plus fréquent est un scarabée qu'il porte à plat sur la tête : c'est une marque de renaissance et un signe d'identification avec Khopri, le soleil levant. Deux serpents lui sortent parfois de la bouche, il tient une plume à chaque main, il est perché sur deux crocodiles, Isis et Nephthys sont à sa droite et à sa gauche, un épervier est sur chacune de ses épaules, enfin la déesse Bast debout derrière lui l'enveloppe de ses bras et de ses ailes. Tous ces dieux accumulés autour de lui sont là pour le protéger et pour l'aider à revivre (cfr. p. 160, n° 1746). — Ep. grecque. *Sérapéum.*

1904. Email verdâtre. — H. 0^m 035.

Le dieu Khnoum à tête de bélier, debout. Khnoum signifie le modeleur, et on voit souvent le dieu modelant l'œuf du monde sur un tour à potier. Il est des plus anciens parmi les dieux de l'Égypte, et on l'adorait surtout dans le voisinage des cataractes, à Eléphantine et à Philæ : il avait pour compagnes de triade deux déesses, Sati et Anouki. A partir de la XVIIIe dynastie, il se confondit fréquemment avec Ammon-Thébain à tête de bélier. — Ep. saïte. *Saqqarah.*

1916. — Email bleu. — H. 0^m 052.

Chatte du même type que le n° 1877. Elle a deux petits chats à droite et à gauche, deux petits chats devant elle sur lesquels elle appuie ses pattes, deux autres petits chats sur les pattes, et, pour couronner le tout, un petit chat sur la tête entre les deux oreilles. — Ep. saïte. *Saqqarah.*

1929. — Bronze. — H. 0^m 13.

Sokhit, à tête de lionne, assise, allaite un jeune Hor coiffé du pschent : elle tient l'enfant de la main gauche et de la main droite presse le sein qu'elle donne à l'enfant. — Ep. grecque. *Sérapéum.*

1948. — Bronze. — H. 0^m 13.

Phtah debout sur une coudée. C'est l'illustration du titre maître de Vérité, qu'on lui donne fréquemment : la coudée sert à écrire le mot *vérité*. La coudée prend souvent la forme d'une esplanade sur laquelle est juchée la statue et à laquelle on monte par trois ou quatre marches. — Ep. saïte. *Sérapéum.*

1980. — Bronze. — H. 0^m 125.

Cette statuette est un composé des attributs de Phtah et de Min. Elle a la tête rase de Phtah et lève le bras comme Min (cfr. p. 158, n° 1728). — Ep. saïte. *Sérapéum.*

1981. — Bronze. — H. 0^m 135.

La triade thébaine se composait d'Ammon, de Mout et de leur fils Khonsou : la statuette n° 1981 est une des formes de Khonsou. Elle représente un dieu momie, tenant à la main trois sceptres différents, et portant le disque lunaire sur la tête, avec la tresse caractéristique de l'enfance. Khonsou se divisait en deux personnes distinctes, Khonsou, maître de Thèbes, Nofirhotpou, celui qui est dans le repos absolu, et Khonsou p. iri-sokhrou, Khonsou qui exécute les destinées : la première qui préparait et concevait les événements, la seconde les mettait en action. Comme dieu Lune, Khonsou se confond avec Thot et avec Phtah. — Ep. grecque. *Sérapéum.*

1985. — Bronze. — H. 0^m 14.

La déesse Mout, debout coiffée du pschent. Son nom signifie *la mère* et marque le rôle qu'elle joue dans la triade : elle était moins la femme d'Ammon que sa mère, et l'un des titres principaux du dieu était *Mari de sa mère*. Elle est appelée dame du ciel, reine de la terre, et se confond avec les autres déesses mères, Isis, Hathor, etc. — Ep. saïte.

Sérapéum.

1986. — Bronze. — H. 0^m 19.

Ammon enfant et identifié avec Hor, Horammon.

Il a la tresse et le corps nu d'Hor enfant, la coiffure à grandes plumes d'Ammon. — Ep. saïte. *Sérapéum.*

1996. — Email vert. — H. 0^m 035.
Le dieu Khnoum à tête de bélier. — Ep. saïte.
Sân.

1998. — Email bleu. — H. 0^m 065.
Mout-Isis allaitant Hor qu'elle tient sur ses genoux. — Ep. saïte. *Abydos.*

2007. — Email bleu. — Long. moy. 0^m 022.
Sept sphinx à tête de bélier. Je ne crois pas que les *criosphinx* soient, plus que les sphinx à tête d'homme ou *androsphinx* (cfr. p. 9, n° 6008), le résultat d'une combinaison voulue, ni qu'on ait placé la tête du bélier sur le corps du lion afin de rendre symboliquement l'union de deux idées abstraites. Les anciens étaient en d'histoire naturelle d'une ignorance que rien n'étonnait. Le lion à tête humaine est décrit par Pline (*H. Nat.* VI, 29; VIII, 21; X, 72), par Diodore (III, p. 167), par Strabon (XVI, p. 775), comme un animal qui existait réellement. L'onocentaure, ou âne à tête humaine, figure sur la mosaïque de Palestrine et nous est connu par Elien (*De Nat. Anim.*, XVII, 9). Les peintures de Beni-Hassan nous montrent, parmi les animaux que les Égyptiens chassaient dans le désert, un griffon, un léopard qui a sur le dos une tête humaine, un léopard au cou et à tête de serpent. Le culte du criosphinx était donc, comme celui du bœuf, le culte d'un animal réellement existant, et consacré à Ammon-Thébain. — Ep. saïte. *Sérapéum.*

2009. — Bronze. — H. 0ᵐ 40.

Ammon-Râ debout, marche, coiffé du mortier surmonté de deux longues plumes. Le nom d'Ammon, écrit quelquefois Mon, est traduit d'ordinaire le caché, et il a réellement ce sens dans certains textes. Je crois cependant qu'à l'origine il signifiait le journalier et n'était qu'une épithète du soleil qui revient chaque jour. Son culte était national à Thèbes et dans toutes les colonies thébaines, à Napata en Ethiopie, en Nubie, dans les Oasis. — Ep. saïte.

Assanif.

2016. — Bronze. — H. 0ᵐ 335.

Le dieu Khnoum à tête de bélier est assis sur un fauteuil qui, lui-même, repose sur une fleur de lotus (cfr. p. 167, n° 1904). Le tout formait une enseigne sacrée, qu'on portait dans les processions (cfr. p. 120, n° 3107). — Ep. saïte. *Sérapéum.*

Armoire F.

Le cycle osiriaque commence à paraître dans cette armoire. Osiris, dieu d'Abydos et dieu des morts, avait fini par devenir le dieu le plus généralement adoré en Égypte : pour un monument qu'on trouve des autres, on en a dix de lui et des divinités attachées à son mythe. Il était l'être bon par excellence (Ouonnofri), toujours en opposition avec Sit-Typhon, le maudit : trahi et mis en pièces par Sit, ressuscité par les soins de sa sœur Isis, il avait engendré Hor le jeune, Harpochrate. Harpochrate, qui est Osiris, est aussi le soleil, lutte contre Sit et le bat, comme le soleil levant dissipe les ombres de la nuit;

il venge son père, mais ne détruit pas Sit, et se contente de lui enlever la force génératrice. Cette lutte, qui recommence chaque jour, servait de symbole à la vie humaine : une fois mort, l'homme devenait Osiris, et recevait d'Isis, d'Hor, de Nephthys, les mêmes soins qui avaient ressuscité Osiris.

2028. — Calcaire blanc compact. — H. 0^m 26.

La déesse Nephthys assise; elle a pour coiffure les signes , dont la réunion sert à écrire son nom Nivthâït. Nephthys était la sœur d'Isis, mariée à Sit, comme Isis l'était à son frère Osiris. Dans la lutte entre Osiris et Sit elle avait pris parti pour le premier : associée à Isis, elle avait couvé de ses ailes les restes d'Osiris et poussé sur lui les lamentations funèbres. Lorsqu'Harpochrate naquit, elle aida Isis à le cacher et à l'allaiter. — Ep. saïte.

2030. — Bronze. — H. 0^m 155.

Osiris-momie, coiffé de la couronne blanche , tenant le sceptre et le fouet, assis. — Ep. saïte.

Sérapéum.

2062. — Bronze. — H. 0^m 35.

Le dieu Lune, une des formes d'Osiris, est assis l'uræus au front : il porte le disque lunaire sur la tête. — Ep. grecque. *Sérapéum.*

2063. — Email vert et bleu. — H. 0^m 105.

La déesse Thouèris debout, appuyée sur le nœud de corde (cfr. p. 76, n° 3963). — Ep. grecque. *Saqqarah.*

2066. — Email bleu, jadis doré. — H. 0ᵐ 105.

Statuette d'Isis : travail très fin. L'enfant qu'elle allaitait a disparu. — Ep. grecque. *Sérapéum.*

2068. — Bronze. — 0ᵐ 168.

Statue du dieu Thot-Lune, «celui qui opère le salut». Il porte sur le front une tête d'ibis surmontée du disque lunaire et d'un diadème, nommé diadème *Iotef.* — Ep. grecque. *Sérapéum.*

2098. — Cire. — H. moy. 0ᵐ 07.

Les quatre génies funéraires Hapi, Tioumoutf, Kobhsonouf, Amsit (cfr. p. 129). On trouve à Déïr el Médinéh, dans les tombes de la fin du Nouvel-Empire, un assez grand nombre de ces figures en cire : quand on les ouvre, elles sont pleines de grains de blé. C'est probablement une allusion aux idées de résurrection. — Ep. saïte. *Déïr el Médinéh.*

Armoire E.

2142. — Bronze. — H. 0ᵐ 36.

Isis, coiffée des deux cornes entre lesquelles est posé le disque solaire, allaite Harpochrate. — Ep. saïte. *Sérapéum.*

2154. — Bronze. — H. 0ᵐ 47.

Un Osiris momie, coiffé d'un long bonnet et de deux plumes, est debout sur une estrade carrée en forme de naos, entourée d'une balustrade sur trois côtés. Un petit autel, qui se trouvait devant Osiris a disparu; mais la place en est encore indiquée par un trou carré. Pour arriver à l'autel, le prêtre devait monter un escalier de huit marches. C'est probablement en petit la disposition qu'on trouvait dans certains temples. — Ep. saïte. *Sérapéum.*

2185. — Calcaire. — H. $0^m 25$; larg. $0^m 29$. — (Mariette, *Abydos*, III, p. 456, n° 1212.)

Isis debout derrière son fils Hor, vengeur de son père, l'enveloppe de ses ailes pour le protéger. Un chanteur du dieu Hor-An, Hor le gracieux, nommé Nsiphorân et son fils Pentoïrt sont en adoration devant le dieu. — XXe dyn. *Abydos.*

2189—2190. — Bois peint et stuqué. — H. $0^m 15$ et $0^m 16$.

Isis et Nephthys sont accroupies; le bras levé, comme les pleureuses aux funérailles, elles se lamentent de la mort d'Osiris. Elles étaient drapées dans du linge de momie, et ont été laissées telles quelles. — Ep. saïte. *Saqqarah.*

Armoire D.

2209. — Bronze. — H. $0^m 51$.

Un pilier carré assez mince, surmonté d'une corniche qui lui donne l'apparence d'un naos, porte une petite chatte assise. — Ep. grecque.

Tell-Basta.

2210. — Bronze. — H. 0^m 43.

Superbe statue, malheureusement coupée aux genoux. Elle représente Osiris momie avec ses insignes ordinaires : les yeux, la barbe, la coiffure, le fouet, le sceptre, étaient incrustés de pâte de verre. — XXᵉ dyn. *Médinet-Habou.*

2211. — Bronze. — H. 0^m 37.

Hor enfant, Harpochrate, est assis les deux mains sur les genoux : il porte sur la tempe droite la tresse, marque de l'enfance. — Ep. grecque.

Sérapéum.

2212. — Bronze. — 0^m 36.

Osiris-Lune en forme de momie. Ses deux bras tiennent le fouet et le sceptre. Sur la tête, le disque lunaire avec l'œil mystique gauche, emblème de la lune, puis la tête d'ibis surmontée d'un diadème emplumé et orné d'uræus. — Ep. grecque.

Sérapéum.

2216. — Email vert. — 0^m 128.

Le dieu Thot était l'inventeur des arts, des sciences, de l'écriture, de la musique et de l'astronomie : il avait assisté Hor de ses conjurations magiques, et enregistré les hauts faits de la guerre typhonienne, en sa qualité d'historiographe des dieux. L'ibis et le cynocéphale lui étaient consacrés. Le nº 2216 nous montre Thot à corps d'homme et à tête d'ibis : le bec a été restauré. — Ep. saïte. *Mit-Rahinéh.*

2217. — Bronze. — H. 0^m 11.

Le dieu Anoupou, Anubis, à corps d'homme et à

tête de chacal. Anubis, selon les uns fils de Typhon, selon les autres fils d'Osiris, avait été comme Thot l'auxiliaire d'Osiris contre Sit. C'était avant tout un dieu infernal, celui qui protégeait la momie, venait chercher l'âme et présidait à la balance du jugement. Il était double, présidait sous cette double forme au Nord et au Midi, et guidait le soleil sur les voies du ciel : il s'appelait alors Ouapmatonou (Ouopouaïtou), celui qui ouvre les chemins. — Ep. grecque.

Sérapéum.

2223. — **Bronze.** — H. 0^m 095 ; long. 0^m 125.

L'ibis de Thot, marchant à grands pas. — Ep. saïte. *Sérapéum.*

2225. — **Bronze.** — H. 0^m 08.

Cynocéphale accroupi, coiffé du disque lunaire : forme secondaire de Thot. — Ep. saïte. *Sérapéum.*

2134. — **Bronze.** — H. 0^m 11.

L'ibis est accroupi sur un naos : un homme est agenouillé devant lui, en adoration. — Ep. saïte.

Sérapéum.

2252. — **Email bleu.** — H. 0^m 138.

Thot cynocéphale, accroupi sur la coudée. — Ep. saïte. *Sérapéum.*

2257. — **Email vert.** — H. 0^m 027.

Une truie fouillant le sol de son grouïn. Le porc était une forme de Typhon : il avait mangé l'œil de Râ. — Ep. saïte. *Saqqarah.*

2281. — Bronze. — H. 0^m 132.
Anubis à tête de chacal, debout, marchant. — Ep. saïte. *Saqqarah.*

2299. — Bronze. — H. 0^m 14; long. 0^m 13.
Le chacal d'Ouapmatonou, debout (cfr. p. 174, n° 2217). *Sérapéum.*

2301. — Bronze. — Long. 0^m 08.
Chienne-chacal couchée, avec quatre petits entre les jambes. — Ep. grecque. *Sérapéum.*

2315. — Bronze. — Long. 0^m 108.
Anubis à corps humain, doré, emmailloté de linge. On a trouvé dans un certain endroit, près du Sérapéum, une collection de statuettes en bronze emmaillotées de la sorte : peut-être les habillait-on pour les faire servir à des opérations magiques, peut-être voulait-on simplement les préserver de l'oxydation. On retrouvera des figures ainsi enveloppées, sous les n°s 2321, 2439, 2481. *Sérapéum.*

2321. — Bronze. — H. 0^m 21.
Autre Anubis, drapé comme le précédent. Il a le sceptre à la main, et se tient debout sur une plate-forme : un homme agenouillé lui rend hommage. — Ep. saïte. *Sérapéum.*

Armoire C.

2328. — Bronze. — H. 0^m 15; long. 0^m 153; larg. 0^m 54.

Boîte en forme de naos oblong, sur laquelle est perché un épervier, coiffé du pschent : dans l'intérieur, il y avait une momie d'épervier. L'épervier était consacré à Hor, et représentait un des types les plus fréquents de ce dieu. — Ep. saïte. *Sérapéum.*

2329. — Bronze. — H. 0^m 148.

Hor enfant, nu, coiffé de la grosse tresse et du pschent. — Ep. saïte. *Sérapéum.*

2357. — Email vert. — H. moy. 0^m 24.

Triade formée d'Harpochrate, debout, entre Isis et Nephthys : le jeune dieu est sous la protection de ses deux nourrices. — Ep. saïte. *Mit-Rahinéh.*

2361. — Bronze. — H. 0^m 268.

Osiris-Lune, debout, la tête ornée d'un disque lunaire flanqué de deux éperviers, et sur lequel est dessiné un œil mystique. Il presse contre sa poitrine un autre œil mystique et tient la hache d'armes de la main droite. — Ep. saïte.

2364. — Bronze. — H. 0^m 105 ; larg. 0^m 078.

Fauteuil de divinité. Les deux bras sont supportés par deux lions passants : le dossier est un vautour qui déploie ses ailes afin de protéger le personnage assis. Devant le fauteuil, un tabouret pour les pieds. C'était probablement un Harpochrate qui siégeait sur ce trône. — Ep. saïte. *Sérapéum.*

3394. — Plomb. — H. 0^m 14.

Hor, debout, couronné du pschent. Les statues de divinités en plomb sont fort rares : le musée ne possède, outre le n° 2394, qu'un fragment d'Osiris (*Vitrine A*, n° 2672, p. 187). — Ep. saïte. *Saqqarah.*

Armoire B.

2434. — **Calcaire blanc compact.** — H. $0^m 234$; larg. $0^m 346$. — (Mariette, *Mon. Div.*, pl. 35 *a*.)

Barque funéraire montée sur quatre rouleaux en bois. Le bœuf Apis momifié était sous le naos; mais la partie postérieure de son corps est cachée et l'on ne voit que la tête et le buste. A l'avant et à l'arrière de la barque, Isis et Nephthys accroupies se lamentent. Ce bas-relief est la représentation exacte de l'appareil qu'on employait pour transporter la momie des Apis au tombeau. — XXVIe dyn.

Kom el Fakhri.

2435. — **Bronze.** — H. $0^m 31$.

Le dieu Haroïri, Aroêris, Hor le vieux, debout, coiffé d'une grande perruque surmontée du pschent. Haroïri était une forme très ancienne du dieu solaire, contemporaine de Râ et de Shou : elle se confondait assez souvent avec l'autre Hor, Horsiîsi, fils d'Osiris et d'Isis. — Ep. saïte. *Sérapéum.*

2439. — **Bronze.** — H. $0^m 40$.

Osiris momie, enveloppé de chiffons (cfr. n° 2315). — Ep. saïte. *Sérapéum.*

2450. — **Bronze.** — H. $0^m 23$.

Le taureau Apis était *l'image vivante de Phtah* sur la terre : on le gardait dans une des cours du temple de Phtah à Memphis, où il rendait des oracles. Il n'y avait jamais qu'un Apis à la fois : il naissait d'une génisse vierge, et, selon quelques-uns, était engendré par un rayon de lune. On le reconnaissait à certaines marques, un croissant sur le front, un scarabée sous la langue, un vautour sur le dos, etc. que les prêtres se chargeaient de découvrir. Une fois intronisé, il restait en fonctions jusqu'à la mort : quelques-uns vécurent jusqu'à vingt-sept et vingt-huit ans.

Mort, Apis devenait, comme tous les morts, un Osiris : on l'embaumait et on le transportait en grand pompe au Sérapéum, dans la sépulture réservée aux Apis. Là, il avait un temple, où il était encore dieu, sous le nom d'Osorhapi, dont les Grecs ont fait Sorapis, Sarapis, Sérapis. On sait combien le culte de Sérapis devint populaire aux derniers temps du paganisme : il se répandit par tout le monde romain et grec, mais en gardant assez peu de traits de sa forme égyptienne primitive.

Le bronze n° 2450, représente la statue d'Apis sur un traîneau, telle qu'on la promenait aux grandes fêtes. En examinant avec soin les bronzes voisins, le visiteur reconnaîtra aisément les signes dont j'ai parlé, le triangle, le vautour, etc. — Ep. saïte.

Sérapéum.

2478. — Calcaire. — H. 0^{m}05; larg. 0^{m}047.
Pendant les soixante jours que duraient les funérailles d'Apis, les souterrains du Sérapéum demeuraient ouverts et les dévots allaient faire leurs dévotions sur la tombe du nouveau dieu. Ils laissaient, en souvenir de leur passage, une stèle quelquefois datée.

Ces monuments sont aujourd'hui pour la plupart au Musée du Louvre, où Mariette les avait transportés au moment de la découverte ; toutefois, on en découvre encore de temps en temps, qui avaient échappé aux premières recherches.

Le n° 2478 est certainement ce qui existe de plus petit en fait de stèle : on l'a exposé par curiosité seulement, car l'intérêt qu'il présente est nul. — XXVI° dyn. *Sérapéum.*

2480. — Serpentine grise. — H. 0^m 145.

Bœuf Apis, debout, marchant : il a devant lui un petit autel en forme de naos, chargé d'offrandes. Les marques sacrées sont très visibles. — XXVI° dyn.
Sérapéum.

2492. — Calcaire blanc. — H. 0^m 342 ; larg. 0^m 23.

Bon exemple des stèles votives qu'on déposait dans la tombe d'Apis. Au premier registre, le roi Shishonq IV offre le pain au taureau sacré, en présence du prêtre Onkhfkhonsou, fils de Psenhor, fils de Onkhpkhroud, fils de Psenhor, fils de Onkhfenkhonsou, fils d'Efônkh. Le proscynème, gravé à la pointe, ne nous apprend rien, si ce n'est que la dédicace de la stèle a eu lieu l'an XXXVII, le premier mois de Shat, du roi Shishonq IV. — XXII° dyn.

Sérapéum.

2494. — Bronze. — H. 0^m 19.

Apis, sous forme d'homme à tête de taureau, le disque et l'uræus au front. — Ep. saïte.

Sérapéum.

Vitrine A.

La Vitrine A renferme les spécimens les plus fins de figures divines que possède le Musée : c'est, en petites dimensions, un véritable Panthéon Égyptien. Je me bornerai à signaler ceux des objets exposés qui ont le plus de valeur artistique : la signification religieuse en a déjà été expliquée ailleurs.

2512. — Bronze. — H. 0^m 24; larg. 0^m 10.

Le dieu Osiris-Lune est assis entre Nofirtoum d'un côté et Harpochrate de l'autre : une chatte est couchée à ses pieds. Un petit personnage agenouillé adore ce groupe de divinités. — Ep. saïte.

Sérapéum.

2534. — Email bleu. — H. 0^m 12.

Isis, assise, allaite Hor enfant. — Ep. saïte.

Sérapéum.

2535. — Email vert. — H. 0^m 05.

Shou, coiffé du disque solaire, soulève le ciel. (Cfr. *Armoire I*, n° 1724, p. 157.) — Ep. saïte.

Mit-Rahinéh.

2545. — Lapis-lazuli. — H. 0^m 048.

Nit debout marchant. — Ep. saïte.

Saqqarah.

2552. — Email bleu. — H. 0^m 085.

Le dieu Sit debout, avec la tête de quadrupède qui le caractérise : monument presque unique. — Ep. saïte.

Mit-Rahinéh.

2558. — Email vert. — H. 0ᵐ 04.

Trois triades, représentant Harpochrate entre Isis et Nephthys. — Ep. saïte. *Saqqarah.*

2559. — Email bleu. — H. 0ᵐ 045.

Le dieu Bes, debout, étrangle un lion entre ses bras (cfr. p. 155, n° 1709). — Ep. saïte.

Saqqarah.

2561. — Argent. — H. 0ᵐ 042.

La déesse Mout, coiffée du pschent. — Ep. saïte.

Saqqarah.

2564. — Or. — 0ᵐ 045.

Bes dansant. — Ep. saïte.

2565. — Lapis-lazuli. — H. 0ᵐ 058.

Aroêris, debout, appuyé sur son bâton de commandement, saisit de la main droite le sceptre en forme de serpent.

2576. — Bronze. — H. 0ᵐ 175.

Bel Apis, debout, marchant : autour du socle, une légende bilingue, hiéroglyphique et carienne. — XXVIᵉ dyn. *Sérapéum.*

2579. — Bronze. — H. 0ᵐ 225.

Le dieu Ammon, debout, revêtu de la cuirasse à écailles de bronze imbriquées, foule aux pieds neuf arcs. L'expression les *Neuf arcs* sert en égyptien à désigner tous les nomades plus ou moins barbares qui habitaient le désert. — Ep. saïte.

Sérapéum.

2580. — Bronze. — H. 0ᵐ 22.
Hathor à tête de vache et au corps d'homme. La déesse Hathor était avant tout la déesse de l'Occident et des morts. Elle était représentée par une vache ou par une femme à oreilles de vache. Elle était aussi la déesse de la beauté et présidait aux destinées humaines. — Ep. saïte. *Sérapéum.*

2581. — Bronze. — H. 0ᵐ 084; long. 0ᵐ 098.
Le bœuf Apis est debout sur un traîneau. A droite, Isis, debout, lui flatte l'épaule : par derrière, Nephthys lui tient les deux cuisses. — Ep. saïte. *Sérapéum.*

2583. — Bronze. — H. moy. 0ᵐ 16.
Osiris-momie, debout entre ses deux protectrices, Isis et Nephthys. — Ep. saïte. *Sérapéum.*

2593. — Bronze. — H. 0ᵐ 12.
Osiris-momie, debout entre Isis et Horsiîsi à tête d'épervier : derrière Osiris, un sceptre à fleur de lotus, sur lequel est posé un serpent lové. — Ep. saïte. *Sérapéum.*

2600. — Bronze. — H. 0ᵐ 13.
Hathor, portant comme coiffure la partie supérieure d'un sistre. Le sistre était l'emblème d'Hathor : le bruit qu'on en tirait en l'agitant chassait les mauvais esprits. — Ep. saïte. *Sérapéum.*

2603. — Bronze. — H. 0ᵐ 121.
Le dieu Anhouri combattant (cfr. p. 160, n° 1749). — Ep. saïte. *Sérapéum.*

2604. — Bronze. — H. 0^m 071.

Le nord et le sud étaient sous la protection de deux Hor, dont l'un était fils d'Isis, et dont l'autre était une forme bienveillante du dieu Typhon. La tradition voulait en effet que le dieu Sib eût partagé l'Égypte, son héritage, en deux moitiés, dont il avait donné l'une à Hor, l'autre à Sit : pour concilier cette légende, où Sit est un dieu bienfaisant, avec le mythe osiriaque, où Sit est un dieu mauvais, on substitua un second Hor à Sit, et l'on eut les deux Hor, maîtres chacun d'une moitié de l'Égypte. Le bronze n° 2603 représente Hor en sa dualité : il a un seul corps et deux têtes d'épervier, coiffées du disque solaire et des longues plumes. — Ep. saïte.

Sérapéum.

2625. — Bronze. — H. 0^m 30.

Les génies d'Héliopolis étaient représentés sous forme d'hommes à tête d'épervier, adorant le soleil : ils représentaient les nations du nord rendant hommage au dieu. Notre bronze représente un de ces génies, un bras levé, l'autre ramené sur la poitrine dans la posture de l'adoration. — Ep. saïte.

Sérapéum.

2627. — Bronze. — H. 0^m 042.

Uræus à tête d'épervier, surmonté du disque solaire : un des génies de l'enfer, secourable aux bons, terrible aux méchants. — Ep. saïte. *Sérapéum.*

2628. — Email vert. — H. 0^m 03.

Uræus à tête de lionne : même rôle que le génie précédent. — Ep. saïte. *Saqqarah.*

2630. — Email bleu. — H. 0ᵐ 055.

Le dieu Roshpou debout armé du bouclier, de la lance et de la hache (cfr. *Armoire I*, n° 1706, p. 155). — Ep. saïte. *Saqqarah.*

2632. — Bronze. — H. 0ᵐ 10.

Les Égyptiens représentaient le soleil levant sous la forme du dieu Hor, sortant d'un lotus épanoui. Ici, Hor a la tête d'épervier, et le disque solaire surmonté des deux longues plumes. — Ep. saïte.

Saqqarah.

2636. — Email vert. — H. 0ᵐ 042.

Epervier à tête humaine : emblème de l'âme humaine (cfr. p. 130, n° 1621; p. 134, n° 1610). — Ep. saïte. *Saqqarah.*

2642. — Email vert. — H. 0ᵐ 064.

Déesse debout, coiffée de la perruque comme Mout : sur la tête, le poisson silure. Cette déesse, qui s'appelle Hat-mihit, dame de Mendès, est la personnification du nome Mendésien. — Ep. saïte. *Saqqarah.*

2643. — Lapis-lazuli et or. — H. 0ᵐ 073.

La déesse Màït, de la Vérité : la plume en or et l'uræus ont été rapportés (cfr. p. 159, n° 1736). — Ep. saïte. *Saqqarah.*

2645. — Cornaline. — H. 0ᵐ 045.

Bes dansant.

2646. — Verre irisé. — H. 0ᵐ 019.

Admirable petite figure en verre ciselé : Hor à

corps humain et à tête d'épervier, coiffée du disque solaire. — Ep. saïte.

2647. — Argent. — H. 0^m 033.
La déesse Mout assise, coiffée du pschent.

2649. — Lapis-lazuli. — H. 0^m 023.
Epervier à tête humaine.

2650. — Malachite et or. — H. 0^m 022.
Petite Isis montée en or.

2652. — Lapis-lazuli et argent. — H. 0^m 028.
Uræus à tête de lionne, avec les fils d'argent qui servaient à la suspendre (cfr. p. 184, n° 2628). — Ep. saïte.

2653. — Lapis-lazuli. — H. 0^m 022.
Vautour. Le vautour était l'oiseau de la déesse Mout et le symbole de la maternité : sa dépouille sert de coiffure aux déesses et aux reines-mères.

2656. — Email bleu. — H. 0^m 04.
Autre déesse coiffée du poisson oxyrrhynque (cfr. p. 185, n° 2642).

2657. — Email vert. — Long. 0^m 02.
Scorpion. Le scorpion était consacré à la déesse Selk (cfr. p. 129 et p. 188, n°s 2703, 2710).

2663. — Bronze. — H. 0^m 148.
Sur un chapiteau en forme de fleur de lotus, une déesse est assise, coiffée du poisson oxyrrhynque

monté sur un bâton d'enseigne. Elle est l'emblème du nome oxyrrhynchite. — Ep. saïte.

Sérapéum.

2664. — Bronze. — H. 0ᵐ 19.

Ameniritis, fils d'Horsiîsi, est agenouillé et fait l'offrande à la déesse Mihit, coiffée du poisson silure. (Cfr. p. 185, n° 2642.) — Ep. saïte.

2665. — Bronze. — H. 0ᵐ 148.

Superbe Anubis incrusté d'or. L'inscription nous apprend qu'il avait été consacré à la mémoire d'un certain Ouzahor. — Ep. saïte. *Sérapéum.*

2665. — Bronze. — H. 0ᵐ 152.

La déesse Nekhab, à tête de vautour. Nekhab était la déesse du Midi. — Ep. saïte. *Sérapéum.*

2672. — Plomb. — 0ᵐ 092.

Débris d'une statue d'Osiris-momie, debout (cfr. p. 177, n° 3394). — Ep. saïte. *Sérapéum.*

2686. Bronze dorée. — H. 0ᵐ 038.

La déesse Noshemit, assise, la barque sur la tête, allaite Horus : Noshemit est ici évidemment une forme locale, propre à Abydos, de la déesse Isis (cfr. *Grand Vestibule*, n° 293, p. 46). — Ep. saïte.

Sérapéum.

2688. — Email bleu. — H. 0ᵐ 028.

Harpochrate, coiffé du disque lunaire, sort de la fleur de lotus (cfr. n° 2632, p. 185). — Ep. saïte.

Sérapéum.

2701. — Bronze. — H. 0ᵐ 082.

Bout de sceptre représentant l'oxyrrhynque sur un support : emblème du nome oxyrrhynchite. — Ep. saïte. *Sérapéum.*

2703. — Marbre blanc. — H. 0ᵐ 19.

La déesse Selk, identifiée à Isis, et agenouillée, tient un petit matelas sur lequel est étendu Osiris-momie : elle écarte du dieu les scorpions et les reptiles malfaisants (cfr. p. 129 et p. 186, n° 2657). — Ep. grecque.

2709. — Bronze. — H. 0ᵐ 16.

L'Égypte était divisée en deux royaumes, Thèbes et Memphis. Pour en marquer la réunion, on représentait les deux Nils, le Nil du Nord et celui du Midi, occupés à lier sur le signe ⚹ *sam,* qui signifie *assembler,* les fleurs du lotus et celles du papyrus, symbole des deux régions de l'Égypte. Le n° 2709 nous montre un Nil employé à cette opération : un de ses pieds, levé, repose sur un bout du signe *sam,* et ses deux bras tirent la corde qui attache les fleurs. — Ep. saïte. *Sérapéum.*

2710. — Bronze. — H. 0ᵐ 117.

La déesse Selk, debout, coiffée du scorpion qui lui était consacré (cfr. p. 186, n° 2657). Selk présidait à l'un des canopes avec Isis, Nephthys et Nit (cfr. p. 129, nᵒˢ 1606—1607) : on connaît fort peu le reste des fonctions qu'elle pouvait avoir. — Ep. saïte.

Sérapéum.

2718. — Bois. — H. moy. 0ᵐ 028.

Quatre charmants petits amulettes d'un travail fort délicat : Anubis à tête de chacal, assis, tirant de l'arc; Min debout dans sa pose favorite; Sokhit, à tête de lionne, coiffée du disque; Anubis debout, portant à deux mains, devant lui, un grand *Tat*, emblème d'éternité. — XXVI⁰ dyn.

2719. — Email bleu. — H. 0^m 09.

Nofirtoum debout, marchant, sur un lion couché (cfr. p. 156, n⁰ 1714). — Ep. saïte. *Saqqarah.*

Outre les objets exposés dans les armoires, il reste encore à décrire quelques monuments épars le long des murs ou contre les piliers.

1102. — Bois. — H. 1^m 05 ; larg. 0^m 32 ; prof. 0^m 33.

Sorte de petite chapelle. La porte s'ouvrait jadis : elle garde encore un des verrous qui servaient à la fermer extérieurement. A l'intérieur se trouvait, au moment de la découverte, une momie de singe. C'était la divinité domestique qu'adorait l'Égyptien inconnu à qui nous devons ce petit monument. — Ep. saïte.

3967. — Bois. — Long. 1^m 80.

Le cercueil et la momie exposés dans cette vitrine, appartenaient à une jeune fille du nom de Tripi, la Vierge. Elle a été découverte à Thèbes, dans le tombeau de Nofirsokhrou, avec douze autres momies appartenant à une même famille, qui vivait probablement au premier siècle avant l'ère chrétienne. La momie est dans un parfait état de conservation. Elle est recouverte d'un maillot en perles de verre dont une partie seulement est visible. Elle porte encore ses guirlandes dans leur position antique : les chapelets de fleurs sur la poitrine, la *Couronne de Voix juste* sur la tête. L'important pour le mort égyptien était de connaître les prières nécessaires à son salut, et de les dire avec l'intonation exacte, d'où le titre qu'on lui donne : *Celui qui a la voix juste, Mâkhroou*. Pour marquer qu'il avait atteint le degré de perfection indispensable, le dieu Thot était censé lui remettre une *Couronne de Voix juste,* qu'on lui posait sur la tête, pendant les funérailles. — Ep. grecque. *Sheïkh Abd el Gournah.*

Sur la grande table qui est derrière la statue de Khâfrî, sont rangés des canopes, dont les plus beaux sont inscrits sous le n° 1837. Ils ont tous un couvercle à tête humaine, et un collier richement décoré sur la panse. L'un d'eux avait disparu en 1878 : il parvint aux mains de M. le comte A. M. Zogheb d'Alexandrie qui s'empressa d'en faire hommage au Musée. C'est un acte de générosité assez rare pour qu'on le signale aux visiteurs. A côté des canopes de Naï :

1840. — Albâtre. — H. 1^m 85.

Jolie statue en albâtre, qui provient du tombeau de Râhotpou. Râhotpou est assis à l'égyptienne, les mains sur les genoux : il était scribe royal et attaché à la personne du roi. — V^e dyn.

Saqqarah.

1841. — **Basalte noir.** — H. 0^m 42; larg. 0^m 24.

Cette stèle représente Hor sur les crocodiles. Le dieu est nu, la tresse sur la tempe; au-dessus de sa tête est posée une tête grimaçante de Bes. De la main droite, Hor tient deux serpents, un scorpion, une gazelle, de la main gauche, deux autres serpents et un lion : il foule aux pieds deux crocodiles. Le champ de la stèle est encadré entre deux enseignes, à droite celle d'« Hor le dieu grand, maître du ciel, » qui exerce ses charmes sur l'eau, sur la terre, et » qui scelle la bouche de tous les reptiles qui s'y » trouvent »; à gauche, celle de « Nofirtoum, qui pro- » tège les deux pays, scelle la bouche de tous les rep- » tiles mordants, sur terre, et exerce ses charmes » pour Osiris en toutes ses demeures ». Le revers est occupé par une longue adjuration au dieu : « Salut à toi, dieu, fils de dieu! Salut à toi, chair, fils » de chair! Salut à toi, taureau, fils de taureau, né » d'un flanc divin! Salut à toi, Hor, fils d'Osiris, né » d'Isis, j'ai conjuré ta puissance . . . . Chasse loin » de moi tous les lions dans la montagne, tous les » crocodiles sur le fleuve, tous les serpents, tous les » scorpions, tous les reptiles qui mordent de leur » bouche, qui piquent de leur queue; tous les vers » qui mordent dans leurs trous, rends les inoffensifs » pour moi, comme les sables sur la montagne, etc. »

Le nombre des reptiles venimeux a toujours été si considérable en Égypte, que, dès les anciennes époques, on a songé à se préserver d'eux dans ce monde et dans l'autre, au moyen de formules magiques : un tiers au moins des textes de la pyramide du roi Ounas (V[e] dynastie) est consacré à les éloigner du défunt et à prévenir les effets de leurs piqûres. La stèle n° 1841 est un talisman fabriqué contre eux, et contre tous les animaux nuisibles en général, lions et crocodiles. Il peut paraître étrange qu'on ait rangé la gazelle et l'antilope dans cette catégorie; mais nous savons, par le témoignage des écrivains classiques, que certaines espèces d'antilopes passaient pour changer en pierre tout ce qu'elles regardaient, et cette superstition suffit à expliquer la crainte qu'on avait d'elles.

Notre stèle était destinée à être placée à demeure dans une maison ou dans un jardin. A l'époque grecque, la mode vint de fabriquer sur pierre saponaire des stèles de ce type qu'on pouvait porter sur soi : telles sont au Musée les stèles n°s 1707, 1711, 1718, 1762, 1782 *(Armoire I)*, etc. — Ep. saïte.   *Alexandrie.*

1846. — Papyrus. — (Mariette, *Papyrus Egyptiens du Musée de Boulaq*, t. I, pl. XV à XXIII.)

Ce papyrus, l'un des plus curieux que l'on connaisse, renferme un traité de morale en forme de dialogue entre le scribe Ani et son fils Khonshotpou. Le début manque malheureusement, comme c'est presque toujours le cas : les premiers tours du papyrus tombent en lambeaux au moment où on les déroule. Ce qui reste est un ensemble de préceptes nécessaires à la conduite de la vie pratique. « Garde-toi de la femme du dehors, qu'on ne » connaît plus dans sa ville, ne cours pas après sa

» pareille, ne la connais pas, car c'est une eau pro-
» fonde, et dont on ne sait pas les détours. La femme
» éloignée de son mari t'envoie des billets chaque
» jour; si elle n'a pas de témoins de son action, elle
» est là qui t'enveloppe de ses filets, crime capital
» pour toi, lorsqu'on vient à l'apprendre, quand même
» elle n'aurait pas réussi en réalité, car les hommes
» accomplissent toute sorte de crime rien que pour
» elle.» — «Ne te grise pas dans les cabarets où
» l'on boit la bière, de peur qu'on ne répète ensuite
» des paroles qui soient sorties de ta bouche sans que
» tu aies conscience de les avoir prononcées. Tu
» tombes, les membres cassés, et personne ne te tend
» la main; mais tes compagnons de boisson sont là
» qui disent: «Au large l'ivrogne!» On vient te cher-
» cher pour tes affaires et on te trouve vautré à
» terre comme les petits enfants.» — «C'est moi,
» dit Ani, qui t'ai donné ta mère; mais elle, tandis
» qu'elle te portait comme elle t'a porté, elle avait
» en toi de lourdes charges, qu'elle ne pouvait re-
» porter sur moi. Tu es né, après les mois révolus,
» et aussitôt tu l'as courbée sous le joug, sa mamelle
» a été dans ta bouche durant trois années, et bien
» que l'horreur de tes langes souillés soit toujours
» allé grandissant, elle ne s'est jamais dégoûtée de
» tes langes, au point de dire: «Pourquoi fais-je
» cela?» Une fois mis à l'école, comme on t'instrui-
» sait aux lettres, elle était perpétuellement chez ton
» maître, chaque jour, avec le pain et la bière de sa
» maison. Maintenant te voilà homme fait, tu t'es pris
» une femme, tu as monté ta maison. Aies toujours
» l'œil sur les ennuis qui ont accompagné ta nais-

» sance et que toutes tes actions se règlent sur ce
» que ta mère a fait pour toi, afin qu'elle n'ait rien
» à te reprocher, et qu'elle ne lève pas ses mains
» vers Dieu, car Dieu écoute ses prières. » Il y a
des pages entières sur la conduite à tenir vis-à-vis
des supérieurs, sur la mort, sur l'amitié, et l'on retrouve en bien des endroits les mêmes locutions qui sont proverbiales chez nous : « Sans se presser pour
» arriver, le bon marcheur arrive », « le bœuf qui
» marche en tête du troupeau et qui mène les autres
» aux champs, n'est lui-même qu'un animal comme
» eux, » etc. Vers la fin, le fils Khonshotpou, fatigué de tant de sagesse accumulée, interrompt brutalement son père : « Ne rabache pas tes mérites ; j'en
» ai assez de ce que tu fais. » Ani se résigne et explique par une parabole finale les motifs de sa résignation : « Voici la semblance de celui qui a
» éprouvé la force de son bras. Le nourrisson qui
» est dans les bras de sa mère, il n'a cure que de
» téter ; mais quand il a trouvé sa parole, c'est pour
» dire : « Qu'on m'apporte du pain. » — XXIIe dyn.

Déïr el Médinéh.

1847. — **Papyrus.** — H. 0^m 35 ; long. 0^m 50.

Bel exemplaire du *Livre des Morts* ayant appartenu à Senhotpou.

L'existence du mort dans l'autre monde était soumise à des vicissitudes dont la plupart étaient prévues par la théologie : on savait qu'il devait passer en jugement, exécuter certains travaux, rencontrer des monstres assez puissants pour le détruire, et l'on avait rédigé en prévision de toutes ces éventualités les prières qui forment le *Livre des Morts*.

Le *Livre des Morts* prend le défunt à la porte du tombeau. Les premières vignettes représentent les cérémonies de l'enterrement, le transport de la momie, les lamentations, le repas funéraire, et les premiers chapitres ne renferment guères que des prières destinées à accompagner ces cérémonies. C'est ainsi qu'en déposant les statuettes funéraires à côté du cadavre, on récitait sur elles la formule du chapitre VI, qui avait la vertu de les animer et de les préparer aux travaux des Champs-Élysées (cfr. *Vitrine O,* p. 131). Viennent ensuite des chapitres d'ordre purement théologique, tels que le chapitre XVII et le chapitre LXXII, où sont résumées, avec commentaires, les principales notions que le mort devait avoir sur sa religion. Le chapitre CXXV, nous le montre devant son juge. Osiris est assis sur un trône et, derrière lui, en une longue ligne sont accroupis les membres du Jury infernal chargé de l'assister dans son œuvre de justice. La balance est debout devant lui : sur un des plateaux, le cœur du mort, sur l'autre une petite image du mort lui-même. La double vérité introduit le mort et l'assiste pendant la pesée de son âme, tandis qu'Hor à tête d'épervier fait miséricordieusement pencher la balance du bon côté, et que Thot à tête d'ibis écrit les résultats de l'opération et proclame le jugement. Le mort aidait l'œuvre de la justice par un plaidoyer fort beau d'expression et de pensé. « Hommage à vous, » Seigneurs de Vérité! Hommage à toi, dieu grand, » Seigneur de Vérité!... Je vous apporte la vérité

» et je détruis pour vous le mensonge. Je n'ai com-
» mis aucune fraude envers les hommes. Je n'ai pas
» tourmenté la veuve. Je n'ai pas menti devant le
» tribunal. Je ne connais pas le mensonge. Je n'ai
» rien fait qui fût défendu. Je n'ai pas imposé à un
» chef de travailleurs chaque jour, plus de travaux
» qu'il n'en devait faire. Je n'ai pas été négligent.
» Je n'ai pas été oisif. Je n'ai pas faibli. Je n'ai pas
» défailli ... Je n'ai pas desservi l'esclave auprès
» de son maître. Je n'ai pas affamé. Je n'ai pas fait
» pleurer. Je n'ai pas tué. Je n'ai pas ordonné le
» meurtre en trahison .... Je n'ai pas eu de gains
» frauduleux. Je n'ai pas altéré les boisseaux. Je n'ai
» pas fraudé d'un doigt sur une paume. Je n'ai pas
» usurpé dans les champs. Je n'ai pas faussé l'équi-
» libre de la balance. Je n'ai pas gagné à faux poids.
» Je n'ai pas enlevé le lait de la bouche des nour-
» rissons... Je suis pur! Je suis pur! Je suis pur!»
Plus loin, le mort reprend soûs forme affirmative
les mêmes idées de confession négative. « Délivrez-
» moi de Typhon qui se nourrit d'entrailles, ô ma-
» gistrats, en ce jour du jugement suprême; donnez
» au défunt de venir à vous, lui qui n'a point péché,
» qui n'a ni menti ni fait le mal, qui n'a commis
» nul crime, qui n'a point rendu de faux témoignage,
» qui n'a rien fait contre lui-même, mais vit de vé-
» rité et se nourrit de justice. Il a semé partout la
» joie; ce qu'il a fait, les hommes en parlent et les
» dieux s'en réjouissent. Il s'est concilié le dieu par
» son amour; il a donné des pains à l'affamé, de
» l'eau à l'altéré, des vêtements au nu; il a donné
» une barque au naufragé arrêté dans son voyage;

» il a offert des sacrifices aux Dieux, des repas funé-
» raires aux défunts. Délivrez-le de lui-même! Pro-
» tégez-le contre lui-même! Ne parlez pas contre lui,
» par-devant le seigneur des Morts, car sa bouche
» est pure et ses deux mains sont pures.» Au sortir
du tribunal, l'âme acquittée était remise à quatre
cynocéphales, qui la plongeaient dans un bassin de
flamme pour la nettoyer de ses souillures.

Le *Livre des Morts* est donc une sorte de Guide,
que tout Égyptien devait avoir avec lui pour voyager en sûreté dans l'autre monde. Aussi en mettait-
on des exemplaires plus ou moins complets sur
toutes les momies de bonne famille. La manière de
se servir de ce livre était aussi simple qu'ingénieuse :
il suffisait de l'apprendre par cœur ou de l'écrire
soi-même pendant la vie pour le savoir après la
mort. A ceux qui négligeaient une précaution aussi
aisée, le fils ou quelque parent rendait le service de
réciter ou de lire certains chapitres au moment même
des funérailles. Enfin, en déposant un exemplaire
plus ou moins complet avec la momie, on assurait
au mort la connaissance intime de tout ce qui était
dans le rouleau. — XXe dyn.

Sheikh Abd el Gournah.

1848. — Papyrus. — (Mariette, *Les Papyrus du Musée de Boulaq*, t. I, pl. 1—5.)

Ce papyrus a été déchiré en plusieurs morceaux
au moment de la trouvaille. La page du début, achetée il y a vingt ans par L. Vassalli-Bey, Conservateur
du Musée, a été volée en 1877 et n'a pas encore
reparu. La partie du milieu, achetée par M. Mariette,

est exposée ici-même, sous le n° 1848. La fin, acquise par un touriste inconnu, est aujourd'hui cachée dans un chateau d'Angleterre.

C'est le seul traité de géographie qui nous reste de l'antique Égypte, encore est-il d'une géographie un peu mythique. Il traitait du Fayoum et des localités voisines. Au début, on voit deux figures du dieu Sobkou, naviguant chacune en sa barque, et recevant les prières de deux femmes coiffées de plantes fluviatiles : c'est le dieu Sobkou du midi qui entre dans le lac Mœris et le dieu Sobkou du Nord qui en sort pour rejoindre le Nil. Derrière, et plongé à mi-jambe, Râ s'avance, tandis que quatre divinités, deux à tête de grenouille, deux à tête de serpent, sont rangées deux à deux sur les rives. Les légendes indiquent que nous sommes au débouché du lac; les dieux qui président à la scène sont les Khmounou, les huit dieux créateurs du monde.

Une femme de forte taille, étendue le long du papyrus, est la déesse-vache Mihoïrt qui passait pour être « le fondement du bassin qui se trouve dans la terre de *Tashe* », en d'autres termes, du lac Mœris qui est au Fayoum. De sa tête semble partir une sorte de canal, qui aboutit bientôt à la représentation conventionnelle du lac Mœris et des campagnes environnantes : un rectangle oblong, divisé en huit compartiments longitudinaux. Les quatre compartiments du milieu représentent le lac lui-même, et devaient être remplis, les deux compartiments internes de poissons, les deux externes de canards et d'oies. Sur chaque rive, un compartiment semé de figures d'arbres simulait le terrain planté qui bordait le lac. Un dernier compartiment, occupé par une inscription hiéroglyphique, servait de cadre au tableau. Mais le scribe ayant, par erreur, laissé en blanc l'un des compartiments du milieu, toute l'économie de la composition s'est trouvée dérangée. Les poissons ont envahi le compartiment des oiseaux d'eau : ceux-ci sont descendus dans le domaine des arbres, et les arbres, à leur tour, se sont rejetés sur la place réservée à l'inscription hiéroglyphique qui courait sur la rive méridionale. Des deux côtés du bassin et du canal, sont rangées les localités importantes pour l'histoire de la guerre que les dieux Hor et Sit se sont livrée dans le Fayoum, Hàouat, Parohes, Pakhnoum, etc. Les légendes nous révèlent l'idée qui a présidé à la rédaction de cet ouvrage. Les dieux égyptiens avaient l'habitude de se rendre visite dans leurs temples, et ces visites étaient chaque année l'occasion de fêtes splendides. Notre papyrus n° 1848 est l'itinéraire que suivait le dieu Sobkou, le dieu Crocodile roi du Mœris, quand il rendait visite à l'une des divinités voisines. — Ep. grecque. *Déir el Médinéh.*

CHAPITRE QUATRIÈME.

SALLE DE L'ANCIEN EMPIRE.

La nécropole de Memphis, qui s'étend de Dahshour à Abou-Roash, nous a donné les monuments les plus anciens que nous connaissions jusqu'à présent. Plus de mille tombeaux de toute grandeur, dont quelques-uns remontent peut-être à la IIe, certainement à la IIIe dynastie, y ont été ouverts au cours des travaux qu'entreprend chaque année, depuis plus de vingt ans, l'administration du Musée. La *Salle de l'Ancien Empire* est garnie presque exclusivement d'objets provenant de ces fouilles. En la parcourant avec attention, on prendra l'idée la plus avantageuse du haut degré de civilisation, auquel les Égyptiens étaient parvenus, dès les temps les plus reculés de leur histoire.

Presque tous les objets exposés avaient un usage funéraire : il importe donc, pour en comprendre la valeur, de savoir ce qu'était le tombeau égyptien. Il était toujours divisé en trois parties, dont chacune avait son usage : une chapelle extérieure, la chambre où était le sarcophage, un couloir qui conduisait de la chapelle à la chambre. Parfois, la chambre extérieure était une sorte d'édifice quadrangulaire, qu'on prendrait de loin pour une pyramide tronquée. Les faces, bâties en pierres ou en briques, sont symétriquement inclinées et le plus souvent unies : quelquefois cependant les assises sont en retraite l'une sur l'autre et formaient presque gradins. Mariette a donné aux chapelles de ce type le nom arabe de *Mastaba*, qui leur est resté. Souvent, surtout à partir de la XIIe dynastie, la chambre extérieure est taillée à même dans la montagne. Le couloir s'enfonce sous terre, en suivant une pente plus ou moins prononcée : d'ordinaire, au temps des IVe—VIe dynasties, il descend perpendiculairement dans la roche et devient un puits. La chambre du sarcophage presque toujours nue et mal équarrie aux anciennes époques ne commence guères à recevoir d'ornements qu'à partir de la XIXe dynastie : encore est-ce par exception seulement qu'elle est décorée. Ces trois parties réunies, la chapelle, le couloir, la chambre, formaient la maison du mort, la *maison éternelle*, comme l'appellent communément les textes. L'âme égyptienne n'était en effet qu'une substance à peine moins matérielle que le corps visible, et qu'il fallait loger, nourrir, habiller (cfr. p. 35) : on lui donnait, entre autres noms, celui de *ka* ou *double*. Le *ka* était un second exemplaire du corps, une projection colorée, mais aérienne, de l'individu, le reproduisant trait pour trait : enfant s'il s'agissait d'un enfant, femme s'il s'agissait d'une femme, homme s'il s'agissait d'un homme. La chapelle était la chambre de réception du *double*, la chambre du sarcophage son appartement privé, dont on murait soigneusement la porte afin que nul indiscret ne vint le déranger contre son gré (cfr. p. 32).

Les murs de la chapelle étaient couvertes de peintures ou de sculptures d'un travail souvent remarquable. Le musée en possède de fort bons spécimens. Ce sont d'abord, à droite et à gauche de la porte d'entrée.

881. — Calcaire blanc. — H. 2^m 41; larg. 1^m 03.

Il y avait sur la face Est du tombeau de Sibou, surnommé Abbi, à Saqqarah, une niche, formée d'une grande stèle laissée en place, et de deux plaques de calcaire qui encadraient la stèle. Le n° 881 appartient à la dalle qui occupait le côté droit de la niche. Elle est divisée en huit registres superposés. Tout en haut, Sibou, porté en palanquin, reçoit les offrandes que lui apportent des esclaves : sa famille l'accompagne et les scribes procèdent à l'enregistrement des objets. Cette cérémonie occupe trois registres : au quatrième et au cinquième, des ouvriers et des prêtres traînent les statues du défunt qui doivent être déposées dans le tombeau. Au sixième registre, les bouchers abattent les bœufs destinés au repas du mort et de sa famille. Plus bas, des barques chargées de mobilier se rendent à la tombe, pour y déposer ce qui est nécessaire à garnir la maison du mort. Enfin, au dernier registre, Sibou reçoit les bestiaux qu'on lui amène. — V^e dyn. *Saqqarah.*

1046. — Calcaire blanc. — H. 2^m 60 ; larg. 1^m 08.

Plaque de gauche de la niche pratiquée dans le tombeau de Sibou. Le mort mange le repas funéraire que les siens lui ont apporté. Il est assis devant une table chargée de quartiers de viande, d'oies, de fleurs, de fruits, de parfums, et, au-dessus de lui, dans une sorte de tableau quadrillé, est écrit le menu de son dîner (cfr. p. 32). Il n'était pas à dédaigner. Comme boissons on y trouve, outre l'eau pure ou parfumée de diverses manières, plusieurs sortes de vins rouges et blancs, quatre ou cinq espèces de bière, des liqueurs dont nous ne savons plus la composition. Comme pièces de résistance, des quartiers de bœuf et de gazelle, l'aloyau, les côtelettes, la cuisse, le foie, la poitrine, des oies, des canards, du gibier à plume et à poil. Des pains, des gâteaux, des légumes, des fruits, des dattes, des figues, des grenades, des amandes, complètent la fête. Et ce n'était pas seulement une fois l'an qu'on servait au mort ce prodigieux régal, mais aux grandes fêtes civiles et religieuses, et, comme le disent les textes, à toutes les fêtes des vivants et des morts. — V^e dyn.

Saqqarah.

887. — Calcaire blanc. — H. 0^m 50; larg. 1^m 40.

Les bateliers qui apportaient les provisions du mort, se sont pris de querelle et se battent sur l'eau de canot à canot. — V^e dyn. *Saqqarah.*

889. — Calcaire blanc, peint. — H. 1^m; larg. 0^m 80.

Au premier registre, les boulangers broient le grain, pétrissent la pâte et fabriquent le pain; au second, des esclaves mettent en cruche du vin ou de la bière. — V^e dyn. *Saqqarah.*

890. — Calcaire blanc. — H. 0^m 70; larg. 1^m 10.

Des pâtres font traverser un canal à des bœufs. Les bœufs sont dans l'eau jusqu'au cou : plusieurs des bergers, montés sur des barques, excitent leurs bêtes et poussent de grands cris, pour effrayer les crocodiles embusqués dans les roseaux. — V^e dyn.

Saqqarah.

891. — Calcaire blanc. — H. 0ᵐ 80; larg. 0ᵐ 90.

Les bergers prennent des taureaux au lasso et les amènent au sacrifice. — Vᵉ dyn. *Saqqarah.*

908. — Calcaire blanc. — H. 0ᵐ 70; larg. 0ᵐ 60.

Un esclave s'est amusé à irriter un gros cynocéphale qu'un de ses camarades mène en laisse. L'animal, perdant patience, a sauté sur son persécuteur, et le retient prisonnier par la jambe. — Vᵉ dyn.

Saqqarah.

958. — Calcaire blanc. — H. 1ᵐ 20; larg. 1ᵐ 80.

Sur les deux premiers registres, on bat, on vanne et on enregistre le grain provenant des moissons destinées au mort. Au troisième, des boulangers pilent et pétrissent la pâte, à côté de leurs camarades qui mettent le vin en jarre. Au dernier, des statuaires achèvent les statues du mort, tandis que des verriers soufflent dans leur canne et que des orfèvres pèsent l'or avant de le jeter au creuset. — Vᵉ dyn.

Saqqarah.

959. — Calcaire blanc. — H. 1ᵐ 10; larg. 1ᵐ 20.

Des bergers font paître leurs bestiaux et traient leurs vâches. Au second registre, scènes de pêche et de cuisine en plein vent : ce sont les bergers et les pêcheurs qui préparent leur dîner. — Vᵉ dyn.

Saqqarah.

960. — Calcaire blanc. — H. 0ᵐ 90; larg. 1ᵐ.

Des moissonneurs battent le grain et mettent les gerbes en meule. — Vᵉ dyn. *Saqqarah.*

1051. — Stuc et pisé. — H. 0ᵐ 29; larg. 1ᵐ 74.

C'est à M. Vassalli-Bey, Conservateur du Musée, que nous devons de posséder ce précieux monument. Les Égyptiens enduisaient souvent les murs de leurs tombes d'une couche de pisé plus ou moins épaisse, que l'on égalisait à la planche et que l'on recouvrait tantôt de stuc, tantôt d'un simple lait de chaud : c'est sur cette surface blanche qu'ils peignaient à la gouache les repréſentations funéraires. On comprend quelles difficultés M. Vassalli-Bey a dû surmonter, avant de rapporter intactes les peintures exécutées sur un fond aussi fragile.

Les Égyptiens étaient des animaliers de première force : ils ne l'ont jamais mieux montré que dans ce tableau. Nul peintre moderne n'aurait saisi avec plus d'esprit et de gaieté la démarche alourdie de l'oie, les ondulations de son cou, le port prétentieux de sa tête et la bigarrure de son plumage. Ce morceau vient d'un mastaba, situé dans le voisinage du tombeau de Rahotpou, qui nous a rendus les deux belles statues cataloguées sous le n° 1050.

Meïdoum.

Le visiteur retrouvera toutes ces représentations, et bien d'autres, dans le tombeau de Ti, à Saqqarah.

La répétition perpétuelle des scènes agricoles et l'absence complète de figures divines avaient fait penser à M. Mariette, que les croyances des Égyptiens primitifs sur la condition des morts différaient de celles qu'avaient les Égyptiens de la XVIIIe ou de la XIXe dynasties. Il n'en est rien : à quelques nuances près, les idées sont les mêmes, ainsi que la décoration des tombes. Les chapelles extérieures de la XXe dynastie, à Thèbes, sont ornées des scènes de la vie civile, comme les mastabas de l'Ancien-Empire à Saqqarah : ce sont les chambres funéraires et les couloirs qui portent des scènes religieuses ou des représentations infernales.

Toutes ces scènes avaient une intention magique : qu'elles eussent trait à la vie civile ou à l'enfer, elles devaient assurer au mort une existence heureuse ou le préserver des dangers d'outre-tombe. De même que la répétition de la formule des stèles : «Pros-» cynème à Osiris pour qu'il donne un revenu de » pains, liqueurs, vêtements, provisions, au défunt N», procurait à ce défunt la jouissance des biens énumérés (cfr. p. 35—38), de même la reproduction de certaines scènes sur les parois de la tombe lui garantissait l'accomplissement des actes représentés. Le double, enfermé dans sa chapelle, se voyait sur la muraille allant à la chasse, et il allait à la chasse, mangeant et buvant avec sa femme, et il mangeait et buvait avec sa femme; le labourage, la moisson, la grangée des parois étaient pour lui labourage, moisson et grangée réels. De même que les figurines funéraires exécutaient pour lui tous les travaux des champs, sous l'influence d'un chapitre magique, et s'en allaient puiser de l'eau ou transporter des grains (cfr. p. 131), les ouvriers de toute sorte, peints dans les registres, fabriquaient des souliers et cuisinaient pour le défunt, le menaient à la chasse dans le désert ou à la pêche dans les fourrés de papyrus. Après tout, ce monde de vassaux plaqué sur le mur était aussi réel que le double dont il dépendait : la peinture d'un serviteur était bien ce qu'il fallait à l'ombre d'un maître. L'Égyptien croyait, en remplissant sa tombe de figures, qu'il s'assurait au-delà de la vie terrestre la réalité de tous les objets et de toutes les scènes représentées.

Dans la chambre extérieure, on trouve, outre les tableaux, des inscriptions, où sont racontés les principaux faits de la vie du mort, des stèles, des autels, des tables d'offrande et des vases de différente matière, quelquefois même de petits obélisques.

880. — Calcaire blanc. — H. 1^m.

Autel au nom de Khouni. — V^e dyn.

Saqqarah.

882. — Calcaire blanc. — H. 0^m 70; larg. 0^m 43.

Cette stèle a été trouvée encastrée dans les ruines du temple, qui s'appuie contre la plus méridionale des trois petites pyramides construites auprès de la Grande Pyramide à l'Est. La partie supérieure du socle revient en avant; elle porte une inscription presque illisible. La stèle proprement dite est d'un style médiocre, mais d'une lecture facile. L'inscription qui l'encadre nous apprend que le monument a été érigé par le roi Khoufou « à sa mère Isit, à la mère divine » Hathor, dame du Nou (les eaux célestes). Une fois » délivré l'ordre de faire une stèle, il rétablit les » offrandes à la déesse, il lui construisit son temple » en pierre et il trouva les dieux représentés ci-contre » dans son sanctuaire ». — « Le roi Khoufou trouva » le temple d'Isit, dame de la pyramide, qui est près » du temple du Sphinx, à la face Nord-Ouest du temple » d'Osiris, maître du cimetière, et construisit sa py- » ramide à lui auprès du temple de cette déesse, puis » construisit la pyramide de sa fille Hontsen à côté » du temple de cette déesse. » Les figures représentées dans le champ sont celles des dieux adorés avec Isit-Hathor; les inscriptions donnent la matière de leur statue. Ainsi l'ibis de Thot, et l'épervier d'or étaient en bois doré, Sokhit en bronze noir, etc. La plus curieuse de ces figures est la dernière à gauche du dernier registre : c'est une image du Grand sphinx, et l'inscription nous apprend que « la demeure » du sphinx d'Harmakhis est au Sud du temple d'Isit, » dame de la pyramide, et au nord du temple d'Osi- » ris, maître de la nécropole ».

La stèle n° 882 n'est pas l'original consacré par Khoufou, mais une copie postérieure. Le temple d'Isis, où elle se trouvait, fut restauré à la XXIe dynastie par le roi Tanite Psioukhânou : la stèle dut être refaite, comme le reste, par ce Pharaon ou peut-être par un des rois éthiopiens, Shabak ou Taharqou. Tout s'accorde à nous faire croire qu'elle reproduit fidèlement la disposition de l'original. — IVe—XXVe dyn. *Les Grandes Pyramides.*

883. — **Calcaire blanc.** — H. 0^m 80; larg. 0^m 65.

Stèle de Sitou (cfr. p. 33). — IVe dyn.

Saqqarah.

886. — **Calcaire blanc.** — H. 1^m 15; larg. 2^m 70. — (Mariette, *Abydos*, t. II, pl. 44—45; t. III, p. 84, n° 522.)

Inscription en cinquante lignes provenant du tombeau d'Ouni.

Ouni avait débuté tout enfant à la cour de Téti, premier roi de la VIe dynastie. D'abord simple page (porte-couronne), il avait bientôt obtenu un emploi au ministère de l'agriculture et un titre sacerdotal de peu d'importance. Papi Ier, successeur de Téti, le prit en grande amitié dès le début de son règne et lui donna successivement les charges d'*ami*, de *surveillant des prophètes de la pyramide funéraire*, de *domestique*, dont il s'acquitta mieux que personne avant lui : aussi fut-il envoyé à Tourah chercher dans les carrières les blocs de pierre blanche qui ont servi à construire la chambre du sarcophage, dans la pyramide de Pepi Ier. L'activité dont il fit preuve en cette occasion lui valut de nouvelles faveurs : il fut élevé à la dignité d'*ami royal*, nommé surintendant de la maison de la reine, et prit peu à peu la direction de toutes les affaires. « Je faisais », dit-il, « toutes les écritures avec l'aide d'un seul secrétaire. » Au dehors, son ministère fut signalé par la soumission de la Nubie et par une série d'expéditions heureuses contre les *Aamou* ou Syriens et contre

les Hiroushâïtou ou Bédouins du désert. « Sa Majesté
» fit une armée de plusieurs fois dix mille soldats,
» pris dans le pays tout entier depuis Eléphantine
» jusqu'au Delta, dans toutes les maisons, dans les
» villes, dans les places fortes, dans la Nubie, parmi
» les Nègres, et Sa Majesté m'envoya à la tête de
» cette armée. » Ce ne fut pas une mince affaire d'instruire ces recrues : on eut quelque peine à organiser en temps utile le service des vivres et de l'habillement. A force de patience, on surmonta toutes les difficultés, et l'expédition se mit en campagne. « Cette
» armée alla en paix : elle entra comme il lui plut
» au pays des Hiroushâïtou. Cette armée alla en paix :
» elle écrasa le pays des Hiroushâïtou. Cette armée
» alla en paix : elle fit brèche dans leurs enceintes
» fortifiées. Cette armée alla en paix : elle coupa leurs
» figuiers et leurs vignes. Cette armée alla en paix :
» elle incendia tous leurs blés. Cette armée alla en paix :
» elle massacra leurs soldats, par myriades. Cette
» armée alla en paix : elle emmena leurs hommes,
» leurs femmes, leurs enfants en grand nombre,
» comme prisonniers vivants, dont Sa Sainteté se ré-
» jouit plus que de tout autre chose. » Au retour, Ouni reçut la faveur la plus insigne qu'un roi pût accorder à un sujet, la permission de garder ses sandales dans le palais et même en la présence du Pharaon. Peu de temps après Papi Ier mourut; son fils Mirinrî Sokarimsaf Ier non-seulement confirma Ouni dans tous ses emplois, mais lui accorda de nouvelles charges. Il fut nommé prince gouverneur des pays du Sud depuis Eléphantine jusqu'à Memphis : « Jamais
» sujet n'avait eu cette charge auparavant. » Selon

l'usage, il s'occupa sans retard du tombeau destiné au nouveau roi et fit venir d'au delà les cataractes les blocs de granit nécessaires. La construction de la pyramide Nofirkhâ de Mirinrî Ier fut le dernier grand acte administratif de la vie d'Ouni : il mourut peu de temps après et son souverain ne tarda pas à le suivre au tombeau. — Les deux pyramides de Papi Ier et de Mirinrî Ier, pour lesquelles travailla Ouni, ont été découvertes à Saqqarah en 1880 et en 1881. — VIe dyn. *Abydos.*

890. — Calcaire blanc. — H. 1^m 10; larg. 1^m 30. — (E. de Rougé, *Inscriptions hiéroglyphiques*, pl. I.)

Les grands seigneurs égyptiens passaient avec les prêtres de véritables contrats, par lesquels ils donnaient à tel ou tel temple des terres ou des privilèges, en échange de sacrifices à faire en l'honneur de leur double, aux époques réglées par la coutume. Ce monument est un fragment de contrat, le plus ancien que nous possédions de ce genre. — IVe dyn.

Les Grandes-Pyramides.

929. — Calcaire blanc. — H. 1^m 05.

Autel à double tablette, sans inscription. — V^e dyn.

Saqqarah.

930. — Calcaire blanc. — H. 0^m 85.

Petit obélisque de la dame Onkhkoous. — V^e dyn.

Saqqarah.

936. — Calcaire blanc. — H. 0ᵐ 90.

Obélisque du docteur Phtahhotpou-doshir. — Vᵉ dyn. *Saqqarah.*

962. — Albâtre blanc. — Diam. 0ᵐ 70.

Table d'offrandes ronde, au nom du Docteur, prophète de la déesse Maït de Nekhen, Khouhotpouhirs. — Vᵉ dyn. *Saqqarah.*

980. — Diorite. — Diam. 0ᵐ 30.

Beau vase à recevoir l'eau de libation, au nom de Phtahkhouni. — Vᵉ dyn. *Saqqarah.*

986. — Albâtre. — H. 0ᵐ 27; larg. 0ᵐ 39; prof. 0ᵐ 87.

Cette table à libations a été trouvée avec la table n° 988, dans un immense tombeau, situé près de la pyramide à degrés de Saqqarah. Deux lions debout et accôtés supportent une table légèrement inclinée : une rigole conduit les liquides qu'on y verse jusque dans un vase placé entre les queues des deux lions. — IVᵉ dyn. *Saqqarah.*

988. — Albâtre. — H. 0ᵐ 27; larg. 0ᵐ 38; prof. 0ᵐ 83.

Table à libations trouvée avec le n° 986. — IVᵉ dyn. *Saqqarah.*

991 et 1000. — Calcaire blanc. — H. 1ᵐ 68; 0ᵐ 42.

Deux montants de porte, provenant du tombeau

de Sokarkhâbiou. La femme qui y est représentée s'appelait Hathor-nofirhotpou de son *grand nom* et Topes de son *petit nom* : elle était mariée au maître du tombeau. Sa figure rappelle d'une manière frappante le type des Nubiennes : elle avait sous l'œil la bande de fard vert qu'on trouve également sur la statue de Sapi au Louvre. — IIIe dyn.   *Saqqarah.*

993. — Calcaire blanc. — H. 1^m 68 ; larg. 0^m 42.

Stèle en forme de fausse porte, venant du tombeau de Sokarkhâbiou (cfr. p. 32). — IIIe dyn.

Saqqarah.

1027. — Calcaire blanc. — H. 1^m 40 ; larg. 0^m 95.

Stèle en forme de fausse porte : provient du tombeau de Shiri, prêtre du roi Send (cfr. p. 31—32). — IIe dyn.   *Saqqarah.*

1037—1039. — Bois. — H. moy. 1^m 15 ; larg. moy. 0^m 40.

Ces trois panneaux de bois étaient encastrés dans autant de stèles en forme de fausse porte. Un quatrième panneau, plus mutilé que les autres, est exposé (n° 913) sur l'espèce d'étagère qui règne au fond de la salle.

Le scribe Hosi, assis ou debout, est le seul personnage représenté. Il a la figure rude, les traits accentués par l'âge : les hiéroglyphes sculptés au-dessus de sa tête nous donnent son nom et ses titres, qui sont ceux de beaucoup de personnages à la

IVᵉ dynastie et ne renferment rien d'inusité. Inscriptions et figures sont découpées avec une sûreté de main extraordinaire : l'artiste qui a exécuté ce travail ne le cédait en rien à celui qui a sculpté le Sheïkh el beled.

L'habileté des Égyptiens de l'Ancien Empire à tailler le bois est prouvée et par ces monuments et par un fragment (nº 985, près de la fenêtre), qui provient des Grandes-Pyramides, et a conservé les restes de cinq registres d'offrandes superposés. Ce sont les mêmes scènes que nous avons vues représentées sur pierre dans le tombeau de Sibou (p. 201—203, nᵒˢ 881 et 1046). La gravure en paraît plus sèche que celle des panneaux de Hosi, mais cela tient au procédé employé de relief dans le creux : en réalité le faire est le même dans les deux cas, et je ne serais pas été étonné, si la même main avait travaillé aux deux œuvres. — IVᵉ dyn.   *Saqqarah.*

1043. — Calcaire blanc. — H. 1ᵐ; larg. 0ᵐ 50.

Stèle de Sitou (cfr. p. 33 et p. 208, nº 883).

1044. — Calcaire blanc. — H. 0ᵐ 69; larg. 0ᵐ 41. — (Mariette, *Abydos*, t. II, pl. 43 *a*; t. III, p. 85—86, nº 524.)

Au premier registre, le prince Aouou et la reine Papi-onkhnas sont assis en face l'un de l'autre, de chaque côté d'une table d'offrandes. Au second, le célébrant Sobkhotpou présente l'encens à Aouou, tandis que le célébrant Khouï rend le même office à Onkhnas. La reine Onkhnas est probablement identique à la reine Mirirî Onkhnas, qui fut femme de Papi Ier et mère de Mirinrî Sokarimsaf Ier et de Papi II. — VIe dyn. . *Abydos.*

Pour vivre dans l'autre monde, le double avait besoin d'un corps. Le corps qui lui avait servi de support pendant l'existence terrestre, lui servait de support principal, et c'est pour cela sans doute qu'on essayait d'en retarder la destruction par les pratiques de l'embaumement. Mais la momie défigurée ne rappelait plus que de loin la forme du vivant. Elle était, d'ailleurs, unique et facile à détruire : on pouvait la brûler, la démembrer, en disperser les morceaux. Elle disparue, que serait devenu le double? On donnait pour suppléants au corps de chair, des corps de pierre ou de bois, reproduisant exactement les traits du défunt, des statues. Les statues étaient plus solides, et rien n'empêchait qu'on les fabriquât en la quantité qu'on voulait. Un seul corps était une seule chance de durée pour le double: vingt statues représentaient vingt chances. De là, ce nombre vraiment étonnant de statues qu'on rencontre quelquefois dans une seule tombe. La prévoyance du mort et la piété des parents multipliaient les images du corps terrestre, et par suite, les supports, les corps impérissables du double, lui assurant par cela seul une presque immortalité. La même raison multipliait parfois, autour des statues du mort, les statues de ses serviteurs, représentés dans différents actes de domesticité, pétrissant la pâte, broyant le grain, poissant les jarres destinées à contenir le vin.

On comprend quel caractère particulier cette conception de la vie de l'âme dut donner à l'art égyptien. La première condition à remplir pour que le double pût s'adapter à son corps de pierre, c'est que ce corps reproduisît, jusque dans leurs moindres détails, les traits et les proportions du corps de pierre. De là, ce caractère réaliste et idéal à la fois qu'on remarque dans les statues. Le corps et la pose sont idéalisés presque toujours. Il est rare en effet qu'on trouve un corps décharné de vieillard, le sein flétri et le ventre grossi des femmes sur le retour : les hommes sont toujours ou des adolescents aux membres élancés, ou des hommes faits dans la force de l'âge, les femmes ont toujours le sein ferme et les hanches minces de la jeune fille. Le corps est pour ainsi dire, un corps moyen qui reproduit le personnage au meilleur de son développement, et lui permet d'exercer dans l'autre monde la plénitude de ses fonctions physiques. C'est seulement dans le cas d'une difformité par trop forte, que l'artiste se départ de cet idéal : il donne à la statue d'un nain toutes les laideurs du corps du nain. Il fallait bien qu'il en fût ainsi. Si l'on avait mis, dans la tombe d'un nain, une statue idéale, le double, habitué pendant la vie terrestre aux irrégularités de ses membres, n'aurait pu s'adapter à ce corps régulier, et n'aurait pas été dans les conditions nécessaires pour bien vivre dans le monde au-delà. Mais une fois admise cette manière d'idéaliser chaque personnage, le sculpteur devait rendre avec fidélité les traits de son visage et les particularités de sa démarche. Il le faisait parfois avec brutalité, le plus souvent avec une fidélité naïve. Les statues sont de véritables portraits, et nous permettent de reconstituer la population de l'Égypte aux premières dynasties, avec plus de facilité que nous ne reconstituons la population de l'Italie aux premiers temps de l'empire romain. Les poses sont celles de la classe à laquelle appartient le personnage : la statue est accroupie, s'il s'agit d'un scribe, debout dans la pose de commandement ou assise sur le siège d'apparat, s'il s'agit d'un roi ou d'un noble qui reçoit les offrandes de ses vassaux.

Les statues avaient leur place réservée dans la tombe. C'est un réduit ménagé dans la maçonnerie, derrière l'une des parois de la chambre de réception. D'ordinaire ce réduit, une fois rempli de statues, était muré complètement et ne communiquait plus avec le dehors; quelquefois, il était relié avec la chapelle par une sorte de conduit si resserré, qu'on a peine à y glisser la main. A certains jours, les parents et les amis venaient murmurer quelques prières et brûler des parfums à l'orifice : prières et parfums étaient censés arriver par là jusqu'à l'oreille des statues, et par suite, jusqu'à l'oreille du mort.

974. — Basalte vert. — H. 1^m 20.

Le roi Khâfrî, tiré, de même que la statue en diorite (cfr. p. 75, n° 3961, *Salle du Centre*), du temple en ruines situé auprès des Grandes-Pyramides. Il est vieux, comme on le voit aux rides qui cernent le nez et la bouche.

Cette statue était fort mutilée : un bon quart en a été refait en plâtre, puis recouvert d'un enduit vert, par M. L. Vassalli-Bey, conservateur du Musée. — V^e dyn. *Grandes-Pyramides.*

975. — Calcaire. — H. 1ᵐ 73.

Rânofir est debout, les bras collés au corps, la jambe gauche portée en avant, dans l'attitude du prince qui regarde ses vassaux défiler devant lui. Il a sur la tête une perruque assez large et n'a d'autre vêtement que le pagne bridant sur la hanche. La statue peut passer pour une des œuvres les plus remarquables de l'art égyptien : le jeu des muscles de la poitrine et de l'épaule, le détail du genou et des jambes sont rendus avec une vérité et une intelligence qui feraient honneur aux meilleurs artistes de nos jours. (Cfr. une autre statue du même, n° 1049, p. 220.) — Vᵉ dyn. *Saqqarah.*

976. — Calcaire. — H. 0ᵐ 92.

Une des meilleures statues de notre collection. Elle représente un juge Atiti, surnommé Onkhiris. Une grosse perruque lui tombe sur le dos et sur les épaules et lui donne l'apparence d'une statue de femme. — Vᵉ dyn. *Saqqarah.*

987. — Bois. — H. 1ᵐ 00.

Il est fâcheux que ce monument ait souffert et soit hors d'aplomb : il était d'un travail presque aussi soigné que celui du Sheïkh el-Beled. Il représente un certain Tepemonkh qui vivait sous la Vᵉ dynastie. *Saqqarah.*

1001. — Calcaire. — H. 0ᵐ 52.

Un paysan nu se rend à l'offrande, un sac sur l'épaule gauche, les sandales à la main droite, de peur de les user en les portant. Le mouvement de l'épaule qui porte le sac est fort bien étudié. — Vᵉ dyn. *Saqqarah.*

1002. — Calcaire. — H. 0ᵐ 22.

Un homme, assis à terre, plonge la main dans une jarre qu'il tient entre ses jambes : il est occupé à la poisser avant d'y verser du vin. — Vᵉ dyn.

Grandes-Pyramides.

1006. — Calcaire. — H. 0ᵐ 35.

Un scribe est agenouillé, les deux mains croisées devant lui, dans l'attitude du fonctionnaire qui attend un ordre de son supérieur. Les yeux sont en cristal et en verre noir, et donnent à la figure une expression des plus vivantes. — Vᵉ dyn. *Saqqarah.*

1007. — Bois. — H. 0ᵐ 19; larg. 0ᵐ 50; long. 0ᵐ 30.

Cette boîte est une sorte de nécessaire portatif, à l'usage des prêtres chargés du culte des morts. Elle renferme une table d'offrandes et tout l'attirail des vases et des outils en bois, en albâtre, en bronze, dont on se servait pour présenter le repas funéraire. — VIᵉ dyn. *Saqqarah.*

1008. — Calcaire. — H. 0ᵐ 40.

Esclave pansu poissant une amphore (cfr. nº 1002). — Vᵉ dyn. *Saqqarah.*

1009. — Bois. — H. 0ᵐ 31.

Un homme debout, drapé dans un large manteau, assez semblable à une toge romaine : les yeux, qui étaient rapportés, ont disparu. — IVᵉ dyn.

Grandes-Pyramides.

1011. — Bois. — Long. 0ᵐ 60.

Sorte de casse-tête que les nobles et les fonctionnaires tenaient à la main en signe de commandement. Celui-ci avait appartenu au Shiri dont nous avons la stèle (cfr. p. 213, n° 1027, et p. 31—32). — IIe dyn. *Saqqarah.*

1012, 1013. — Calcaire. — H. moy. 0ᵐ 40.

Deux femmes occupées, non pas comme on l'a dit à pétrir la pâte, mais à broyer le grain. Les Égyptiens de l'époque pharaonique paraissent n'avoir jamais connu le moulin à main : ils broyaient le grain entre deux pierres, comme font encore certaines tribus de l'Afrique équatoriale, et obtenaient de la sorte une farine grisâtre assez grossière. — IVe dyn.

Saqqarah.

1014. — Calcaire. — H. 0ᵐ 30.

Statue du nain Khnoumhotpou; chef de la lingerie mortuaire, probablement du Pharaon. — VIe dyn.

Saqqarah.

1015, 1025. — Calcaire. — H. moy. 0ᵐ 40.

Un homme et une femme brassent la pâte, contenue dans un grand vase placé devant eux, et préparent le pain du mort. — IVe dyn. *Saqqarah.*

1044. — Bois. — H. 0ᵐ 60.

Statue de femme dont il ne reste que la tête et le torse. Elle a été découverte dans le même tombeau que la statue du *Sheïk el-beled* (cfr. p. 75—76, n° 3962 *Salle du centre*), et passe pour représenter la femme de ce personnage. Elle était en tout cas d'un travail fort beau et pourrait soutenir la comparaison avec le *Sheïk el-beled*, si elle n'était pas malheureusement si mutilée. — IVe dyn.

Saqqarah.

1049. — Calcaire. — H. 1^m 95.
Statue de Rânofir, tête rase (cfr. p. 217, n° 975).

Saqqarah.

1050. — Calcaire. — H. 1^m 20. — (Mariette, *Mon. Div.*, pl. 20).

Ces deux statues ont été découvertes dans un des grands Mastabas qui environnent la pyramide de Meïdoum. Elles représentent, l'une, le prince Râhotpou, l'autre, sa femme, la cousine royale Nofrit : elles ont l'un des types qu'on trouve le plus fréquemment sur les monuments de l'Ancien Empire, et ne diffèrent de beaucoup d'autres que par une rare perfection de travail et d'expression. Rien n'est plus gracieux et plus fin que le modelé des seins de la dame Nofrit sous l'étoffe légère de son vêtement; rien n'est plus vivant que la figure un peu grasse de la femme et les traits un peu niais de son mari.

La date de ce monument est incertaine : la pyramide, ouverte au mois de janvier 1881, ne renferme qu'un long couloir et une chambre vide sans sarcophage. On l'attribue à Snofrou, roi de la IIIe dynastie, depuis que M. Mariette a découvert les cartouches de ce roi dans les tombeaux du voisinage : à ce compte, il faudrait attribuer les tombeaux de Beni-Hassan à Khoufou, parce qu'on y trouve les cartouches de ce prince. Le style de l'architecture nous rapproche plus de la XIIe dynastie que de la troisième, et je serais tenté de voir dans la pyramide le tombeau d'un Ousirtasen plutôt que celui de Snofrou. Le groupe des deux statues me paraît devoir suivre la fortune de la pyramide. — *Meïdoum.*

1052. — Calcaire. — H. 2^m 00.

Statue assez médiocre de Ti, celui dont le tombeau est visité par tous les voyageurs. — V^e dyn. — *Saqqarah.*

Les canopes, les offrandes en pierre votives, les bijoux ne se rencontrent que rarement dans les tombes des époques antérieures à la XVIIIe dynastie : on ne s'étonnera donc pas si les quelques objets de ce genre que possède notre Musée forment sinon la seule, au moins la plus riche collection qu'on en possède.

1053. — Calcaire. — H. moy. 0^m 20.

Oies votives, isolées ou réunies par groupes de deux ou de quatre. — V^e dyn. — *Saqqarah.*

1054, 1055, 1056. — Albâtre. — Long. moy. 0^m 25.

Les pyramides de Lisht ont présenté, à l'ouverture, des particularités qui n'ont jamais été observées jusqu'à présent dans aucune autre pyramide. J'ai trouvé dans le couloir d'entrée, entre deux blocs de granit, des débris de canopes et d'oies troussées en albâtre. Les n°s 1054, 1055, 1056, sont des oies de diverse grandeur qu'on a réussi à reconstituer. Elles sont creuses et formées de deux moitiés coupées en long. On n'a trouvé aucun débris d'ossement qui permette de dire si elles renfermaient des oies d'offrandes momifiées, ou non. *Lisht.*

1057. — Albâtre. — H. moy. 0^m 15.

Têtes de canopes, les seules qu'on possède de cette époque. L'une d'elles est d'une finesse d'exécution qu'on ne saurait comparer qu'à celle de la statue en diorite de Khâfrî. *Lisht.*

1060. — Calcaire. — H. 0^m 12.

Fil à plomb de peintre ou de maçon, oublié par un ouvrier dans la pyramide d'Ounas, et découvert à l'ouverture de cette pyramide. — V^e dyn.

Saqqarah.

Le couloir est d'ordinaire sans ornement : le puits est comblé d'un mélange de pierres et de terre durcie. La chambre ne renferme guères qu'un sarcophage plus ou moins orné.

964. — Granit rose. — H. 1^m 33; long. 2^m 20.

Sarcophage de Khoufou-onkh, prêtre d'Apis, ingénieur royal. Les quatre faces sont ornées comme l'était la façade des maisons égyptiennes de l'époque. — IVe dyn. *Grandes-Pyramides.*

965. — Granit rose. — H. 1^m 45; long. 2^m 30; larg. 1^m 19.

Sarcophage du prince Hirbaïf. Il porte des ornements analogues à ceux du sarcophage précédent. — IVe dyn. *Grandes-Pyramides.*

970. — **Granit rose.** — H. $1^m\,16$; long. $2^m\,22$; larg. $0^m\,99$.

Sarcophage du prince Kamskhom; sans ornements. — IVe dyn. *Grandes-Pyramides.*

1053. — **Calcaire blanc.** — H. $1^m\,15$; long. $2^m\,35$; larg. 1^m. — (Lepsius, *Denkm.* II, pl. 147—148, *a, b*).

Sarcophage de Tagi. Ce sarcophage, oublié depuis que Lepsius le copia il y a quarante ans, fut retrouvé en 1882, et transporté au musée au mois d'avril 1883. Il est orné à l'intérieur de la représentation des armes, objets de toilette et d'offrandes, vases à parfums, qu'on déposait dans la tombe. Au-dessous, des prières tracées à l'encre noire, analogues aux prières qu'on trouve dans les pyramides de Saqqarah. — XIe dyn. *Sheïkh abd-el-Gournah.*

CHAPITRE CINQUIÈME.

LA SALLE FUNÉRAIRE ET LA SALLE DES MOMIES ROYALES.

§ 1. — Salle funéraire.

La salle funéraire a été formée par la réunion de l'ancienne *Salle de l'Est* et d'un couloir étroit où Mariette avait déposé provisoirement quelques objets d'époque gréco-romaine. L'arrangement n'en est pas encore définitif et plusieurs monuments de grandes dimensions y ont déjà leur place marquée : ils ne pourront toutefois venir l'occuper d'ici quelque temps, faute d'argent pour les transporter.

Tous les petits objets que renferment les vitrines proviennent des chambres sépulcrales ou ont été ramassés sur les momies elles-mêmes. Chacun d'eux avait pour le mort sa signification que j'essaierai de déterminer à mesure que l'occasion s'en présentera.

A droite, en entrant, on ira vers un meuble plat, composé de huit vitrines, rangées autour d'une statuette en calcaire de l'Ancien empire.

Vitrines AN, AO, AP.

Collection de scarabées en matières diverses. Le scarabée s'appelait en égyptien *Khopirrou, Khopri,* de la racine *khoprou,* devenir : aussi est-il devenu de bonne heure en Égypte l'emblème de la vie humaine et des *devenirs* successifs de l'âme dans l'autre monde. Le scarabée était donc avant tout un symbole mystique de vie, et les plus gros, ceux que nous rencontrerons dans les vitrines AR et AT, ont gardé le caractère primitif d'amulette. Les petits ont fini par n'être souvent que de simples bijoux, sans véritable valeur religieuse, comme chez nous les croix que les femmes portent au cou comme complément de leur toilette. Une fois détourné de sa signification première, le scarabée fut mis à toutes sortes d'usages industriels : on l'employa comme châton de bague, comme pendeloque de boucle d'oreille, comme perle dans les colliers. Les signes gravés sur le plat sont, tantôt de simples combinaisons de lignes, des enroulements, des entrelacs sans signification précise; tantôt des symboles auxquelles le propriétaire de l'objet attachait un sens mystérieux et que personne, sauf lui, ne pouvait comprendre; tantôt le nom et les titres d'un individu; tantôt des cartouches royaux ayant un intérêt historique (cfr. *Salle du centre, Vitrine P*, p. 87—97); tantôt des souhaits de bonheur, des sentences pieuses, des formules magiques. Je n'ai pas la prétention d'en essayer ici le classement : il me suffira d'indiquer en passant que le cartouche *Menkhopirrî*, si fréquent à toutes les époques, n'a pas été gravé le plus souvent en l'honneur du Pharaon Thoutmos III, qui a porté ce prénom : c'est une phrase de bon augure, dont les trois signes expriment un des dogmes fondamentaux de l'orthodoxie égyptienne, *Durable à jamais est le devenir de Râ*. Les scarabées les plus anciens ne sont pas ordinairement recouverts d'une pâte vitreuse : ils portent autour du nom ou des signes qu'ils renferment ou une série d'enroulements caractéristiques. Les scarabées en améthystes sont de la XIe et de la XIIe dynastie pour la plupart. Les vernis verts deviennent fréquents à partir de la XIIe dynastie, et les vernis bleus à partir de la XVIIIe. La fabrication des scarabées faux a pris dans ces derniers temps un développement considérable et a été poussée à un degré de perfection étonnant : le visiteur trouvera, dans la *Salle grecque*, quelques spécimens de scarabées faux provenant des ateliers de Thèbes. La vitrine AP renferme les scarabées grands et petits du travail le plus fin et des matières les plus précieuses. Beaucoup d'entre eux sont de véritables œuvres d'art : tous les détails de l'insecte y sont traités avec une justesse et une habileté de main merveilleuses.

Vitrine AQ.

Elle contient une collection de divinités et d'emblèmes divers, la plupart en bronze. Outre des types déjà décrits, on y remarquera :

4582.

Parmi les objets inscrits sous ce numéro s'en trouvent trois qui ont une certaine valeur :

1º La déesse Noub, assise sur le signe de l'or et levant les deux bras (Schiste, H. 0^m 078). La déesse Noub, ou déesse d'or, était une forme d'Hathor ou d'Isis : elle est souvent représentée aux pieds des cercueils ou des momies. Après avoir refondu (*noub, fondre,* par calembourg avec *noub, or*) les membres d'Osiris, séparés et mutilés par Sit, elle rendait le même service au défunt. — Ep. saïte.

Saqqarah.

2º Une petite stèle d'Hor sur le crocodiles (cfr. *Salle du centre,* nº 1841, p. 191) en pierre saponaire et destinée à être portée comme amulette (H. 0^m 087; larg. 0^m 042). — Ep. grecque.

Saqqarah.

3º Un Ammon ou Khnoum (cfr. *Salle du centre, Armoire G,* nº 1904, p. 167) à tête de bélier, en bronze (H. 0^m 18) d'un travail assez fin. — Ep. saïte.

Thèbes.

4585. — Bronze. — H. 0ᵐ 35.

Une déesse, Isis ou Nephthys, debout, étend ses bras garnis d'ailes, pour protéger et couver le corps d'Osiris, tué par Typhon : un monument conservé dans la *Salle du centre* donne à la déesse le surnom de Khouït, *la protectrice*. Le bronze a été évidé en plusieurs endroits : il avait dû recevoir des émaux ou des pierres dures de couleurs variées, que les Arabes ont volées au moment de la découverte. — Ep. saïte. *Zagazig.*

4587. — Bois.

Deux plaquettes (H. 0ᵐ 054) sur lesquelles est dessiné au trait un dieu Bis, dansant (cfr. *Salle du centre, Armoire I*, n° 1709, p. 155). — Ep. grecque. *Saqqarah.*

4591. — Bronze. — H. 0ᵐ 074; larg. 0ᵐ 079.
— (Mariette, *Abydos*, t. III, p. 1494, n° 586).

Un poisson lépidote, posé de champ sur un naos quadrillé : devant ce groupe, une femme debout, présente un miroir. Le poisson n'est autre que la déesse du Nord Mihtit. — Ep. saïte. *Abydos.*

4592. — Bronze. — Long. 0ᵐ 058.

Modèle de la pique avec laquelle Hor combattait Typhon. La haste est surmontée d'une tête d'épervier, du milieu de laquelle sort une pointe de lance triangulaire. — Ep. grecque. *Saqqarah.*

Vitrine AR.

Les gros scarabées étaient le symbole du cœur. Après avoir enlevé le cœur du mort, on le rem-

plaçait par un scarabée, sur lequel était gravée une formule magique (*Livre des Morts*, Ch. XXX, et Ch. LXIV, l. 33—36) : « O mon cœur qui me vient
» de ma mère, mon cœur de quand j'étais sur terre,
» ne te lève pas contre moi, ne porte pas témoignage
» en ennemi contre moi, par devant les chefs divins;
» ne m'abandonne pas devant le Dieu Grand, Sei-
» gneur de l'Occident! Salut à toi, cœur d'Osiris, qui
» vis dans l'Occident; salut à vous, viscères divins;
» salut à vous, dieux à la barbe tressée, puissants
» par votre sceptre; dites du bien du mort et ac-
» cordez qu'il prospère par l'intermédiaire de Nahb-
» koou » (cfr. *Salle du centre, Armoire I*, n° 1715, p. 157). Le cœur était placé dans la balance, au moment du jugement suprême (cfr. p. 195), et son témoignage décidait du sort de l'homme : la formule avait pour effet de le contraindre à ne dire que le bien devant les dieux et à taire les mauvaises actions. Pour plus d'efficacité, on joignait souvent à la prière des représentations de divinités qu'on gravait sur les élytres, sur le corselet, même sur le plat du scarabée. Ainsi le scarabée n° 4540 (Schiste, H. 0^m 082) porte : sur le corselet, le disque ☉, adoré par deux cynocéphales à genoux; sur les élytres, deux figures d'Ammon accroupi, coiffées du diadème *Atef*; sur le plat, la barque solaire et, dessous, Osiris-momie, assis entre Isis et Nephthys qui l'enveloppent de leurs ailes. Le scarabée n° 4545 (Schiste, H. 0^m 069) a : sur le corselet, le disque lunaire ☉ entre les deux yeux mystiques; sur l'élytre de droite, Osiris accroupi, coiffé du diadème *Atef*; sur l'élytre de gauche, Râ

à tête d'épervier, couronné du disque solaire. Quelques scarabées ont une tête humaine (n° 4542, Schiste, H. 0^m 057); rarement une tête d'épervier ou une tête de bœuf. Plusieurs sont cerclés d'or.

Les scarabées du cœur étaient fabriqués à l'avance et s'achetaient tout faits chez le marchand. On en trouve où les lignes sont marquées mais non remplies (n° 4527, Ardoise, H. 0^m 086), où la formule a été gravée et le nom laissé en blanc (n°s 4525, 4528, 4530, 4531, etc.), où la formule est incomplète (n°s 4516, 4529, 4538, 4539, etc.), où les signes n'offrent aucun sens (n° 4534, Schiste, H. 0^m 065).

4515. — Jaspe vert. — H. 0^m 045.

Scarabée du domestique d'Ammon, Amennakht. La tête manque. — XXe dyn. *Thèbes.*

4519. — Jaspe vert. — H. 0^m 065.

Le nom et les titres du propriétaire ont été grattés avec soin, mais aucun nom nouveau n'a été inscrit à la place. — XXe dyn. *Thèbes.*

4521. — Schiste. — H. 0^m 048.

Scarabée de Ourshou «dont la voix est juste » comme celle du juste qui vit dans sa forteresse en » la nécropole, l'esprit de l'Ouest». — XXe dyn.

Saqqarah.

4523. — Schiste. — H. 0^m 055.

Scarabée de la dame Nephthys. La formule n'est pas celle du chapitre XXX du *Livre des Morts* : «Mon cœur est à moi dans la maison des cœurs; » mon viscère est à moi dans la maison des viscères.

» Il est à moi mon cœur et il repose en moi et il
» ne se sépare point de la défunte Nephthys à jamais,
» dans la tombe ». — Ep. saïte. *Saqqarah.*

4551. — Jaspe vert. — H. 0^m 058.

Vase cordiforme; échange avec le scarabée et joue le même rôle que cet amulette. Sur une des faces est gravé le scarabée, sur l'autre le nom du possesseur, le scribe du trésor Atef. Un autre monument du même genre dans la *Salle du centre (Armoire V,* n° 3080, p. 118). — XXe dyn. *Thèbes.*

4555. — Améthyste. — H. 0^m 026.

Cœur surmonté d'une tête humaine. — XIe dyn. (?).
Thèbes.

4556. — Améthyste. — H. 0^m 035.

Cœur humain. — XIe dyn. (?). *Thèbes.*

4562. — Jadéite noire et calcaire noirci. — Long. moy. 0^m 09.

Vingt-quatre amulettes représentant deux des doigts de la main droite, l'index et le medius, allongés et réunis. Au moment de la mise au tombeau, le prêtre célébrant exécutait sur la momie diverses cérémonies, destinées à lui rendre l'usage de ses membres dans l'autre monde : la principale était l'*ouverture de la bouche,* qui lui permettait de respirer, de manger, de boire, surtout de parler. On se servait pour cette opération de plusieurs instruments, de l'herminette ⌒, d'un ciseau à tête de serpent analogue aux serpents exposés *Salle funéraire, Vitrine AL,* sous le n° 4195, ou des deux doigts. Les deux doigts, déposés dans le cercueil, étaient une protection suffisante contre le mauvais œil et ses conséquences fâcheuses. — Ep. saïte. *Abydos et Saqqarah.*

Vitrine AS.

Ce n'est plus d'objets ayant un caractère religieux et funéraire qu'il s'agit dans cette vitrine : elle ne contient que des poids trouvés au milieu des ruines de plusieurs villes. La métrologie égyptienne a été l'objet de travaux importants, mais dont les résultats sont souvent contradictoires, selon les idées théoriques particulières à chaque auteur. Sans entrer dans la discussion, je me bornerai à donner les faits admis en général. L'unité de poids adoptée était l'*outen* ou *tonou*, dont la valeur varie, suivant les exemplaires, entre 87 et 95 gr. : en prenant la valeur moyenne de 91 gr., on ne commettra pas de trop fortes erreurs dans la transcription des pesées égyptiennes en poids modernes. L'*outen* se divisait en dix *kite*, et au-dessous de la *kite*, on trouve, dans certains textes éthiopiens, le *pok*, qui vaut la cent vingt-huitième partie de l'*outen*, soit environ 0 gr. 71. L'étude des objets eux-mêmes nous montre qu'on employait couramment, dans le commerce, des poids représentant des multiples et des sous-multiples de l'*outen* et de la *kite*; mais nous ne savons pas jusqu'à présent si chacun d'eux avait ou n'avait pas de nom particulier.

Les poids égyptiens avaient des formes assez variées et étaient de matières assez différentes. Il y en a de carrés avec ou sans bouton, de ronds, d'oblongs en amande; le bronze ne se rencontre que rarement dans nos collections, mais toutes sortes de pierres y figurent. Les plus gros poids n'étaient pas fabriqués sur un module géométrique : on leur donnait des formes de fantaisie, telles que celles du bœuf couché 🐂, du demi-bœuf 🐄, de la tête de veau 𓃾. Ces animaux-poids sont fort rares et je n'en avais jamais vu, jusqu'en 1881, au moment où M. Wilbour donna au Musée une tête de veau en granit gris, du poids de trois cents *outens* (cfr. *Cage AD*, nº 4475). Un certain nombre des objets réunis par M. Mariette dans la *Vitrine AS*, et qu'il considérait comme étant des poids, n'avaient pas évidemment cet usage : ainsi le nº 4391 en hématite (poids 10 gr. 110 = 1 *kite*), le nº 4394 en cornaline (poids 9 gr. 731 = 1 *kite*), les nºs 4398, 4399, en silex et en calcaire rose. Je les ai laissés pourtant à leur place dans la série, comme termes de comparaison pour les poids véritables. Presque tous les objets que renferme cette vitrine ont été reproduits avec soin par Mariette dans ses *Monuments Divers*, pl. 97, 98, 99 et 100.

Au milieu des poids (nº 4361) figure le matériel nécessaire à la construction d'une balance de petites dimensions, telles que celles qu'employaient les orfèvres ou les pharmaciens : un fléau en bois, long de 0^m 278, percé au milieu d'un trou, par lequel passe la cordelette destinée à soutenir l'instrument, et six plateaux de bronze, percés chacun de quatre trous pour les chaînettes de suspension. Les dimensions de ces plateaux ne sont pas entièrement identiques; ils ont respectivement 0^m 52, 0^m 62, 0^m 68,

0ᵐ 67, 0ᵐ 61, 0ᵐ 57 de diamètre. Il est probable cependant qu'ils étaient appareillés deux à deux. Les anciens n'avaient sur la précision des exigences aussi fortes que nous : ils en auraient eu, que toute leur habileté n'aurait pas suffi à les satisfaire. Je ne me rappelle pas avoir rencontré dans aucun musée un modèle des grandes balances à pied qu'on voit parfois dessinées sur les monuments : pour se faire une idée de la forme et des proportions qu'elles avaient, il faut examiner, sur le papyrus funéraire de la *Salle du centre* (n⁰ 1847, p. 194—197), la scène du jugement et la pesée de l'âme.

Vitrine AT.

Outre les scarabées du cœur (cfr. *Vitrine AR*, p. 228—229) et les doigts (cfr. *Vitrine AR*, n⁰ 4563, p. 231), la vitrine AT renferme des pectoraux en forme de naos.

Le scarabée, pris comme emblème divin, représentait *Khopri,* le soleil levant, le soleil qui *se produit (Khoprou)* au matin de chaque jour, et qui renaît, après être mort le soir du jour précédent. Enfermé dans le disque solaire et posé sur la barque divine, il recevait les prières d'Isis et de Nephthys, dont la protection l'avait aidé à passer sans danger les heures de la nuit. Cette scène d'adoration est le motif principal que les Égyptiens ont employé à la décoration des pectoraux. Le scarabée est isolé ou debout sur la barque entre Isis et Nephthys. Plus souvent il a été taillé séparément et rapporté dans un creux ménagé à cet effet au centre de la pièce;

s'il est écrit, il porte sur le plat tout ou partie du chapitre XXX du *Livres des Morts*, (*Vitrine AR*, p. 229). Dans certains cas, l'adoration au scarabée est remplacée par une scène d'offrande aux dieux, à Anubis (n° 4352), au bœuf Hapi (n° 4340). Quelle que fût l'image, le pectoral avait pour vertu de mettre le mort sous la protection des divinités représentées, et de l'identifier au soleil levant pour la résurrection.

4328. — Email vert incrusté. — H. $0^m\,10$; larg. $0^m\,098$.

Pectoral au type d'Isis et Nephthys adorant le scarabée. Le naos est orné d'incrustations en pâtes de verre. Le scarabée est en jaspe vert sans légende. — Ep. saïte. *Abydos.*

4325. — Email bleu. — H. $0^m\,066$; larg. $0^m\,15$.

Scarabée aux ailes éployées : les deux ailes étaient rattachées au corps de la bête par de simples fils de lin. Le scarabée volant, étant un emblème du soleil, jouait sur la poitrine du mort le même rôle que le pectoral en forme de naos. — Ep. saïte.

Thèbes.

4326. — Email bleu. — H. $0^m\,034$; larg. $0^m\,069$.

Scarabée, aux ailes éployées, en une seule pièce. — Ep. saïte. *Saqqarah.*

4327. — Perles de couleur. — H. $0^m\,08$; larg. $0^m\,212$.

Scarabée aux ailes éployées provenant d'un maillot en perles de couleur, analogue à celui qui recouvre la momie de Tripi (*Salle du centre*, n° 3967, p. 189). — Ep. grecque. *Saqqarah.*

4338. — Calcaire blanc. — H. 0^m 09; larg. 0^m 075.

Pectoral en forme de naos : le scarabée, placé entre deux plumes d'autruche, est taillé dans le même morceau que le reste. — Ep. grecque.

Saqqarah.

4339. — Schiste émaillé. — H. 0^m 065; larg. 0^m 085.

Pectoral en forme de naos : la barque est au milieu, avec Isis et Nephthys, mais elle porte deux petits scarabées au lieu d'un gros, un pour chaque déesse. — Ep. saïte. *Saqqarah.*

4350. — Email vert. — H. 0^m 088; larg. 0^m 095.

Pectoral divisé en trois registres. Au premier, Isis et Osiris reçoivent l'offrande du défunt; au second, la barque solaire avec le scarabée posé sur le lotus épanoui; au troisième, le défunt en adoration devant Anubis et Thot à gauche, devant Thot et un génie armé du couteau à droite. Le tout est d'un travail très fin : le scarabée, en feldspath vert, n'est pas le scarabée original. — Ep. saïte. *Abydos.*

Vitrine AU.

Elle renferme des sceptres et des emblèmes de divinités.

4259. — Bois. — Long. 0ᵐ 13.

Serpent à tête de bélier : c'est le symbole de Khnoum ou d'Ammon. — Ep. saïte. *Thèbes.*

4262. — Bronze incrusté d'émail. — H. 0ᵐ 095.

Le dieu Râ à tête d'épervier coiffée du disque : il tient sur ses genoux la plume de justice. — Ep. saïte. *Zaga*ȥ*ig.*

Osiris et tous les dieux en forme de momie, Mîn, Khons, Sokari, tiennent dans une main une sorte de fouet ou plutôt de fléau ⚜, orné de diverses manières. C'était, paraît-il, un emblème de fécondité. La vitrine AU contient beaucoup de fouets, provenant de statuettes en bronze aujourd'hui détruites. Les uns étaient fort ornés : le n° 4263 (H. 0ᵐ 113) est incrusté d'or, de cornaline et de lapis-lazuli, les n°ˢ 4264 (H. 0ᵐ 182), 4265 (H. 0ᵐ 16), 4287 (H. 0ᵐ 063), 4288 (H. 0ᵐ 195), étaient garnis de pâtes de verre. Les autres étaient simplement décorés au trait : un seul est à charnière (n° 4291, H. 0ᵐ 092).

4266—4267. — Bronze. — H. 0ᵐ 084 et 0ᵐ 114.

Bout de sceptre, formé par un chapiteau de colonne en feuilles de palmier. — Ep. saïte.
*Zaga*ȥ*ig.*

4272—4273. — Bronze. — Long. 0ᵐ 12.

Deux *monát* (cfr. *Salle du centre, Armoire I*, n° 1732, p. 158) surmontés d'une égide, d'où sortent les têtes du dieu Shou et de la déesse Tafnout (cfr. *Salle du centre, Armoire I,* n° 1724, p. 157). — Ep. saïte. *Zagazig.*

4284. — Bronze. — H. 0^m 19.

Les sceptres que tenaient en main les rois, les dieux et les déesses, se composaient d'une tête de forme variée, généralement en bronze, d'une haste en bois, et d'une partie inférieure terminée par une sorte de crochet, en bronze. L'objet n° 4284 est la partie inférieure d'un sceptre (cfr. *Salle du centre, Armoire X,* n° 3011, p. 126). — Ep. saïte.

Zagazig.

4289. — Email vert. — H. 0^m 096.

Le plus fréquent des sceptres ⸸ est celui que les textes appellent *ouôb, oïs, zââmou* : il est surmonté d'une tête de quadrupède au museau allongé, aux yeux longs, aux oreilles carrées, que l'on croit être la gerboise, consacrée au dieu Sît. Champollion l'appelait, sur une indication erronée de Kircher, le sceptre à tête de coucoupha, et ce nom est encore usité dans l'école. Le sceptre ⸸, signifiant la puissance et la fermeté; il assurait au porteur l'empire sur l'univers. On l'assimilait aux piliers du ciel : c'est pour cela que certaines stèles sont encadrées à droite et à gauche entre deux ⸸, sur lesquels pose le signe du firmament ▭ ou de la voûte étoilée ⌒. — Ep. saïte. *Saqqarah.*

4295—4296. — Bois. — H. 0^m 275 et 0^m 175.

Sceptres à tête du chacal ⸱, *ousir* en égyptien. Il signifie la force et la richesse. — XXe dyn.

Thèbes.

4297. — Bronze. — H. 0^m 094.

Sceptre en forme de fleur de lotus, dont le bout inférieur est brisé et tordu. Un serpent s'enroule autour de la tige et se redresse sur la fleur en gonflant le cou. — Ep. saïte. *Zagazig.*

4298. — Bronze. — H. 0^m 116.

Sceptre du même type : le serpent a sur la tête une couronne blanche de la Haute Égypte. Cfr. n° 4301, où le serpent est couronné du pskhent. — Ep. saïte. *Zagazig.*

4302. — Email vert. — H. 0^m 054.

La coiffure de plume du dieu Bîs (cfr. *Salle du centre, Armoire I,* n° 1709, p. 155) : une lionne est couchée devant et regarde en face. — Ep. grecque.

Saqqarah.

4307. — Bronze. — H. 0^m 13.

Sceptre *hiq*, ⸱, celui qu'on appelle communément la houlette : il désigne la royauté et il est mis aux mains d'Osiris souverain des vivants et des morts, en même temps que le fléau (cfr. p. 237). — Ep. saïte. *Zagazig.*

240   Salle funéraire.

4312. — Bois. — H. 0ᵐ 124.

Sceptre composite, nommé *Amsou*, et formé du casse-tête ou et du fléau. Il marque l'autorité d'un chef sur ses subordonnés et, comme tel, est l'emblème du pouvoir que le mort exerçait sur les mânes. — Ep. saïte.   *Thèbes.*

4313. — Bois. H. 0ᵐ 123.

Casse-tête, qu'on voit très fréquemment dans la main des grands seigneurs égyptiens sur les bas-reliefs de l'Ancien empire (cfr. *Salle de l'Ancien empire,* n⁰ 881). — Ep. saïte.   *Thèbes.*

Armoire AE.

L'armoire AE ne renferme guères que des objets dont j'ai déjà expliqué la signification, des statuettes d'Osiris (cfr. *Salle du centre, Armoire M,* n⁰ 1220, p. 142), des boîtes à canopes (n⁰ 4407, cfr. *Salle du centre, Armoire O,* p. 128) ou à statuettes funéraires (n⁰ 4413, 4427, etc., cfr. *Salle du centre, Armoire O,* n⁰ 1651, p. 136 et *Armoire M,* n⁰ 1215, p. 142), des éperviers accroupis (n⁰ 4424) ou debout (n⁰ 4422; cfr. *Salle du centre, Armoire N,* n⁰ 1122, p. 139). On remarquera pourtant :

4401.

Un collier formé de perles des dimensions et des matières les plus diverses, en cornaline, en améthyste, en hématite, en olivine, en grenat, en onyx, et surtout en verre coloré. La grosse perle du milieu est d'un travail des plus remarquables : elle est entourée d'une sorte de ceinture en fils de verre imitant la corde. Les disques en terre émaillée qui forment cordon autour du collier proviennent de Tell-Yahoudîêh, comme les objets exposés dans la *Salle du centre* (*Armoire Y*, n° 3289, p. 109).

4402. — Faïence émaillée. — H. 0^m 115; long. 0^m 215.

Débris d'une frise formée d'oiseaux fantastiques se détachant sur fond bleu. Chaque brique porte deux oiseaux, et le tout provient, comme les disques du n° 4401, de Tell-Yahoudîêh. — XXe dyn.

4415. — Terre cuite. — H. 0^m 48. — (Mariette, *Abydos*, T. III, p. 582, n° 1482.)

Canope à tête d'épervier renfermant une momie d'ibis (cfr. *Salle du centre*, *Armoire M*, n° 1200, p. 140). — XXe dyn. *Abydos.*

4420. — Bois doré. — H. 0^m 35.

Stèle stuquée, jadis dorée, provenant du tombeau de la dame Tatonkh, fille du prophète de Montou, Nibnoutîr, et de la dame Bibi. Les voleurs, qui ont enlevé l'or du reste de la stèle, ont été saisis d'une crainte religieuse devant la figure d'Osiris et l'ont laissée intacte, preuve évidente que la profanation du monument a eu lieu du temps où l'Égypte était encore païenne. — Ep. saïte. *Déir el-Baharî.*

Cage AD.

4433. — Albâtre. — Long. 0^m 25.

Palette de scribe (cfr. *Salle du centre, Armoire X,*

n° 2929, p. 120) : l'étui à calames n'est qu'indiqué, et l'encre rouge est simulée par un disque en marbre rose, ce qui prouve le caractère purement votif de l'objet. Il appartenait au Prince héréditaire, directeur des prophètes, *Hapi.* — XIIIe dyn. *Abydos.*

4434. — Calcaire. — H. 0ᵐ 60.

Statue de Sorkerî Amenhotpou Ier : le nom est tracé à l'encre rouge sur la boucle du ceinturon. La figure en pied de Nofritari, mère d'Amenhotpou et femme d'Ahmos Ier est gravée au trait, sur le côté gauche du pilier auquel le roi est adossé. Le visage, d'un travail très fin, est barbouillé de bleu, et rappelle le profil de Séti Ier à Abydos; la légende, tracée sur le derrière du pilier, porte d'ailleurs le nom de Séti Ier, ce qui nous permet de placer avec certitude l'érection du monument sous le règne de ce Pharaon. — XIX° dyn. *Médinet-Thabou.*

4436. — Diorite verte. — (Mariette, *Mon. Div.,* pl. 25.) — Long. 0ᵐ 15.

Certains bas-reliefs de Dendérah représentent les phases de la résurrection d'Osiris et nous montrent qu'à chacun d'elles répondait une position différente du dieu. Au début, le corps reconstitué par Isis et Nephthys est étendu tout de son long sur un lit funéraire, la face au ciel : sous l'influence des deux couveuses divines, il se ranime peu-à-peu, et l'une des premières manifestations qu'il donne de son retour à la vie, consiste à se retourner brusquement sur le ventre. Le monument n° 4436 est un Osiris en voie de résurrection. Il vient de se retourner et lève en souriant sa tête chargée des deux plumes d'or. C'est la pose des colosses qu'Amasis avait placés devant le temple de Saïs, au témoignage d'Hérodote. La face d'Osiris présente une ressemblance frappante avec celle d'Ouhabrî (Apriès). — XXVIe dyn.

Horbaït.

4440. — **Bronze.** — H. 0^m 108; larg. 0^m 041; long. 0^m 13.

Boîte en forme de naos qui renfermait la momie d'un petit chat. Sur le couvercle, une chatte, accroupie, miaule de l'air le plus naturel. — Ep. saïte.

Zaga₇ig.

4441. — **Bronze.** — H. 0^m 532; long. 0^m 33.

Enseigne sacrée en forme de barque (cf. *Salle du centre, Armoire V,* n° 3107, p. 120). L'équipage ordinaire manque : il n'en reste plus que deux petits personnages, l'un à l'avant, l'autre à l'arrière, et qui soutiennent, dans la posture de Shou (*Salle du centre, Armoire I,* n° 1724, p. 157), les deux lotus épanouis en disque de la proue et de la poupe. — Ep. saïte.

4442. — **Schiste.** — H. 0^m 36.

Scribe debout, tenant à deux mains un petit naos monté sur une colonne et renfermant Osiris en forme de momie (cfr. *Grand Vestibule,* n° 285, p. 44). C'est le cousin royal Zabinibdidnamou, fils de la chanteuse de Binibdid (Osiris de Mendès) Tikhout et de Nsimihit. — XXIe—XXIIIe dyn.   *Tmaï el-Amdîd.*

4444. — **Calcaire.** — Long. 0^m 29; larg. 0^m 116.

Table d'offrandes d'Onkh, attaché au tombeau du roi An. — V^e dyn. *Saqqarah.*

4449. — **Bronze.** — Long. 1^m 38.

Serpent lové, qui servait probablement à orner le bas-côté d'un naos portatif en bois. — Ep. saïte.
Abydos.

4450. — **Granit noir.** — (Mar., *Abydos*, T. III, p. 41, n° 373.) — H. 0^m 42.

Le scribe royal Ani, accroupi, porte à demain devant lui le sistre, emblème d'Hathor. — XVIIIe dyn.
Abydos.

4451—4453. — **Terre cuite.** — H. moy. 0^m 13.

Trois *Répondants* de style fort grossier, couverts d'inscriptions en hiératique, tracées à l'encre et presque illisibles. — Ep. saïte. *Saqqarah.*

4454. — **Calcaire peint.** — H. 0^m 37.

Un des chefs d'œuvre de la sculpture égyptienne. Cette statuette représente un employé supérieur du service des contributions, celui qui présidait au mesurage des quantités de grains perçues pour l'impôt : il s'appelait Nofir. — V^e dyn. *Saqqarah.*

4457. — **Granit gris.** — H. 0^m 30.

Sorte de vase cylindrique, enveloppé dans les replis d'un serpent, dont la tête est posée à plat sur le couvercle : il porte les cartouches de Piônkhi et d'une reine dont le nom est indéchiffrable. — XXIIIe dyn.

Héliopolis.

4466. — Albâtre. — H. 0^m 162.

Un des *Répondants* les plus bizarres de notre collection, au nom d'*un tel* (cfr. *Salle du centre, Vitrine O*, n° 1603, p. 134). Les mains sont en émail bleu ; la tête, qui probablement était en la même matière (cfr. *Salle du centre, Vitrine O*, n° 1604, p. 134), a disparu. Le corps est rayé de bandes en pâte rouge, sur lesquelles les légendes sont gravées au trait : c'est un motif de décoration emprunté aux cercueils en bois. — XXe dyn. *Abydos* (?).

4473. — Ivoire. — Long. 0^m 102.

Etui à poudre d'antimoine (cfr. *Salle du centre, Armoire Y*, n° 3270, p. 105), en forme de colonne : il est cerclé d'un anneau de bronze qui servait à le suspendre. — XXe dyn. *Thèbes.*

4475. — Granit gris. — H. 0^m 25. Don de M. Wilbour.

Poids en forme de tête de veau (cfr. *Vitrine AS*, p. 233), du poids de *300 outens*, portant les cartouches de Séti Ier. Les cassures au cou ne sont pas accidentelles. Le sculpteur, en taillant les pièces de ce genre, leur donnait à-peu-près le poids légal : pour obtenir une approximation plus exacte, on abattait ensuite la pierre à petits éclats, jusqu'à ce que le poids nouveau fît équilibre au poids étalon sur lequel on le réglait. — XIXe dyn. *Le Caire.*

4479. — **Bronze.** — H. 0^m 19; larg. 0^m 373; long. 0^m 085.

Armature en bronze d'une porte de temple, au nom de la reine Shapenap, fille du roi Piônkhi et femme de Psamitik Ier. — XXVIe dyn. *Karnak.*

Armoire AC.

Elle contient des meubles, des ustensiles, des vases, des provisions, tout le matériel de la vie journalière en Égypte. La plupart de ces objets avaient été déposés exprès dans les tombes pour servir de mobilier au mort; quelques-uns cependant, les outils de maçon par exemple, ont été oubliés par les ouvriers qui travaillaient à la décoration de l'hypogée, et n'avaient aucune valeur mystique ou religieuse.

4484. — **Joncs tressés.** — H. 0^m 14; diam. 0^m 17.

Panier avec son couvercle, identique à ceux qu'on fabrique aujourd'hui encore dans la Haute Égypte (cfr. *Salle du centre, Armoire U,* n° 3195, p. 115). — XIe dyn. *Drah abou 'l neggah.*

Les grains et les fruits, ainsi que la plupart des substances alimentaires, proviennent des tombes de la XIe dynastie, à Drah abou 'l neggah. Nous avons (n°s 4485 et 4622) une masse de grains de blé et d'avoine, concassés grossièrement et mêlés à leur balle; (n° 4487) de l'avoine; des fèves (n° 4488); des prunelles sèches (n°s 4489, 4607, 4624), du dourah (n° 4620), des olives (n° 4621), du froment (n° 4625), un pavot et des grains de millet agglutinés (n° 4628); les œufs de poule, de canne et d'ibis (n°s 4630, 4643) viennent de Saqqarah, et sont postérieurs à la XXe dynastie. Les graines que possède le Musée avaient toutes été desséchées au feu avant d'être déposées avec le mort : elles ne pouvaient donc pas avoir, comme on l'a dit, le pouvoir de germer. J'ajouterai que toutes les expériences tentées sur les semences que nous avons recueillies dans les tombeaux n'ont jamais amené de résultat satisfaisant. Il ne faut pas oublier que les Arabes ne se gênent nullement pour vendre, comme blé ancien, du blé qu'ils ont produit eux-mêmes, ou pour mêler des graines modernes aux graines qu'ils ont pu ramasser dans les hypogées : cette fraude est plus que suffisante à expliquer tous les récits, qu'on fait encore de temps en temps, sur les récoltes obtenues en semant du blé de momie.

4491. — Os humain. — Long. 0m 38.

C'est un fémur provenant d'une momie de la XIe dynastie. L'individu, auquel il appartenait, s'était cassé la jambe, longtemps avant la mort : la fracture n'avait pas été réduite et les deux parties ont chevauché l'une sur l'autre. Le fait n'est pas isolé, mais il ne faudrait pas en conclure, comme le voulait Mariette, que la chirurgie égyptienne était peu avancée. Aujourd'hui encore, où les chirurgiens ont pourtant un renom d'habileté bien mérité, nos cimetières fournissent, quand on les explore, bien des exemples de fractures non réduites et de chevauchements analogues à celui de notre momie. Quelques os mal remis ne prouvent rien; l'individu à qui appartenait le fémur n° 4491 a pu ne recevoir aucun soin ou tomber entre les mains d'un praticien maladroit, sans qu'on ait le droit de condamner en son nom tous les chirurgiens de l'Égypte. — XIe dyn.

Drah abou 'l neggah.

4493. — **Bois.** — H. 0^m 82.

Chaise à pieds de lion, à dossier, sans bras. — XIe dyn.   *Drah abou 'l neggah.*

4494. — **Bois.** — H. 0^m 14; long. 0^m 33.

Tabouret bas, à quatre pieds, canné (cfr. *Armoire AC,* n°s 4616 et 4646). — XIe dyn.

Drah abou 'l neggah.

4495. — **Bois.** — H. 0^m 75.

Autre chaise, de même époque que le n° 4493, mais sans les pieds de lion. Les tombes de la XIe dynastie, qui renfermaient des meubles, ont presque toutes été pillées au commencement du siècle : ce n'est donc pas à Boulaq qu'il faut chercher les plus beaux modèles de chaises égyptiennes, mais au British Museum, à Leyden et surtout au Louvre. — XIe dyn.   *Drah abou 'l neggah.*

4496.

Pièce de grosse toile, mesurant environ quatre mètres de long. Le fond de l'armoire est tendu d'étoffes plus ou moins fines enlevées aux momies : une sorte de linceul est garni de franges (n° 4600), une longue bande mince a conservé sa blancheur malgré les siècles (n° 4601). Sur le tabouret n° 4646 sont jetés de paquets d'étoffes et des écheveaux de fil noir et blanc (n° 4647). On verra, dans la *Salle de momies royales,* la fine baptiste dont était enveloppée la momie de Thoutmos III : c'est la seule étoffe de prix que nous possédions. Le Musée de Boulaq n'a point de collection de tissus comparable à celles des principaux musées de l'Europe.

4497. — **Bois.** — Long. du manche, 0ᵐ 68.

Pioche en bois, identique pour la forme à celle dont on se sert encore dans plusieurs cantons de la Haute Égypte, ⋏. La corde médiale, qui réunit les deux parties en bois, manque ici : on la verra au n° 4615 (Long. du manche, 0ᵐ 56). Dans le n° 4651 (Long. du manche, 0ᵐ 42), cette partie médiale est en bois, comme le reste de l'instrument.

4498.

Rouleau de corde grossière. Après avoir mis le cercueil en place, les ouvriers oubliaient souvent d'emporter les cordes qui leur avaient servi à le descendre dans l'hypogée : c'est grâce à leur négligence que nous avons les pièces exposées dans cette armoire. Les unes sont de véritables câbles (n° 4499), les autres sont d'épaisseur moyenne (n° 4500). La plupart sont en fibres de palmier, comme les cordes employées aujourd'hui par les Arabes; un rouleau (n° 4613) paraît être en jonc tressé.

4603. — **Bois.** — Long. 1ᵐ 51.

Bâton de commandement, telle qu'on le voit à la main des gens de distinction, dans les cérémonies publiques (cfr. *Petit Vestibule,* n° 21, p. 27) : l'armoire AC en renferme deux bons spécimens (nos 4604 et 4611), ce dernier fort orné. — XIe et XXe dyn.

Drah abou 'l neggah.

4612. — Terre cuite. — H. 0^m 185; diam. 0^m 36.

Vase de forme singulière sur son plateau. — XIe dyn. *Assassif.*

4614. — Bois. H. 0^m 275.

Maillet de sculpteur ou de maçon, en bois de palmier, trouvé dans la maçonnerie du Mastabat el Faraoun. Cfr. deux maillets de forme un peu différente, n° 4648 (H. 0^m 29) et n° 4649 (H. 0^m 25), qui proviennent d'Abydos. — V^e dyn.

Saqqarah.

4619. — Terre cuite. — H. 0^m 23.

Poupée d'enfant : elle représente une jeune femme, serrant un vase contre sa poitrine. Une autre poupée (n° 4632), en bois (H. 0^m 156), a les bras rapportés et mobiles; une troisième (n° 4633), en ivoire, a les pieds cassés. Toutes ont été retouchées, et certains détails marqués à l'encre avec beaucoup de liberté. — XIe dyn. *Sheïkh Abd-el Gournah.*

4650. — Bois. — H. 0^m 25; larg. à l'ouverture, 0^m 50.

Niveau de maçon. — XIXe dyn. *Saqqarah.*

4652. — Jonc. — Long. 0^m 40.

Balais en jonc. — XIe dyn.

Drah abou 'l neggah.

4653. — **Jonc.** — Diam. 0^m 12.

Rond en corde de jonc que les porteurs d'eau se mettent sur la tête pour caler leurs cruches. — XIe dyn. *Drah abou 'l neggah.*

Tombeau d'Horhotpou.

4599. — Le petit édifice qui s'élève à côté de l'*Armoire AC*, entre le pilier et le mur, est un tombeau de la XIe dynastie, que j'ai rapporté de Thèbes, au mois d'avril 1883. Il a été découvert en février 1883, à mi-côte de la montagne qui borne vers le Nord la vallée de Déir el-Baharî, presque au débouché de la route qui conduit de la plaine thébaine aux tombeaux des Rois. La chapelle extérieure, s'il y en eut jamais une, a été complètement détruite. Un couloir fort raide, grossièrement taillé dans le roc, mène, par une pente d'environ trente mètres, à une sorte de vestibule, d'où il ressort, sur la droite, pour aller tomber dans la chambre où s'élevait l'édicule aujourd'hui conservé au musée. Le corps de la montagne est formé, en cet endroit, d'une sorte de roche brune, très friable, dans laquelle sont infiltrés par milliers des filons de calcaire blanc : je ne saurais mieux la comparer qu'à une pâte feuilletée, tant certains des filons sont minces. Comme cette matière ne se prêtait nullement à la taille et à la décoration, l'architecte, après y avoir creusé un trou de dimensions convenables, y construisit, en blocs de calcaire blanc bien parés, le sarcophage et l'édicule que nous voyons. Ces blocs, enlevés un à un et dûment empaquetés, ont été transportés par eau de Thèbes à Boulaq, puis remontés dans l'ordre même où ils étaient à l'origine. C'est un spécimen, unique dans les musées, de ce qu'étaient les tombeaux thébains sous la XIe et la XIIe dynastie.

Il nous est facile de nous représenter la façon dont s'y sont pris les ouvriers pour l'édifier. Le mur du fond et les deux murs de droite et de gauche furent élevés et décorés tout d'abord, puis les blocs introduits et ornés au moyen desquels on bâtit le sarcophage. C'est, en effet, une des particularités du Moyen-Empire, de substituer fréquemment, aux grands sarcophages monolithes, des sarcophages formés de blocs réunis par un peu de ciment et par des queues d'aronde. Le procédé était économique : il a été employé même pour des souverains, comme le prouve la découverte que nous avons faite, au Sud du temple d'Hâtshopsitou, à Déir el-Baharî, du tombeau de la reine Tmoum, femme de Monthotpou IV. Le sarcophage en place, on a bâti le mur de face, en n'y réservant, comme porte, qu'une sorte de baie juste assez large pour laisser passer la momie. Combien de temps le mort reposa-t-il en paix dans son caveau ? Le voisinage d'une laure, établie à quelques mètres de la porte, ne lui permit guères d'échapper au fanatisme des moines, à supposer qu'il eût été épargné par l'avidité des voleurs païens. En tout cas, il fut ouvert et pillé pendant la première moitié de notre siècle, car M. Wilbour a reconnu dans la collection Abbott, à New-York, un bloc qui porte le nom du propriétaire et qui provient soit du sarcophage, soit d'une des parois. Le cercueil de bois fut brisé en petits morceaux, tous les menus objets furent volés ou détruits : j'ai retrouvé dans les décombres un bras de statuette en bois d'un travail admirable, les rames et une partie de l'équipage d'une barque également en bois, et d'autres débris, qui prouvent l'existence d'un mobilier funéraire, analogue au mobilier découvert par Passalacqua et déposé aujourd'hui au Musée de Berlin. Les voleurs défoncèrent les deux bouts du sarcophage, cassèrent, à coups de pic, deux pierres du mur de droite et une pierre du mur de gauche, afin de voir si l'épaisseur des blocs ne contenait pas de l'or ou quelque trésor caché. Tous ces fragments furent laissés à terre, à l'exception du morceau qu'a signalé M. Wilbour. Ils m'ont servi à reconstituer presque entièrement la muraille : les parties manquantes ont été refaites au plâtre, et peintes dans le ton des parties originales par MM. Vassalli-Bey et Emile Brugsch-Bey, conservateurs du Musée.

Le tombeau a été construit en l'honneur d'Horhotpou, fils de la dame Sonit-she : les inscriptions ne nous en disent pas davantage. Les visiteurs qui ont déjà vu le tombeau de Ti à Saqqarah, ceux même qui ont examiné seulement les bas-reliefs exposés dans la *Salle de l'Ancien-Empire* (n°s 881, 887—891, 908, 958—960, 1046, 1051) reconnaîtront sur le champ quelles différences profondes il y a entre le style de ces monuments et celui du tombeau n° 4599. Au lieu d'être sculptées et peintes, les parois sont peintes seulement; au lieu de scènss variées, entremêlées de rares hiéroglyphes, on ne voit qu'une maigre série d'objets d'offrande, accompagnés d'interminables inscriptions. Le sarcophage, au lieu de présenter une masse presque nue ou décorée de dessins géométriques, comme les sarcophages n° 964—970 (cfr. p. 223—224), contient autant de textes que les murailles: il est même garni d'une corniche multicolore que je n'ai retrouvée nulle part ailleurs. Ces différences, souvent observées sur d'autres tombeaux, avaient fait croire à Mariette qu'il y avait eu, entre la VIe et la XIe dynasties, rupture des traditions artistiques, et que les monuments thébains étaient le produit d'un art local, indépendant à l'origine de l'art memphite des anciennes dynasties. Cette théorie, qui a été adoptée généralement par les historiens de l'art, n'a pas été justifiée par les faits. J'ai ouvert (1882—1883) dans la plaine de Saqqarah, autour du Mastabat el-Faraoun, des mastabas en briques, dont la chambre sépulcrale est décorée de la même manière que la chambre de Horhotpou, mais avec une moindre profusion de légendes. Ils portent les cartouches de Nofirkerî Papi II et appartiennent par conséquent aux derniers temps de la VIe dynastie. Si peu nombreux qu'ils soient encore, ils n'en suffisent pas moins à prouver que cet art soi-disant thébain du Moyen-Empire avait son prototype dans l'art memphite de l'Ancien.

Chacune des parois a l'un des côtés occupé par un panneau de dessins géométriques, dont l'ensemble représente une porte. Les détails en sont curieux à étudier pour des architectes, car ils nous rendent assez exactement l'aspect qu'avaient les portes décorées dans les maisons particulières. Leur présence s'explique par les idées religieuses de l'Égypte. Chaque paroi du tombeau était, comme le tombeau lui-même, une véritable maison, où étaient déposés les objets dessinés ou énumérés dans les textes qui couvraient la paroi : la porte peinte à chaque coin livre au mort l'accès de la maison. La décoration de chacune des parois est fort simple. Sur la face de la porte, au dessus de la baie, des armes sont peintes, arcs, flèches, casse-têtes, etc. : c'est l'arsenal du mort auquel donnent accès les deux panneaux, en figure de porte, placés à droite et à gauche de la porte réelle. La paroi de droite, est à la fois un magasin d'étoffes, de bijoux et d'armes, où sont entassés des coupons de linge blanc, des colliers, des miroirs en or et en argent, des sachets de parfums et de poudre noire et verte pour les yeux, des bracelets en verroterie, des sandales, des arcs, des casse-têtes, des boucliers, etc. La paroi du fond est la salle à manger : elle ne porte aucune figure, mais l'espèce de tableau quadrillé qui en recouvre la partie supérieure, nous donne la liste des denrées nécessaires à la table du mort, vins, bières, liqueurs, viandes de boucherie, gibier, volailles, légumes, laitages, gâteaux de toute espèce. La paroi de gauche est comme une officine de parfumeur : on y voit, dans de grands vases peints de manière à imiter le jaspe, le granit, la poterie fine, les sept essences et les deux fards noir et vert, dont le mort avait besoin pour se parfumer dans l'autre monde et pour assurer à ses membres une jeunesse éternelle. C'est en résumé, sous une forme nouvelle, l'expression des mêmes idées qui avaient présidé à la décoration des mastabas de l'Ancien-Empire. Les prières sont en partie des extraits du *Livre des Morts,* en partie des chapitres de ce *Rituel des Funérailles,* dont les pyramides d'Ounas, de Teti, des deux Papi, de Sokarimsaf, nous ont livré la plus ancienne édition, et quelques papyrus de l'époque romaine l'édition la plus récente. Les vertus magiques dont elles sont douées transforment en offrandes réelles les simulacres d'offrandes peints sur la muraille.

Le sarcophage est un résumé de la tombe entière, ou plutôt une seconde tombe enfermée dans la première. Il n'avait point de couvercle, selon un usage assez fréquent pendant la durée du Moyen-empire, et la momie n'y avait d'autre défense que ses bandelettes et son cercueil en bois. Celui-ci a disparu, sauf un éclat encore couvert d'une écriture hiératique aussi fine d'aspect que l'écriture de la XXVIe dynastie; quant au cadavre, il a dû être emporté au moment de la violation première (cfr. *Salle du centre, Vitrine H,* p. 77), car je n'en ai découvert aucune trace ni dans la chambre funéraire, ni dans le couloir. Les parois intérieures du sarcophage sont décorées de portes et d'offrandes comme la chambre elle-même : elles ont été brisées en partie par les voleurs et restaurées par M. Emile Brugsch-Bey, d'après les peintures analogues du sarcophage de Tagi (*Salle de l'Ancien empire,* n° 1053, p. 224). Les textes de l'extérieur sont tracés d'une écriture beaucoup plus fine que celle des parois : ce sont encore des chapitres du *Livre des Morts* ou du *Rituel des Funérailles*, le *Chapitre d'amener la barque* afin que le mort passe à l'Orient du ciel, le *Chapitre de se rappeler les charmes magiques* nécessaires dans l'autre monde, le *Chapitre de ne pas manger d'excréments* et, comme corollaire, celui de manger du pain d'offrandes. Sur la face qui est tournée vers l'intérieur de la chambre, à hauteur de tête, deux grands *ouʒas* (cfr. *Vitrine AI*, p. 267) s'ouvrent comme sur le sarcophage de Tagi.

Tel est cet hypogée curieux, le mieux conservé peut-être des tombeaux du Moyen empire thébain que l'on connaisse aujourd'hui. J'espère pouvoir transporter bientôt au Musée plusieurs autres tombeaux, choisis parmi les spécimens les plus complets que nous possédions de ce genre de monuments : le visiteur aura ainsi l'occasion de se familiariser avec les caractères propres à chaque époque.

A gauche de la porte, se trouve un meuble octogone, tout pareil au meuble décrit p. 225—240, et au centre duquel est placée une jolie statuette de l'Ancien empire.

Vitrine AG.

La vitrine *AG* renferme un choix de coiffures divines et d'emblèmes que l'on posait sur la tête ou sur les coiffures ordinaires des dieux et des rois divinisés. La plupart d'entre elles sont en bronze et proviennent de statues ou de statuettes aujourd'hui détruites : les Égyptiens avaient en effet l'habitude de rapporter les accessoires de leurs statues, lorsque celles-ci dépassaient certaines dimensions assez petites. Quelques-unes cependant sont complétement indépendantes de toute statue, et doivent être considérées comme des pièces votives ou comme des modèles.

4026. — Bronze. — H. $0^m 15$; long. $0^m 18$.

Une corne ondulée, avec une uræus lovée et coiffée du disque solaire. Provient de plusieurs espèces de coiffures dont les principales sont, le diadème *Atef*, et le diadème *Hotsou* (cfr. d'autres morceaux analogues, nos 4034, 4049, et *Salle du centre, Armoire E*). — Ep. saïte. *Saqqarah.*

4027. — Terre émaillée bleu-verdâtre. — H. moy. de $0^m 029$ à $0^m 04$.

La couronne blanche, emblème de la souveraineté sur la Haute Égypte, . — Ep. saïte.
Saqqarah et Abydos.

4028. — Bronze. — H. $0^m 085$.

Corne et plume d'autruche flanquée d'une uræus lovée, coiffée du disque : provient d'un diadème *Atef* (cfr. nos 4073, 4074, 4075, 4077, 4078). — Ep. saïte.
Saqqarah.

4029. — Bronze. — Long. $0^m 1$.

Corne de bélier provenant d'une coiffure de Khnoum (cfr. *Armoire G*, no 1904, p. 167) ou d'Ammon-Râ à tête de bélier (cfr. *Armoire G*, no 2009, p. 170). D'autres cornes analogues sous les nos 4035, 4044. — Ep. saïte. *Saqqarah.*

4030. — Bronze. — H. 0ᵐ 095.

Le disque entre les deux cornes de vache en forme de lyre ⊻ coiffure d'Isis, d'Hathor et, en général, de toutes les déesses-mères. Cfr. d'autres coiffures 'analogues, nos 4048, 4052, 4059, 4060, 4066, etc. — Ep. saïte. *Saqqarah.*

4032. — Bronze. — Terre émaillée verdâtre. — H. moy. de 0ᵐ 044 à 0ᵐ 029.

La couronne rouge, emblème de la souveraineté sur la Basse-Égypte, ⍗. La réunion de la couronne blanche ⍗ (cfr. p. 258, n° 4027) et de la couronne rouge forme le *Pskhent* ⍗, que les rois posaient sur leur tête, pour montrer qu'ils régnaient sur les deux parties de l'Égypte et tenaient le *Pays Entier* dans leurs mains. — Ep. saïte.

Saqqarah et Abydos.

4033. — Bronze. — Long. 0ᵐ 043.

Les Égyptiens avaient l'habitude de couper court ou même de raser les cheveux des enfants et des adolescents, sauf une grosse tresse qu'ils laissaient subsister et qui pendait sur l'oreille droite ?. La momie du roi Sokarimsaf de la VIᵉ dynastie, conservée dans la *Salle des momies royales*, a encore aujourd'hui cette tresse. Passé l'adolescence, elle n'était plus portée que par des prêtres de haut rang, tels que le *Sam* ou grand-prêtre de Phtah, l'*Anmoutf*, etc., ou par certains dieux, tels que Phtah, Khonsou, Thot-ioh ou Thot-Lune, Hor enfant, etc. Le n° 4033 provient probablement d'une statue d'Hor enfant (cfr. *Salle du centre, Armoire D*, p. 174, n° 2211), comme les n°s 4037, 4046. — Ep. saïte. *Saqqarah.*

4036. — Bronze. — Long. 0^m 10.

De même qu'ils se rasaient les cheveux, les Égyptiens se rasaient ordinairement la barbe. Toutefois, le rituel et l'étiquette exigeaient qu'ils ne parussent pas dans certaines cérémonies civiles et religieuses le menton dégarni. Ils employaient en pareil cas des barbes postiches, faites de cheveux ou de crins tréssés 𝕁, et qu'ils attachaient à la coiffure ou à la perruque, au moyen de deux mentonnières en toile ou en cuir peint courant sur les joues. En regardant attentivement une des statues de rois du Musée, celle du Pharaon Harmhabi, par exemple, on reconnaîtra sans peine la manière dont on agençait cet appendice bizarre. La plupart des cercueils de momie à tête humaine ont au menton la barbe postiche en bois sculpté. (Cfr. d'autres objets analogues, n°s 4045, 4053, 4056, 4057, 4063.) — Ep. saïte. *Saqqarah.*

4038. — Bronze. — H. 0^m 05.

Coiffure formée de longues plumes piquées sur une sorte de bourrelet bordé d'uræus lovées, coiffées du disque solaire. Elle appartient d'ordinaire au dieu Bîs (cfr. *Armoire I*, n° 1709, p. 155). — Ep. saïte.
Saqqarah.

4039. — Bronze. — H. 0^m 047.

Coiffure formée des trois paquets de joncs liés, *hotsou,* surmontés du disque solaire, posés sur les deux cornes et flanqués de deux plumes d'autruche et de deux uræus . Cette coiffure appartient, de préférence, vers l'époque ptolémaïque, aux dieux enfants, Harpokhrate, Ahi de Dendérah, Khonsou, etc., ou aux rois officiant devant les dieux : on la trouve aussi sur la tête d'Osiris, de Shou, de Thot, etc. (cfr. n° 4064). — Ep. saïte. *Saqqarah.*

4040. — Bronze. — H. 0^m 062.

Fleur de lotus épanouie. Tantôt c'est la coiffure du dieu Nofirtoum (cfr. *Armoire I,* n° 1714, p. 156), tantôt c'est la fleur d'où Hor enfant sort tous les matins au lever du Soleil. Plus rarement, elle sert de piédestal à d'autres dieux, à Bîs (*Armoire I,* n° 1784, p. 162), à Thot, taureau dans la ville de Mendès (*Armoire I,* n° 1831, p. 163), à Khnoum (*Armoire G,* n° 2016, p. 170), etc. — Ep. saïte. *Saqqarah.*

4041. — Bronze. — H. 0^m 069.

La coiffure d'Ammon-Thébain, les deux plumes d'autruche sur le disque solaire (cfr. même vitrine, n° 4054). Souvent, elle pose sur les cornes (nos 4043, 4050, 4051, 4061), ou sur une sorte de mortier . — Ep. saïte. *Saqqarah.*

4042. — Bronze. — H. 0^m 054.

La coiffure de plumes du dieu Bîs (cfr. n° 4038). — Ep. saïte. *Saqqarah.*

4055. — Bronze. — H. 0^m 13.

Coiffure des dieux-lune Osiris (*Armoire D,* n° 2212,

p. 174), Thot (*Armoire F*, n° 2068, p. 272), etc. Elle est composée du disque lunaire, sur lequel est perché un diadème *Atef* : l'œil lunaire est gravé à la pointe sur le corps du diadème. — Ep. saïte.

Saqqarah.

4065. — Bronze. — H. 0ᵐ 04.
Uræus provenant d'une coiffure royale ou divine (cfr. *Armoire I*, n° 1742, p. 159). Ep. saïte.

Saqqarah.

Vitrine AH.

Les objets exposés dans cette vitrine et dans les suivantes, sont presque tous des amulettes trouvés dans les cercueils et sur les momies même. Ils avaient chacun une vertu spéciale, qu'on leur communiquait en récitant sur eux une prière au moment de l'emmaillotage ou de l'enterrement, et protégaient qui la tête, qui le tronc, les bras ou les jambes, comme les pièces d'une armure magique. J'ai déjà montré plus haut quelles idées se rattachaient à quelques-uns d'entre eux, au *Tat* (*Armoire M*, n° 1261, p. 143), à la grenouille (*Armoire K*, nᵒˢ 1420—1429, p. 146), au collier (*Armoire M*, p. 141, n° 1204) : les autres seront expliqués au fur et à mesure qu'ils se présenteront.

La plupart des morceaux de ce genre, que j'ai à décrire, sont le produit d'une industrie spéciale, dont les musées égyptiens de l'Europe ne possèdent que de très rares échantillons. En 1862, M. Vassalli-Bey, alors inspecteur des fouilles, fut chargé par Mariette d'explorer le Fayoum et principalement les grandes ruines où Lepsius a cru reconnaître les restes du Labyrinthe célébré par Hérodote. Quel qu'ait été l'usage primitif des édifices situés en cet endroit, il est certain que, vers l'époque gréco-romaine, ils servirent de nécropole à la grande ville d'Arsinoé : en déblayant les chambres, M. Vassalli y trouva nombre de momies, avec leur accompagnement ordinaire de lampes sépulcrales, de vases en terre cuite et en verre, de figurines. Par malheur, les pluies et la chute des murs avaient détruit presque entièrement les cercueils : au moindre effort qu'on faisait pour les déplacer, ils tombaient en poussière. Les plus beaux appartenaient à une même famille, dont les huit membres avaient été ensevelis l'un après l'autre dans une seule chambre. Les caisses étaient enduites d'une couche épaisse de plâtre doré, sur lequel des pierres fines et des pâtes de verre taillées étaient incrustées, de manière à produire par leur combinaison les ornements et les hiéroglyphes ordinaires. Deux de ces momies étaient décorées avec un soin tout particulier : c'étaient celles de deux enfants, à qui leurs parents avaient voulu donner sans doute des marques d'une affection peu commune. Les bagues qu'elles avaient au doigt portaient sur le chaton l'image du crocodile qu'on adorait dans le Fayoum : les quelques débris de légendes que M. Vassalli put copier renfermaient une dédicace au dieu crocodile Sobkou. Tout mutilés qu'ils sont, les fragments que M. Vassalli a rapportés de son exploration forment la collection la plus complète qui existe de verreries égyptiennes (cfr. *Armoire Y,* p. 103—104).

4085. — Pâtes de couleurs. — H. moy. $0^m 02$ à $0^m 035$.

Dix petites plaques sur lesquelles sont tracés des scarabées en relief : ces plaques remplaçaient à l'occasion le scarabée lui-même (cfr. p. 228—229). Voir des plaques analogues, n° 4092.

Médinet el-Fayoum.

4086. — Or. — H. moy. $0^m 15$ à $0^m 48$.

Petites plaques d'or travaillées au repoussé et à la pointe. Les unes représentent des uræus, des vautours, des barques, des serpents ; le plus grand nombre sont taillées en forme de ceintures oblongues. Elles étaient perdues dans l'épaisseur des bandelettes et avaient les mêmes vertus qu'on attribuait à l'amulette dont elles portaient l'image. — Ep. grecque.

Médinet el-Fayoum.

4087. — Jaspe rouge et vert. — Long. $0^m 11$.

Bras et main de la déesse Isis ; il appartenait à la figure de la déesse, placée, selon l'usage, sur la poitrine d'une des huit momies du fond Vassalli.

Médinet el-Fayoum.

4088. — Emaux et pierres fines. — H. moy. $0^m 049$ à $0^m 06$.

Quelques-uns des hiéroglyphes incrustés sur les momies du fond Vassalli : un hibou, 𓅓, deux vautours, 𓄿, un aigle, 𓅂, une plume, 𓆄.

Médinet el-Fayoum.

4089. — **Pâte de verre bleu verdâtre.** — Long. 0^m 41 à 0^m 55.

Trois têtes de vautour 𓅐. Les yeux de la plus grande sont en pâte rouge et curieusement étudiés : les deux autres ont perdu les yeux.

Médinet el-Fayoum.

4090. — **Obsidienne.** — H. 0^m 09; long. 0^m 20.

Deux chacals accroupis et tournés l'un à droite, l'autre à gauche. Ils représentent les deux chacals guides des voies célestes du Nord et du Sud, Ambis sous son nom d'Ouopmatonou ou d'Ouopouaïtou (cfr. *Armoire D,* n° 2217, p. 174). *Saqqarah.*

4091. — **Email bleu.** — H. moy. 0^m 014 à 0^m 07.

Quatre têtes de femme en émail bleu clair, provenant des momies du fond Vassalli. Les trois plus petites représentent la partie de la tête que ne couvre point la coiffure; la plus grande a, de plus que les autres, sa coiffure en émail vert noir (cfr. n°s 4096, 4101, 4102, 4139). *Médinet el-Fayoum.*

4093. — **Email rouge et jaune.** — Long. de 0^m 023 à 0^m 034.

Sept vaches accroupies, avec les deux plumes et le disque solaire entre les cornes. C'est l'image d'Isis et surtout d'Hathor, la déesse de l'Occident, protectrice des morts (cfr. *Vitrine A,* n° 2580, p. 183). — Ep. saïte. *Abydos.*

4095. — Émaux de couleurs diverses. — H. 0ᵐ 025 à 0ᵐ 048.

Anubis, le dieu chacal, avait entre autres fonctions, le privilège de veiller sur la conservation des bandelettes et des cercueils : d'où son titre de *Amout*, Celui qui est dans l'embaumement. Quatre des cinq plaques réunies sous le n° 4095, le montrent occupé à déposer la momie sur le lit funéraire.

Saqqarah.

4096. — Emaux colorés.

La plus grande des trois figures réunies sous ce numéro (H. 0ᵐ 115) représente la déesse Mâ accroupie, la plume sur la tête. La face est bleu-clair comme au n° 4091, ainsi que les mains, la coiffure est bleu sombre, la plume est jaune et vert, le corps brun rouge; quant au collier, c'est une sorte de mosaïque multicolore, formée de longs fils de verre agglutinés par la cuisson.

Les deux autres (H. 0ᵐ 062 et 0ᵐ 06) sont moins complètes, mais composées de la même manière : elles viennent des momies découvertes par M. Vassalli. — Ep. grecque. *Médinet el-Fayoum.*

4098. — Pâtes de verre de couleur variée. — H. de 0ᵐ 025 à 0ᵐ 033.

Petites figurines de divinité du même type que précédentes, Mâ, Râ, et le cynocéphale de Thot. — Ep. saïte et grecque.

Abydos, Saqqarah, Médinet el-Fayoum.

4099—4100. — Or.

On a d'abord tracé à l'encre, puis gravé à la pointe

sur ces deux plaquettes, les différents amulettes qu'on avait l'habitude de déposer sur la momie, le bonnet, et trois serpents , , , (n° 4099), l'œil , la colonne en forme de lotus , le collier , le serpent , le sceptre , le *Tat* , le coupon d'étoffe, et le nœud de-ceinture (n° 4100); sur la seconde feuille était écrit à l'encre le nom du mort et une petite formule, malheureusement peu lisible. Les plaques de ce genre étaient des phylactères, destinés à combiner les vertus des différents amulettes représentés et à les remplacer au besoin. Ils étaient cousus sur le maillot des momies au moyen de petits anneaux soudés par derrière. — Ep. saïte ou grecque.   *Saqqarah.*

Vitrine AI.

Elle renferme une collection d'yeux mystiques, de colonnes en forme de lotus, et de chevets, de la forme et de la grandeur le plus variée.

Les yeux mystiques, en égyptien *ouχa* , sont, à proprement parler, les yeux du dieu Râ, considéré comme dieu suprême : l'œil droit est le soleil, l'œil gauche est la lune. L'œil, isolé de la figure divine à laquelle il appartenait, devenait une divinité *ouχa Hor*, l'œil d'Hor, qui avait son existence indépendante, et jouait un certain rôle dans la légende osirienne : il avait pleuré en différentes occasions, et ses pleurs avaient donné naissance à toutes les substances utiles, au vin, à l'huile, etc. Menacé par Sit, il n'échappait à un danger que pour retomber dans un autre, mais sortait toujours victorieux de chaque épreuve : aussi les vivants et les morts avaient-ils l'habitude de se mettre sous sa protection et d'opposer sa puissance à tous leurs ennemis. On le consacrait en récitant sur lui certaines prières, le chapitre CXL du *Livre des Morts* par exemple, puis on l'attachait au poignet de l'individu (cfr. *Armoire Y*, n° 3279, p. 108), à son cou, sur sa poitrine, ou bien on le mettait avec d'autres amulettes dans la cavité du ventre, après l'extraction des intestins. On le fabriquait en toutes matières, en lapis, en cornaline rouge, en feldspath vert, en agathe, en bois, en pâtes émaillées etc., et on en variait la forme et la grandeur à l'infini.

4118. — Matières diverses.

Les plus curieux des *ouẓas* que nous possédons sont réunis sous ce numéro. Plusieurs d'entre eux, en pâte bleue, se composent de quatre.yeux accouplés. Plusieurs ont le sourcil surmonté d'une lionne accroupie : il est dit, en effet, au chap. CXXXII du *Livre des Morts*, que le lion est l'œil d'Hor. Les *ouẓas* de ce type ont généralement l'espace entre la paupière et le sourcil occupé par une rangée de trois *ouẓas* plus petits : l'un d'eux en pâte verte (H. 0ᵐ 045) a une figure de Bast à tête de lionne tracée sur la paupière inférieure. Au centre, s'étale une paire d'yeux (H. 0ᵐ 024), d'où pendent sept luths ↑ emblèmes de toutes les bonnes choses qui découlent de l'œil d'Hor. A côté de celui-ci, un œil est pourvu d'une aile pendante et d'un bras qui tient la croix ansée, signe de vie (H. 0^m 025). — Ep. grecque. *Saqqarah.*

Les colonnettes sont l'image exacte du signe qui veut dire *être vert, florissant.* On les plaçait au cou du défunt, et le *Livre des Morts* ne nous donne pas moins de deux formules différentes pour les consacrer (Chap. CLIX et CLX). Régulièrement elles devaient être en feldspath vert : la couleur répondait alors au sens du mot. On en a cependant en toute sorte de substances, bleues, jaunes ou rouges.

4117. — Matières diverses.

Les quatre colonnettes, réunies, sous ce numéro, à une dizaine d'yeux mystiques, offrent un bon spécimen de ce genre d'amulette. L'inscription que porte l'une d'elles (pâte bleue, H. 0^m 057), ne renferme que le nom du défunt : notre musée n'en possède aucune où soit gravée la formule de consécration du chapitre CLIX. — Ep. grecque. *Saqqarah.*

J'ai déjà expliqué ailleurs (*Vitrine O,* n° 1591, p. 130) ce qu'était le chevet pour les Égyptiens. Souvent, au lieu des chevets réels en bois ou en pierre, on mettait avec la momie des chevets en miniature, qui lui rendaient dans l'autre monde le même service que les autres. Les chevets amulettes sont presque toujours en hématite, ou en calcaire noirci de manière à paraître l'hématite, probablement à cause de la vieille croyance populaire, d'après laquelle la pierre en question a la vertu de procurer un sommeil paisible. La plupart des chevets de ce genre sont enregistrés sous les numéros 4119 et 4121 : ils sont presque tous d'époque grecque et viennent d'Abydos ou de Saqqarah.

Vitrine AJ.

Autre vitrine remplie de menus objets en verre de couleur, tous provenant de la trouvaille Vassalli.

4125.

Une série de fragments d'hiéroglyphes ou des figures : un canard; un amulette en forme de cœur en verre rouge, bleu, blanc; un collier ayant appartenu à une figure analogue à celle de la déesse Mà décrite plus haute (cfr. *Vitrine AH*, n° 4096, p. 266). Le plus curieux peut-être des objets compris sous ce numéro est un pion (cfr. *Salle du centre, Armoire O*, n° 3182, p. 114), en terre bleue, surmonté d'un poing fermé. — Ep. grecque.

Médinet el-Fayoum.

4126 à 4128.

Colonnettes 𓊽, perles, et fragments d'hiéroglyphes de même style et de même provenance.

4129.

Collier formé de trente et une perles en cornaline, alternant avec vingt-neuf pendeloques également en cornaline ou en terre émaillée imitant cette pierre. Au centre, un petit vase en cornaline, entre deux cailloux tachetés, percés et taillés en forme de pierre.

Rien n'est plus fréquent que de trouver dans les tombes, à toutes les époques, des cailloux de forme ou de couleur étranges. Je ne sais s'ils servaient d'ornement ou de fétiche : probablement étaient-ils les deux à la fois. — Ep. saïte. *Abydos.*

4130.

Autre collier formé de sept petits coquillages en pâte de verre bleue, montés en or et tenus par un fermoir en terre émaillée verte, serti d'or, qui porte la légende : *Illumination du défunt Psamitik.* On trouve souvent, à Abydos surtout, des coquillages de l'espèce appelée *cauris* et qui servent aujourd'hui de monnaie au centre de l'Afrique. Il faut croire qu'ils avaient une valeur mystique, car on les imitait en terres de diverses couleurs : mais je ne sais, à vrai dire, quelle idée on attachait à les posséder. Les coquillages qui forment le collier n° 4130 ne sont pas des cauris : on les trouve pourtant en assez grand nombre dans les tombes pour que je sois porté à les considérer comme autant d'amulettes. — Ep. saïte. *Saqqarah.*

4131.

On a réuni sous ce numéro les plus fines de nos mosaïques en verre. Tout est également remarquable dans ces petits objets : je signalerai cependant les deux petites plaques où l'on voit une figure de femme, dessinée de face, dans l'une sur fond blanc, dans l'autre sur fond vert d'eau, encadré de rouge. Une plaque plus curieuse encore représente un bœuf Apis, à la robe blanche et noire, debout, marchant : le travail en est si délicat qu'il ne perd rien à être examiné à la loupe. — Ep. grecque.

Médinet el-Fayoum.

4132.

A remarquer sous ce numéro, les plaques sur lesquelles est représenté un singe marchant à quatre pattes et flairant un fruit posé à terre. — Ep. grecque.

Médinet el-Fayoum.

Je n'insisterai pas davantage sur les autres menus objets que contient cette vitrine : ce serait m'obliger à répéter sans cesse les mêmes descriptions dans les mêmes termes. Profils humains (n° 4139) identiques à ceux que j'ai signalés plus haut (*Vitrine AH*, n° 4091, p. 265), poings fermés en pâte bleue (n° 4140), petites lentilles en verre transparent bleu, jaune, vert-olive (n° 4145), perles en verre bleu ou blanc strié de noir (n° 4148), tout prouve une habileté à teindre, à découper, à modeler le verre, qui a été rarement égalée, jamais dépassée dans l'antiquité. Ce sont ces babioles qui nous donnent en réalité le témoignage le plus convainquant de la puissance industrielle et commerciale à laquelle était arrivée l'Égypte. S'ils ne se rencontraient que rarement dans les tombes, on pourrait croire qu'ils demeuraient le privilège de quelques personnages plus riches que les autres; mais le sable des nécropoles en est comme semé, et ce qui en subsiste encore, après les siècles de pillage, nous permet d'entrevoir en quelle quantité on les fabriquait.

Vitrine AK.

4154. — Terre émaillée bleue et verte.
— Long. de 0^m 02 à 0^m 04.

Dix-huit lièvres d'Égypte à longues oreilles sont inscrits sous ce numéro. Le lièvre avait pour valeur phonétique *oun*, *ouon*, qui signifie *être* et *ouvrir* : il entrait comme signe essentiel dans le principal des surnoms d'Osiris, Onnofri, Ounnofri, l'*être* bon, et avait fini par être tellement attaché à l'idée de ce dieu, qu'aux basses époques, on trouve parfois des Osiris à tête de lièvre. Plusieurs génies avaient la même forme que cet Osiris : c'étaient les gardiens des portes de l'enfer, chargés d'*ouvrir* la voie aux bons, de la fermer aux méchants. A tous ces titres, le lièvre figure souvent au nombre des amulettes préservateurs, soit qu'il fût destiné à rendre les génies-portiers favorables au mort, soit qu'il rappelât une des incarnations d'Osiris. — Ep. saïte.

Abydos et Saqqarah.

4155. — Terre émaillée bleue et verte.
— Long. de 0^m 022 à 0^m 055.

Dix-sept truies, fouillant le sol de leur groin : l'une d'elles (long. 0^m 025) a trois porcelets près d'elle. La truie était une des formes de Thouéris (cfr. *Salle du centre*, n° 3963, p. 76), et échangeait en ce rôle avec l'hippopotame. Elle était consacrée à Typhon, ainsi que le porc, ce qui ne l'empêchait pas d'être parfois considérée comme un emblème de fécondité heureuse et identifiée à Isis; sous le plat du socle, on trouve assez souvent un souhait ainsi conçu : «Qu'Isis donne le bonheur au propriétaire de cette » truie». — Ep. saïte. *Abydos et Saqqarah.*

4159. — **Email bleu.** — Long. de 0^m 034 à 0^m 049.

Les crocodiles étaient consacrés au dieu Sobkou (cfr. *Salle du centre,* n° 1848, p. 197—199), adoré de préférence au Fayoum, à Ombos et aux cataractes d'Eléphantine. Ils étaient aussi les enfants de la déesse Nit, c'est-à-dire probablement Hor et Sit (cfr. *Salle du centre, Armoire I,* n° 1712, p. 156), le plus souvent Sit. Le défunt rencontrait dans l'autre monde des crocodiles bons et méchants. Le chapitre XXXII du *Livre des Morts* lui fournissait une conjuration pour repousser l'attaque des crocodiles de Sit, et le chapitre LXXXVIII les moyens de prendre la forme du crocodile pour traverser les flots de l'Océan divin. Dans la légende osirienne, un crocodile avait porté jusqu'au temple de Philæ la momie d'Osiris, et Osiris lui-même était parfois identifié au double crocodile. Le crocodile était donc un des amulettes les plus nécessaires au mort : il le défendait contre les semblables d'espèce infernale et lui assurait la protection d'Osiris et de Nit. — Ep. grecque. *Abydos et Saqqarah.*

4160. — **Email vert et bleu.** — Long. de 0^m 016 à 0^m 024.

Cinq porc-épics. Il est difficile de dire à quoi servait cet amulette : on ne connaît jusqu'à présent aucun dieu à qui le porc-épic ait été consacré. Les artistes égyptiens ont affecté de lui donner souvent le galbe et l'aspect général d'un scarabée : je suis tenté de reconnaître en lui une variante du scarabée ordinaire et pour le sens et pour la forme, mais c'est là une conjecture qu'aucun texte n'appuie jusqu'à présent. — Ep. saïte.

Abydos et Saqqarah.

4161. — Email bleu. — Long. 0^m 032.

Un bœuf couché, les quatre pattes liées en un seul faisceau, la tête coupée : c'est la victime après le sacrifice. La religion admettait qu'on remplaçât dans le culte des morts l'offrande réelle par l'offrande simulée. L'amulette 4161 est une offrande fictive : il assurait au mort sur qui on le plaçait la propriété éternelle de bœufs immolés dans l'autre vie. — Ep. saïte. *Abydos.*

4163. — Terre émaillée verte. — Long. 0^m 07.

Eléphant : les pattes et la trompe sont brisées. Les figures d'éléphant sont fort rares, et celle-ci était unique au musée, jusqu'au moment où j'ai découvert, à Coptos, l'éléphant en terre cuite exposé dans l'une des armoires de la *Salle Grecque*. Encore ce dernier est-il de travail hellénique, tandis que le n° 4163 est de travail purement égyptien. L'éléphant servait de toute antiquité à écrire le nom de l'île d'Abou (Eléphantine), au débouché de la première cataracte, mais aucun texte ne nous a fait connaître jusqu'à présent qu'il eût un rôle dans les traditions religieuses de l'Égypte. Peut-être le n° 4163 n'est-il qu'une offrande fictive comme le n° 4161 : on l'aurait déposé dans la tombe, afin d'assurer au défunt la provision d'ivoire dont il avait besoin pour son mobilier. — Ep. saïte. *Saqqarah.*

4166. — **Email bleu.** — H. moy. de 0^m 019 à 0^m 044.

Formes diverses du génie Nahbkoou (cfr. *Salle du centre, Armoire I,* n° 1715, p. 157) : à plusieurs reprises, il est représenté mangeant un objet rond qui ressemble à une pomme. — Ep. saïto-grecque.

Saqqarah.

4169. — **Terre bleue.** — Long. 0^m 042.

Imitation de coquillage, percé sur le dos (cfr. n° 4130, p. 271). — Ep. saïte. *Abydos.*

4173. — **Terre émaillée verte.** — Long. 0^m 05.

Singe couché, le coude sur un coussin (cfr. *Salle du centre, Armoire D,* n° 2225, p. 175). — Ep. saïte.

Saqqarah.

4176. — **Terre émaillée bleue.** — Long. 0^m 019 à 0^m 028.

Dix bœufs Apis marchant (cfr. *Salle du centre, Armoire B,* n° 2450, p. 178). — Ep. saïte.

Saqqarah.

Vitrine AL.

Collection de bagues et d'emblèmes : plumes ▥ (n° 4180) d'Ammon, coiffures rouges (n° 4181) et blanches (n° 4182) en terre émaillée bleue (cfr. n°s 4027, p. 258, et 4032, p. 259), paumes de main dont je ne connais pas la signification (n° 4196), yeux mystiques (n° 4208, cfr. p. 267). Toutes les petites pendeloques en émail bleu, réunies sous le n° 4182, ont été recueillies à Saqqarah, et forment une collection complète d'amulettes funéraires : Le cartouche *Ousirmarî-sotpenrî* de Ramsès II, nous permet de les faire remonter jusque vers la XIX⁰ dynastie.

4185. — Terre bleue. — H. moy. de 0ᵐ 01 à 0ᵐ 02.

Huit petits naos découpés, avec une déesse dans la niche, généralement la déesse Sokhit à tête de lion (cfr. *Cour*, n° 6006, p. 8). C'étaient de petits amulettes protecteurs qu'on portait au cou, comme on fait aujourd'hui les médailles bénies. D'autres naos du même genre sont exposés sous le n° 4192 : dans l'un d'eux, les deux formes de la déesse féline, Sokhit et Bast, sont assises à côté l'une de l'autre. — Ep. saïte.   *Zagazig et Saqqarah.*

4186. — Pâtes de verre. — H. moy. de 0ᵐ 28 à 0ᵐ 045.

Groupe de raisin noir et pommes de pin en pâte violette : offrandes fictives du genre des n°s 4161 (p. 275), 4194 (p. 278), 4204 (p. 279), etc. — Ep. grecque.   *Saqqarah.*

La collection des bagues (cfr. *Salle du centre, Vitrine H*, p. 85—86, les bagues en or) est assez complète, et renferme presque tous les modèles employés par les Égyptiens. Tantôt le châton fait corps avec l'anneau, tantôt il en est séparé et tourne sur pivot : ainsi au n° 4189, où le châton est un scarabée en bronze au nom d'un prêtre d'Ammon-Râ. Toutes les matières sont employées presque indifféremment, l'or, l'argent (n° 4199), le bronze (n° 4190), la cornaline (n° 4189), surtout les terres émaillées bleues et vertes (n°s 4188, 4200, 4205, 4206, etc.) : on y trouve même quelques exemples d'or et d'argent fourrés (n° 4199). Les cérémonies de l'embaumement exigeaient, qu'au moment d'envelopper la main, on lui passât au doigt un anneau d'or, appelé *l'anneau de justification* : muni de cet anneau, le mort avait désormais la *voix juste* (cfr. *Salle du centre*, n° 3967, p. 189) et retenait toutes les prières dont il avait besoin. Pour que le charme opérât, il fallait laisser l'anneau au doigt; mais l'or coûtait cher. La cérémonie terminée, on retirait l'anneau d'or qu'on remplaçait par un anneau en bronze doré et surtout par un anneau en émail. De là, le nombre vraiment prodigieux d'anneaux en terre émaillée qu'on trouve dans les musées.

4193. — Or. — H. moy. 0^m 032.

Petites feuilles d'or aux cartouches des Simontou Siamoun et Noutikhopirrî-sotpenamoun (cfr. *Salle du centre, Vitrine P*, n° 3778, p. 93) de la dynastie Tanite. — XXIe dyn. *Tanis.*

4194. — Terre émaillée.

Un taureau lié pour le sacrifice, une tête de veau, deux cuisses de bœuf : offrandes fictives du genre de celles qui sont exposées sous le n° 4161 (p. 275). — Ep. grecque. *Saqqarah.*

4195. — Cornaline.

Vingt-neuf serpents coupés par le milieu ; la plupart se terminent par une bélière qui servait à les suspendre au cou de la personne. Ils étaient destinés à protéger les vivants et les morts contre la piqûre des serpents et des scorpions (cfr. *Salle du centre*, n⁰ 1841, p. 141). — Ep. saïto-grecque.

Saqqarah.

4204. — Email vert. — Long. 0^m 03 à 0^m 042.

Trois bœufs égorgés ou décapités (cfr. p. 278, n⁰ 4194, et p. 275, n⁰ 4161). — Ep. grecque.

Saqqarah.

Vitrine AM.

4212. — Pierres diverses. — H. moy. de 0^m 018 à 0^m 034.

Petits vases en forme de cœur, avec deux anses en forme d'oreillettes (cfr. *Salle du centre, Armoire V,* n⁰ 3080, p. 118, et *Vitrine P,* n⁰ 3925, p. 98; *Salle funéraire, Vitrine AR,* n⁰ 4551). — Ep. grecque.

Abydos et Saqqarah.

4213. — Cornaline. — H. 0^m 035.

Vase en forme de cœur, mais sans oreillettes. — Ep. saïte. *Abydos.*

4214. — Email rouge et cornaline. — H. moy. de 0^m 04 à 0^m 055.

Boucle de ceinture, nommée *Ti* en égyptien.

Elle porte quelquefois la formule qui servait à le consacrer et qui forme le chapitre CLVI du *Livre des Morts* : « Le sang d'Isis, la vertu magique d'Isis, » est un talisman qui protège le Grand (Osiris) et » brise ce qui lui déplaît. » L'objet devait être fabriqué en cornaline ou en cœur de sycomore, frotté d'essence, puis placé au cou du défunt. Lorsque l'opération était faite selon les règles, elle mettait le mort sous la protection d'Horsiisi : « aucune route lui était » fermée qu'il se dirigeât vers le ciel, qu'il se dirigeât » vers la terre. » Si le mort avait pris soin d'apprendre la formule par cœur (cfr. p. 197), « il était » mis au nombre des serviteurs d'Osiris : toutes les » portes de l'enfer s'ouvrent devant lui, on lui donne » le blé et l'orge dans les champs d'Aïlou, et « il est » semblable aux dieux qui y sont » disent les Servi- » teurs d'Hor qui y moissonnent. » — Ep. saïte.

Saqqarah.

4222. — **Terre émaillée bleue et violette.** — H. 0^m 021.

Huit plaques, portant chacune un *Tat* entre deux boucles : elles étaient cousues en forme de collier sur les bandelettes qui couvraient la poitrine de la momie. *Saqqarah.*

4223. — **Terre émaillée bleue et verte.** — H. moy. 0^m 017 de 0^m 097.

Divers amulettes de forme un peu rare : un double *Tat* (H. 0^m 025); un *Tat* surmonté du diadème *Atef* (H. 0^m 088); un autre *Tat* entre Isis et Nephthys debout, emblème d'Osiris entre ses deux sœurs (H. 0m 097); de doubles boucles de ceinture (H. 0m 034 et 0m 035). La double boucle de ceinture 🙽 n'a pas, comme amulette, la même valeur que la boucle simple : c'est un substitut pour les *Répondants*, et qui porte gravé, comme eux, le chapitre V du *Livre des Morts* (cfr. p. 132). — Ep. saïte.

Saqqarah.

4229. — Or et émail vert. — H. 0^m 17 et 0^m 027.

Cœur en or, collé sur un *Tat* en émail vert. Ils ont été trouvés chacun séparément; la disposition actuelle est due à Mariette. — Ep. saïte.

Saqqarah.

4231. — Terre émaillée.

A côté de quatre plaques portant le signe de la stabilité ☥ entre ceux de la vie ☥ et de la force ☥ (cfr. n° 4222, p. 280), huit amulettes en terre violette (H. 0m 024, larg. 0m 014) qui représentent, je crois, les sacs à grains que portaient les *Répondants* (cfr. p. 133). — Ep. saïte. *Saqqarah.*

Vitrine AF.

4232. — Matières diverses.

Neuf cartouches en lapis-lazuli, les uns surmontés de plumes, les autres sans plumes, et sept fuseaux ☥ symboles de la déesse Nit (cfr. *Salle du centre,*

Armoire I, n° 1712, p. 156). Les Égyptiens, comme tous les peuples anciens, attachaient une grande importance au nom : ils lui donnaient une sorte d'individualité qui en faisait presque un être indépendant de la personne qui le portait, et ne concevaient ni qu'un objet ou un animal existât sans avoir un nom, ni qu'un nom pût périr une fois qu'il avait existé. Un mort sans nom aurait été pour eux un monstre, au même titre que chez nous un homme sans ombre. De là, le soin qu'on prenait de graver partout le nom d'un mort, et la prière qu'on adressait aux passants de le répéter à haute voix avec la formule ordinaire des offrandes (cfr. p. 35—36). De là aussi, les précautions avec lesquelles on dissimulait au commun des mortels certains noms des dieux ou des hommes : celui qui connaissait le véritable nom devenait par là-même le maître du dieu. On mettait donc un cartouche, symbole du nom, sur le mort, pour que le mort ne perdît pas son nom; on n'inscrivait rien dans le cartouche, de peur qu'un mauvais esprit ou un homme malveillant s'emparât du nom et s'en servît pour nuire au mort ou pour le dominer. Presque tous les cartouches-amulettes que je connais sont en lapis-lazuli. — Ep. saïte.

Abydos et Saqqarah.

4233. — Matières diverses. — L. moy. de 0ᵐ 009 à 0ᵐ 018.

Quinze cachets cubiques en émail, en calcaire noirci, en feldspath, en lapis-lazuli. Je n'en connais point l'usage. — Ep. saïte. *Saqqarah.*

4234. — **Terre émaillée bleue.** — H. 0^m 037; larg. 0^m 034.

Pièce fort rare. Elle représente les deux bras levés ⊔, image du *Ka* ou *double* (cfr. p. 35 et suiv., p. 201), placés sur le support d'honneur : le tout représente l'âme d'abord, puis, par calembourg sur un second sens du mot *ka*, les provisions qu'on donnait au mort. — Ep. saïte. *Saqqarah.*

4235. — **Terre émaillée verte.** — H. 0^m 02; larg. 0^m 023.

Barque portant le disque solaire sur une fleur de lotus (cfr. *Vitrine AG*, n° 4040, p. 261). — Ep. saïte.
Saqqarah.

4237. — **Matières diverses.** — H. moy. 0^m 013 à 0^m 019.

Douze disques solaires sur un petit support, Ω. — Ep. saïte. *Abydos et Saqqarah.*

4239. — **Diorite (?).** — H. moy. 0^m 027 à 0^m 039.

Quinze amulettes en forme de coupon d'étoffe. C'est l'image des habits dont le mort se servait dans l'autre monde : la présence de l'amulette sur la momie lui assurait la possession réelle de l'étoffe ainsi représentée. — Ep. saïte.
Abydos et Saqqarah.

4241. — **Cornaline.** — Long. moy. 0^m 038 et 0^m 064.

Têtes de serpent analogues aux têtes exposées sous le nº 4195 (*Vitrine AL*, p. 279). Plusieurs d'entre elles portent le nom du possesseur et une courte formule. On lit par exemple, sur celle du prêtre Boki (H. 0m 055) : « Puisse celle qui est au front du » dieu (l'uræus) apporter au mort l'*ouχa* (cfr. *Vitrine* » *AI*, p. 267) en bonne santé ! » — Ep. saïte.

Abydos et Saqqarah.

4244. — Matières diverses. — H. moy. de 0m 024 à 0m 038.

Quatre luths et douze *Sam* (variante). Le luth *noufir, nofri*, est l'hiéroglyphe du beau et du bon ; le *sam* marque la *réunion*, soit celle du corps à l'âme (cfr. *Salle du centre, Armoire O*, nº 1621, p. 130), soit celle du corps à la terre, *sam-to*, c'est-à-dire l'ensevelissement. — Ep. saïte.

Saqqarah.

4245—4246. — Matières diverses.

Je ne sais quel sens on attachait en Égypte aux équerres et au fil à plomb du maçon . Il semble que ce dernier exprimât l'état d'équilibre *(ouχa)* où se trouve la lune en son plein, et, par suite, la perfection de l'âme en possession de tous ses amulettes : c'est là toutefois une simple hypothèse, dont je n'ai trouvé la justification sur aucun monument. — Ep. saïte. *Saqqarah.*

4247. — Matières diverses.

Quatorze bœufs, liés pour le sacrifice (cfr.

Vitrine AK, nº 4161, p. 275, et *Vitrine AL*, nº 4194, p. 278). — Ep. saïte. *Saqqarah.*

4249. — **Terre émaillée rouge.** — Long. moy. 0ᵐ 012.

Onze disques solaires posés sur la montagne. C'est le symbole de l'horizon où se levait et se couchait le soleil; c'est aussi le symbole d'Harmakhouti, le dieu Hor dans les deux horizons, celui du matin et celui du soir. L'âme qui possédait cet amulette suivait le soleil dans sa course et se levait le matin avec lui, à l'Orient, pour se coucher le soir avec lui, à l'Occident. — Ep. saïte. *Saqqarah.*

Armoire Z.

Fragments de statues, vases et moules de diverses matières.

La plupart des statues n'offrent rien de remarquable, soit pour l'histoire proprement dite, soit pour l'histoire de l'art. Je signalerai pourtant:

4847. — **Grès rose.** — H. 0ᵐ 18.

Tête provenant d'une statue d'Ammon. — Ep. saïte.

4873. — **Granit gris.** — H. 0ᵐ 105. — (Mariette, *Abydos*, t. III, p. 37, nº 363.)

Statuette de Khonit. Il est accroupi à l'orientale, les mains allongées sur les genoux, mais la paume tournée en dehors, ce qui n'est pas commun. Il est vêtu de la longue robe nouée sous les seins. — XIIIᵉ dyn. *Abydos.*

4874. — **Granit noir.** — H. 0ᵐ 26. — (Mariette, *Abydos*, t. III, p. 38, n° 367.)

Statue du supérieur du temple (d'Abydos) Ousirtasen-sonbouf. Il est assis sur un fauteuil et coiffé d'une large perruque, telle qu'on les portait pendant la durée du Moyen empire. — XIIIᵉ dyn.   *Abydos.*

4875. — **Granit gris.** — H. 0ᵐ 40. — (Mariette, *Abydos*, t. III, p. 40, n° 372.)

Le second prophète d'Anhouri, scribe des greniers, majordome et directeur des champs appartenants à tous les dieux (d'Abydos), Penanhouri, est agenouillé et tient devant lui, à deux mains, un pilier surmonté d'une tête de bélier, emblème d'Ammon ou de Khnoum. Il vivait au milieu de la XVIIIᵉ dynastie, comme le prouve le cartouche d'Amenhotpou II gravé sur son épaule. — XVIIIᵉ dyn.
.*Abydos.*

4884. — **Grès rouge.** — H. 0ᵐ 21. — (Mariette, *Abydos*, t. III, p. 28, n° 366.)

Le scribe Sobkoïr, accroupi sur les talons, et vêtu de la longue robe qui laisse la poitrine à découvert. La perruque est teinte en noir, les hiéroglyphes sont verts. — XIIIᵉ dyn.   *Abydos.*

4920. Calcaire. — H. 0ᵐ 28.

Buste de roi analogue aux modèles exposés dans la *Salle du centre* (*Armoires R et Q*, p. 100—102). Il repose sur une sorte de plinthe étroite, qui lui donne l'aspect d'un buste moderne. — Ep. saïte.

Les vases en albâtre ou en terre cuite ne sont pas de nature à attirer l'attention pendant longtemps. J'excepterai pourtant les objets suivants :

4846. — Terre cuite. — H. 0^m 40; diam. 0^m 35. — (Mariette, *Abydos*, t. III, n° 1429, p. 555.)

Petit naos trouvé dans le sable, à Abydos : sur un des côtés, une porte quadrangulaire, avec corniche surmontée d'une rangée d'uræus. D'un montant de la porte à l'autre s'étendent des tableaux qui font le tour, à l'extérieur de l'édicule. Ils représentent Osiris recevant l'hommage d'une famille d'Abydos. — XXe dyn. *Abydos.*

4919. — Terre cuite. — H. 0^m 62.

Grande amphore pointue, à deux oreilles, rappelant les amphores classiques. Sur la panse, à l'encre noire et en hiératique, la date de *L'an XXIII*, sans indication de règne, et la mention : *Vin de transport*. Cette amphore paraît venir du Ramesséum thébain, où étaient de grands dépôts de vins employés au service du temple. La date se rapporte probablement à l'un des Ramessides de la XXe dynastie. *Thèbes.*

La belle collection de moules, la plus riche que je connaisse, se compose de deux séries. La plus nombreuse comprend une grande quantité de moules en terre cuite, destinés à produire de menus amulettes. Ils ont été trouvés à Saqqarah, et ne paraissent pas avoir été fabriqués à l'ébauchoir et au poinçon : un objet fabriqué à la main et servant de modèle a été enfoncé dans la terre molle et l'image ainsi obtenue a été cuite au four. Pour faciliter l'examen aux visiteurs pressés, on a placé, à côté de chaque moule antique, une empreinte en plâtre teinté. Les objets représentés sont des plus variés, colliers *monâït* (n° 4851), dieux grotesques sur les crocodiles (n° 4852, cfr. *Salle du centre, Armoire G,* n° 1902, p. 166), des égides (nos 4856, 4865), des scarabées (n° 4869), des yeux mystiques (n° 4857), des chats (n° 4871), des dieux Bîs (n° 4860), des Isis (nos 4861, 4863), même des statuettes funéraires avec leur inscription complète. Tous ces moules sont simples : les pièces qu'on y jetait n'avaient qu'une face en relief, le dos était égalisé d'un coup de racloir et ne recevait aucune empreinte. Je ne suis pas bien certain du reste que ces moules aient eu un usage industriel : j'en ai trouvé quelques-uns dans les tombeaux, ce qui semblerait leur assurer une valeur votive. Peut-être, en mettant les moules près de la momie, pensait-on procurer au mort les moyens de se fabriquer eux-mêmes des amulettes, quand ceux qu'on leur avait prodigués étaient ou volés ou bien usés. Cela expliquerait le genre des figures et la simplicité du procédé employé : le mort, n'étant pas d'ordinaire un potier de profession, aurait été assez embarrassé de manier les moules compliqués dont on faisait usage dans l'industrie.

L'autre série comprend des moules en calcaire ou en albâtre. Le type est celui du Bonou, sorte de demoiselle de Numidie, consacrée à Osiris, et qui suggéra plus tard aux Grecs la légende du Phénix égyptien (*Calcaire*, n°s 4848, 4917, 4918, etc. *Albâtre*, n°s 4872, 4919) : l'un d'eux a encore les deux pièces dont la réunion servait à fabriquer l'oiseau complet (n° 4849). Je ne pense pas que ce fût toujours de la terre qu'on coulait dans les creux de cette série. Certains indices me porteraient à penser que c'étaient plutôt des moules à pâtisserie : le choix du Bonou comme forme de certains gâteaux d'offrande se rattacherait alors aux idées de renaissance qu'exprimait cet oiseau. Je ne donne cette explication qu'à titre d'hypothèse : le seul fait certain, c'est qu'on n'a pas encore trouvé jusqu'à présent de Bonou en pâtes de verre ou en terre émaillée, dont la taille répondît, même de loin, aux dimensions qu'auraient eu des amulettes fabriqués avec ces moules.

4876. — Terre cuite. — Long. moy. 0^m 05.

Modèles votifs d'outils portant à l'encre noire le nom du scribe Nib : on y remarque des haches, des pioches, des vases, grossièrement ébauchés. C'étaient les équivalents bon marché des objets réels qu'on avait l'habitude de placer dans le tombeau. — XXe dyn. *Saqqarah.*

Cage AA.

La plupart des objets qu'elle renferme ne sont que des doubles d'objets déjà décrits ailleurs : les étuis à poudre d'antimoine (n°s 4730, 4732, 4734, 4735, 4775, 4781, 4782, 4828, 4829) dans la *Salle du centre, Armoire V* (n°s 3063—3069, p. 117); les palettes de scribe (n°s 4739, 4792—4794) et les godets à broyer les couleurs (n°s 4795—4797) dans la *Salle du centre, Armoire V* (n° 3090, p. 119) et *Armoire X* (n° 2929, p. 120), etc. Un assez petit nombre de monuments exigent une explication nouvelle :

4728. — Long. moy. 0^m 17.

Trois pierres à aiguiser les couteaux.

4733. — **Ivoire.** — Long. 0^m 16.

Deux mains provenant d'encensoirs (*Salle du centre, Armoire X*, n° 2993, p. 125).

4737. — **Bois.** — H. 0^m 24 ; larg. 0^m 08.

Peigne double, évidé au milieu : d'un côté, les grosses dents, de l'autre, les dents fines. Notre collection de peignes est assez complète et nous donne de bons spécimens de toutes les formes qu'employaient les Égyptiens. Le n° 4738 (**Bois**, H. 0^m 25 ; larg. 0^m 06) ne diffère du n° 4737 que par l'ornementation : il porte un lion découpé à jour. Le n° 4740 (**Bois**, long. 0^m 07) nous rend le peigne simple, dont la forme est reproduite avec quelques variantes insignifiantes par les n°s 4746 (**Bois**, H. 0^m 06 ; long. 0^m 05), 4749 (**Os**, H. 0^m 05 ; long. 0^m 09), 4751 (**Bois**, H. moy. 0^m 04 ; larg. moy. 0^m 08), 4752 (**Bois**, H. et long. 0^m 07). Les peignes doubles analogues aux nôtres sont inscrits sous les n°s 4743 (**Bois**, H. 0^m 09 ; long. 0^m 12), et 4752 (**Bois**, H. 0^m 075 ; long. 0^m 14). Presque tous ont été trouvés à Saqqarah et sont d'époque grecque.

4741. — **Bronze.** — Long. 0^m 12.

Lame de couteau ou de rasoir en bronze. — Ep. grecque. *Saqqarah.*

4744. — **Bronze.** — Long. moy. 0^m 12; épaisseur moy. 0^m 002.

Sept stylets à passer la poudre d'antimoine dans les paupières (cfr. *Salle du centre, Armoire Y*, n° 3270, p. 105).

4745. — **Bronze.** — Long. moy. 0^m 11.

Quatre aiguilles à coudre. Trois sont assez fines et ont l'épaisseur d'environ 0^m 0003; l'autre est plus forte et a une épaisseur d'environ 0^m 001.

4747. — **Bronze.**

Six hameçons : le plus grand a 0^m 10, le plus court 0^m 02 de longueur. — Ep. grecque.

Fayoum.

4750. — **Bronze.** — Long. 0^m 05.

Deux petites pinces à épiler.

4754. — **Bronze.**

Un clou à tête demi-ronde (long. 0^m 05), et une épingle à tête sphérique (long. 0^m 05).

4758. — **Bois.** — Long. 0^m 21.

Petite spatule à parfums. — Ep. grecque.

Saqqarah.

4759. — **Ivoire.** — Long. 0^m 25.

Main humaine emmanchée sur une monture de sistre; paraît être une variante de l'encensoir ordinaire (cfr. *Salle du centre, Armoire X*, n° 2993, p. 125). Trois mains pareilles figurent au catalogue sous les n°s 4760 (long. 0^m 27) et 4761 (long. 0^m 21).

4762. — Ivoire. — Long. 0ᵐ 34.

On trouve assez souvent, dans les tombes de la XIe dynastie, ces sortes d'instruments en ivoire. Je crois qu'ils sont une variante du *boumérang* en bois (cfr. *Armoire AB,* n⁰ 4723, p. 303), qu'on employait à la chasse aux oiseaux. Ils sont toujours cassés en plusieurs morceaux, de manière à ne plus pouvoir servir ici-bas : cette rupture ne nuisait en rien à leur vertu dans l'autre monde, et ne les empêchait pas de faire leur office, tout comme s'ils eussent été intacts et d'une matière moins fragile que l'ivoire. Le n⁰ 4762 appartenait à la dame Pirit; le numéro suivant (n⁰ 4763) est couvert d'animaux fantastiques, ceux-là même probablement auxquels le défunt donnait la chasse, gravés assez hardiment au trait.

4764. — Plomb. — Long. 0ᵐ 065.

Petit lézard. J'ai déjà dit ailleurs que les objets de plomb étaient fort rares en Égypte (cfr. *Salle du centre, Armoire C,* n⁰ 3394, p. 179) : celui-ci ne me paraît pas représenter un dieu. Je le considérerai plutôt comme un amulette destiné à repousser les reptiles de toute espèce, et dont la puissance se combinait heureusement avec les vertus des stèles qui représentaient *Hor sur les crocodiles* (cfr. *Salle du centre,* p. 1841).

4765. — Terre émaillée bleue. — H. 0ᵐ 035.

Curieux petit flacon, dont la panse est percée de trous. Il servait sans doute à contenir quelque substance solide qu'on plongeait dans un liquide pour le colorer ou pour le parfumer, sans être obligé de l'y laisser dissoudre entièrement.

4770. — Schiste verdâtre. — Larg. $0^m\,05$.

Amulette en forme de table d'offrandes. Peut-être l'employait-on comme table de poche, afin de pouvoir exécuter l'offrande selon les rites, dans les cas urgents où la table réelle faisait défaut. Peut-être le donnait-on au mort, comme on faisait les autres amulettes, pour qu'il eût la réalité des offrandes aussi sûrement que s'il possédait la table de grandes dimensions. Le n⁰ 4771 donne trois autres modèles différents de ce genre d'objets.

4777. — Schiste noirâtre. — Long. $0^m\,115$.

Petite coupe à parfums en forme de poisson creux. — Ep. saïte. *Saqqarah.*

4785. — Terre cuite. — H. $0^m\,08$; diam. $0^m\,10$.

Vase qui porte sur la panse le nom d'une plante médicinale, tracé en caractères hiératiques d'époque saïte : il vient probablement d'une pharmacie où il contenait des spécimens de la plante en question.

4786. — Terre émaillée violette. — H. $0^m\,07$.

Grappe de raisin (cfr. *Vitrine AL*, n⁰ 4186, p. 277).

4791. — Terre cuite. — H. $0^m\,15$; larg. $0^m\,40$.

Joli modèle d'une habitation de paysan égyptien.

Au fond, une maisonnette, ou plutôt un hangar, soutenu par des colonnes de travail grossier. Sur la gauche, un escalier sans rampe mène au toit qui forme terrasse. La cour est close de murs sur deux côtés, et des raies tracées au milieu paraissent y indiquer la présence d'un trou à fumier ou d'un réservoir. Dans la partie droite, un fourneau qu'environnent des provisions éparses à terre, entre autres, une tête de bœuf reconnaissable aux cornes. C'est, à vingt siècles de distance, l'image exacte des maisons de Sheïkh Abd el Gournah et de Drah abou 'l neggah, établies dans les hypogées.

4800. — Bois. — Long. $0^m 33$.

Paire de sandales en bois : les ornements sont en noir sur fond blanc. Les deux oreillettes de chaque côté servaient de point d'attache aux cordons.

4805. — Diorite. — H. $0^m 07$; diam. $0^m 07$.
— (Mariette, *Abydos*, t. III, p. 573, n° 1465.)

Vase à libation. L'inscription circulaire qui court le long du bord supérieur, nous apprend qu'il est consacré à la mémoire de Mirinrî Sokarimsaf, aimé d'Osiris dans Abydos. — VIe dyn. *Abydos.*

4815. Bois. — Long. $0^m 12$.

Petite boîte à parfums à moitié brisée, en forme de fleur de lotus. Elle était tenue par une femme nageant, dont il ne reste plus que les deux mains (cfr. *Salle du centre, Armoire Y*, n° 3277, p. 107).

4818. — Terre émaillée verte. — H. $0^m 15$.

Statuette funéraire sans pieds, au nom du Pharaon

Nakhthorhabi (Nectanébo Ier), trouvée à côté du sarcophage de la reine Khotbirihît. — XXXe dyn.
Saqqarah.

4830. — **Fer.** — Long. totale 0^m 27.

Clef en fer. Elle est analogue pour la forme aux clefs dont on se sert encore aujourd'hui en Égypte, et pourrait bien ne remonter qu'à l'époque romaine.
Thèbes.

Armoire AB.

On y trouve exposé tout ce que nous avons à Boulaq d'armes égyptiennes. Les musées d'Europe, celui du Louvre particulièrement, sont beaucoup plus riches que nous, pour la raison que j'ai déjà indiquée plus haut (p. 248, n° 4495) : les armes se trouvent presque exclusivement dans les tombeaux thébains du Moyen empire (XIe—XVIIe dyn.), qui ont été dépouillés au commencement du siècle, et nous avons dû nous contenter de ce qui avait échappé à l'avidité des premiers explorateurs.

L'absence du fer étonnera sans doute le visiteur. La plupart des égyptologues, Mariette en tête, l'attribuent à un préjugé religieux. Le fer était considéré comme l'*os de Typhon*, l'ennemi d'Osiris, et, par conséquent, était impur : on n'aurait pu l'employer, même aux usages les plus communs de la vie, sans contracter une souillure préjudiciable à l'âme sur la terre et dans l'autre monde. Je crois que cette théorie ne tient pas un compte suffisant de deux faits importants. 1° L'impureté religieuse d'un objet n'a jamais suffi à empêcher l'emploi de cet objet.

Pour n'en citer qu'un exemple, le porc lui aussi était consacré à Typhon et considéré comme impur : on l'élevait pourtant en troupeaux, et le nombre de ces animaux était assez considérable, au moins dans certains cantons, pour permettre au bon Hérodote de raconter qu'on les lâchait sur les champs, après les semailles, afin de piétiner la terre et d'enterrer le grain. De plus, en Égypte, chaque objet n'était pas exclusivement pur ou impur, mais tantôt l'un, tantôt l'autre selon les circonstances : c'est ainsi que le porc et la truie, malgré leur caractère typhonien, étaient les animaux d'Isis (cfr. *Salle funéraire, Vitrine AK*, n° 4155, p. 273), et, par conséquent, participaient à la pureté osirienne. Le fer, que certaines traditions nomment l'*os de Typhon*, est appelé communément *Banipit*, la *Substance du ciel*; il était donc pur par certains points et impur par certains autres. 2° Nous avons trouvé dans la maçonnerie de certains monuments anciens des outils ou fragments d'outils en fer, que les ouvriers avaient ou perdus pendant la construction, ou jetés comme étant hors d'usage. On en a ramassé quelques morceaux dans la Grande Pyramide, et moi-même, en 1882, j'ai recueilli plusieurs débris de pioches dans la *Pyramide Noire* d'Abousir (VIe dyn.?), ainsi qu'une soie de ciseau brisé et la virole d'un manche de houe, dans le ciment qui reliait deux des pierres de la pyramide de Mohammériah, près d'Esnèh (XVIIe dyn.). Le Louvre possède d'ailleurs une pleine vitrine d'outils en fer de diverses formes. En résumé, que le fer fût impur ou non, on l'employait aux usages ordinaires de la vie : plusieurs textes prouvent même qu'on se servait, pendant les cérémonies des funérailles, de divers instruments en fer, pour l'*Ouverture de la bouche* et des jambes (cfr. p. 297, n° 4657).

Si donc les objets en fer sont si rares dans les musées égyptiens, cela ne prouve pas qu'ils fussent peu fréquents dans l'ancienne Égypte et qu'on en proscrivît l'usage. Cette rareté s'explique par deux causes, dont l'action combinée s'est exercée et s'exerce encore aujourd'hui, non-seulement sur les bords du Nil, mais dans le monde entier. 1º Les objets en fer, une fois hors d'usage, retournent chez le forgeron qui les remanie et les remet en circulation. Les armes en fer, ramassées sur le champ de bataille, les vieux outils vendus au poids, servent et resservent sous cent formes diverses; seuls, les objets perdus échappent à ces métamorphoses perpétuelles. 2º Les objets perdus ne subsistent pas longtemps. Le fer abandonné se consume par l'effet de la rouille en peu de temps : il faut un concours de circonstances assez malaisées à réunir, même en Égypte, pour qu'il se conserve intact et échappe à la destruction naturelle.

4657. — Bois et bronze. — Long. 0^m 23.

Ciseau à lame de bronze et à manche de bois, au cartouche de Thoutmos III (cfr. *Salle du centre, Vitrine P*, n° 3845, p. 95). C'est un instrument votif, qui servait aux dernières cérémonies de l'ensevelissement, quand on rendait à l'âme l'usage de ses bras et de ses jambes : on faisait semblant d'ouvrir au ciseau les parties du maillot qui recouvraient ces 'membres. Cfr. d'autres objets provenant du même fond n°s 4668 (long. 0^m 32), 4669

(long. 0^m 31), 4684 (long. 0^m 26), 4689 (long. 0^m 23; le prénom de Thoutmos III n'est pas gravé, mais simplement tracé à l'encre noire), 4692 (long. 0^m 30), 4697 (porte le cartouche prénom de Hatshopsitou), 4702 (long. 0^m 21), 4706 (long. 0^m 25; le cartouche de Hatshopsitou est gravé sur la lame, tracé à l'encre sur la manche), 4707 (long. 0^m 285). — XVIIIe dyn.
Déir el-Baharî.

4658 et 4685. — Albâtre. — H. 0^m 50.

Deux jolies statues du style de l'Ancien empire. L'homme (n° 4658) a la perruque ronde, la femme (n° 4685) de longs cheveux retombant sur les épaules : l'un et l'autre sont debout. Pas d'inscription. — IVe—Ve dyn. *Saqqarah.*

4659. — Cuivre. — Long. 0^m 12.

Poinçon à manche recourbé. — XIe dyn.
Drah abou 'l ḥeggah.

4660. — Cuivre. — Long. 0^m 18.

Lame de rasoir (cfr. *Cage AA*, n° 4741, p. 290). Trois autres lames analogues (long. 0^m 21, 0^m 17 et 0^m 15) sont enregistrées sous le n° 4688. — XIe dyn. *Drah abou 'l neggah.*

4661. — Bronze. — Long. 0^m 13.

Petite pince à épiler (cfr. *Cage AA*, n° 4750, p. 291). D'autres pinces du même genre sont exposées un peu plus loin, sous les n°s 4665 (long. 0^m 05), 4693 (long. 0^m 105; celle-ci a encore le petit morceau d'ivoire qui servait à maintenir l'écartement des deux branches), 4694 (long. 0^m 08).

4662. — **Bronze.** — Long. 0^m 18.

Ciseaux à tondre les moutons; les deux lames sont montées sur un ressort courbe, et l'ensemble forme un instrument identique à celui qu'emploient encore les Arabes du Sâid. *Thèbes.*

4663. — **Bronze et bois.** — Long. 0^m 40.

Hache au nom de Thoutmos III. La lame est en bronze et a 0^m 09 de long. Cfr. sous le n° 4690, une autre hache du même type (long. 0^m 44; long. de lame, 0^m 09). — XVIIIe dyn. *Assassif.*

4665. — **Bronze.** — Long. moy. 0^m 035.

Cinquante-trois pointes de flèche de forme diverse : le plus grand nombre sont triangulaires, beaucoup arrondies, quelques-unes en feuille de saule. Elles sont généralement garnies d'un douille creuse dans laquelle on enfonçait le bois. — XIe ou XVIIe dyn.

Drah abou 'l neggah.

4666. — **Bronze.** — Long. 0^m 13.

Pointe de lame en bronze. — XIe ou XVIIe dyn.

Drah abou 'l neggah.

4670. — **Bois.** — Long. 0^m 42.

Hache votive en bois, portant des traces de peinture. Une autre hache du même type est enregistrée sous le n° 4691 (H. 0^m 40). — XIe ou XVIIe dyn.

Drah abou 'l neggah.

4673. — **Bois.** — Long. 0^m 45; larg. 0^m 135; h. 0^m 09.

Boîte à jeu (cfr. *Salle du centre, Armoire U,*

n⁰ 3182, p. 114). Le tiroir manque. La face supérieure est divisée en trente cases, dont quatre ont leur nom écrit à l'intérieur. C'est, en commençant par la droite, *Les jumeaux* 𓀀𓀀, puis *Les esprits* 𓂀, *L'eau* 𓈖, et *Les beautés* 𓍱. — XVII⁰ dyn.
Assassif.

4674. — **Bois et ivoire.** — Long. 0ᵐ 13; larg. 0ᵐ 04; H. 0ᵐ 025.

Borte de jeu de bagatalle. La face supérieure est divisée en trois compartiments, dont l'un occupe la moitié et les autres, le quart chacun de la superficie. Le compartiment le plus grand est percé de quarante et un trous disposés comme il suit : ⁞⁞⁞⁞⁞⁞⁞⁞⁞⁞; le second n'a que seize trous, ⁞⁞⁞⁞, et le troisième onze ⁞⁞⁞ seulement. Les pièces employées avaient, les unes, la forme d'épingles, les autres, la forme de boutons dont la partie supérieure portait des dessins différents. Il reste encore trois épingles et six boutons, quatre d'une façon et deux d'une autre : les autres pièces ont été perdues avec le tiroir où on les serrait après le jeu. — XI⁰ ou XVII⁰ dyn. *Drah abou 'l neggah.*

4675. — **Bronze.** — Long. 0ᵐ 19.

Pointe de lance : elle était fixée à la haste, par deux clous dont la place est encore visible. — XI⁰ ou XVII⁰ dyn. *Drah abou 'l neggah.*

4676. — **Calcaire peint.** — H. 0ᵐ 55.

Groupe de deux personnages debout. L'inscription

est au nom d'un employé du tribunal, Sidenmâït. — V^e ou VIe dyn. *Saqqarah.*

4687. — Bronze. — Long. 0^m 16.

Lame de serpe en bronze : elle était fixée au manche par deux clous superposés.

4695. — Bronze. — Long. 0^m 195.

Lame de rasoir. D'autres lames du même modèle sont enregistrées sous les n°s 4699 (Long. 0^m 15), 4700 (Long. 0^m 135), 4703 (Long. 0^m 19).

4701. — Long. 0^m 16.

Pierre à aiguiser (cfr. *Vitrine AA*, n° 4728, p. 290).

4704. — Albâtre. — Long. 0^m 36.

Boumérang votif (cfr. *Vitrine AA*, n° 4762, p. 292 et *Armoire AB*, n° 4723, p. 303). — XIe ou XVIIe dyn. *Drah abou 'l neggah.*

4705. — Bronze. — Long. 0^m 195.

Ciseau à manche terminé par une tête d'épervier.

4708. — Bronze. — Long. 0^m 19.

Ciseau de sculpteur en bronze.

4709. — Bois. — Long. 0^m 61.

Morceau de bois taillé en pointe et portant, de 0^m 05 en 0^m 05 à partir du haut, cinq coches peu profondes, pratiquées dans l'épaisseur. Je ne connais pas l'usage de cet instrument. — XIe ou XVIIe dyn.
Drah abou 'l neggah.

4710. — **Terre rouge.** — H. 0ᵐ 10; long. 0ᵐ 39; larg. 0ᵐ 18. — Don de Daninos-Bey.

Brique portant le nom du grand-prêtre d'Ammon Menkhopirrî. Elle provient des murs de la forteresse de Khib, aujourd'hui El-Hibéh, un peu au Sud de Feshn. — XXIᵉ dyn. *El-Hibéh.*

4711. — **Bois.** — Long. 0ᵐ 71.

Sabre en bois à pointe carrée : la poignée est rayée de cercles concentriques, pour offrir plus de prise à la main. — XVIIᵉ dyn.

Drah abou 'l neggah.

4712. — **Bois.** — Long. 0ᵐ 83.

Bâton de commandement en bois dur. — XIᵉ ou XVIIᵉ dyn. *Drah abou 'l neggah.*

4713. — **Bois.** — Long. 1ᵐ 25. — (Mariette, *Mon. Div.*, pl. 51, *b1—b2*.)

Sabre en bois dur, trouvé dans le tombeau d'Akhor. D'un côté, se trouve le nom d'un des deux rois Tiouâa (Soknounrî); de l'autre, la légende du propriétaire, le fils royal Touiou, qui suit son maître dans toutes ses courses. — XVIIᵉ dyn.

Drah abou 'l neggah.

4714. Bois. — Long. 1ᵐ 76.

Un arc en bois, d'une seule pièce. D'autres arcs figurent sous les nᵒˢ 4715 (Long. 1ᵐ 45), 4716 (Long. 1ᵐ 50), 4719 (long. 1ᵐ 50 et 1ᵐ 48). — XIᵉ ou XVIIᵉ dyn. *Drah abou 'l neggah.*

4718. — Long. 0^m 78.

Deux flèches de chasse en roseau : l'une d'elles a pour pointe un silex taillé et lié à la haste par une cordelette. — XIe ou XVIIe dyn.

Drah abou 'l neggah.

4720. — Long. moy. 0^m 73.

Dix-huit flèches de chasse en roseau, l'une d'elles porte encore une pointe en bronze; d'autres sont terminées par un os aigu ou une arête de poisson. — XIe ou XVIIe dyn.   *Drah abou 'l neggah.*

4721. — **Bois.** — Long. 0^m 47.

Deux casse-tête en forme de tige de lotus ⌠. — XIe ou XVIIe dyn.   *Drah abou 'l neggah.*

4722. — **Bois.** — Long. 0^m 58.

Massue ⌠. — XIe ou XVIIe dyn.

Drah abou 'l neggah.

4723. — **Bois dur.** — Long. moy. 0^m 63.

Quatre boumérangs en bois dur, assez semblables pour la forme à ceux dont se servent les indigènes de l'Australie. Les Égyptiens ne les employaient, à l'époque où nous les connaissons, que pour la chasse aux oiseaux d'eau. — XIe dyn. *Drah abou 'l neggah.*

4724. — **Bois dur.** — Long. 1^m.

Long bâton, tordu et mince, façonné presque en boule à l'extrémité : on s'en servait, comme du boumérang, pour la chasse des oiseaux aquatiques. — XIe ou XVIIe dyn.   *Drah abou 'l neggah.*

Toutes ces armes sont représentées sur les parois des tombeaux (cfr. le tombeau n° 4599, *Paroi de droite*, et *Panneau au-dessus de la porte*, p. 255). Le mort s'en servait, tant pour repousser les ennemis de Râ et les siens, les crocodiles, l'âne de Typhon, les serpents (cfr. *Petit Vestibule*, n° 21, p. 27), que pour se donner dans l'autre monde le plaisir de la chasse.

Casier AV.

J'ai réuni dans ce casier les fragments d'un tombeau, voisin des Grandes-Pyramides, démoli en 1883 par les Arabes du petit village de Kafr el-Batrân. Le mort s'appelait Ptahmâï. Il était chef des orfèvres du temple d'Aton, et avait pour femme une dame Tii, pour fils Hori, Phtahonkh, Nanofriou, Kaka, Phtahmos : d'autres membres de la famille figurent dans les scènes. Il est fâcheux que ce tombeau n'existe plus aujourd'hui : les titres des personnes, la rédaction des formules, le style des bas-reliefs, montrent que Phtahmâï vivait dans les dernières années du règne d'Amenhotpou III, ou dans les premières du règne d'Amenhotpou IV, au moment où ce prince, sans proscrire encore le culte d'Ammon, donnait déjà la préférence à celui d'Aton. La plupart des documents relatifs à cette époque se trouvant à Thèbes, et surtout à Tell-Amarna, c'eût été une bonne fortune pour nous d'en posséder un au moins, dont l'origine memphite fût indiscutable.

4982. — **Calcaire.** — H. $0^m 75$; larg. $0^m 37$.
Hori fait la prière ordinaire à Osiris en faveur de son père Phtahmâï. — XVIIIe dyn. *Grandes-Pyramides*.

4983. — Calcaire. — H. 1^m15; larg. 0^m83.
Paroi divisée en trois registres, dont le premier, plus d'à moitié détruit, ne montre plus que les pieds des personnages et les débris d'une table d'offrandes. Au second, Ti, sœur de Phtahmâï, présente un vase à son frère et à sa belle-sœur : derrière elle, une chanteuse qu'une joueuse de viole et une harpiste accompagnent de leurs instruments. Deux des fils, Phtahônkh et Nanofir, assistent à ce spectacle. Le troisième registre est occupé par la construction d'un naos : un ouvrier en sculpte les détails, tandis qu'un aide va chercher des matériaux. — XVIIIe dyn.

Grandes-Pyramides.

4984. — Calcaire. — H. 0^m83; larg. 0^m46.
Proscynème à Hor, soleil levant, prononcé par Kaka, en l'honneur de son père Phtahmâï et de sa famille. — XVIIIe dyn. *Grandes-Pyramides.*

4985. — Calcaire. — H. 0^m95; larg. 0^m38.
Scènes funéraires. Au premier registre, des serviteurs qui portent des fleurs et des fruits, des pleureuses, un sacrificateur qui traîne un veau. Au second, d'autres serviteurs portant les fauteuils, les canopes, les caisses à provisions. — XVIIIe dyn.

Grandes-Pyramides.

4986. — Calcaire. — H. 0^m26; larg. 1^m12.
Dessus de porte. A gauche, Phtahmâï, Ti et Phtahmos, agenouillés, invoquent le dieu Aton, soleil levant; à gauche, Mâhouï, sa sœur Housou et leur fils invoquent Toum, soleil couchant, seigneur d'Héliopolis. — XVIIIe dyn. *Grandes-Pyramides.*

4987. — **Calcaire.** — H. 0ᵐ 65; larg. 0ᵐ 95.

Scène de famille. A gauche, siègent Phtahmâï, Ti et deux de leurs enfants; à droite, Mâhoui et Housou. Sous le siège de Housou, un singe accroupi mange une grappe de raisin. — XVIIIᵉ dyn.

Grandes-Pyramides.

4988. — **Calcaire.** — H. 0ᵐ 95; larg. 0ᵐ 55.

Quatre registres. 1º Préparation des pains d'offrande et sacrifice du bœuf. 2º Kaka, Hori et Phtahmos, fils de Phtahmâï, sont assis devant un monceau de provisions. 3º Un coffre rempli de pains, et, à côté, un personnage qui transvase le vin dans des amphores. Une petite femme danse en lançant des baisers et en faisant des grâces. De toutes les figures c'est celle qui rappelle le mieux le type connu par les tombeaux de Tell el-Amarna : elle est d'une souplesse et d'une légèreté exquises. 4º Transvasement du vin dans des jarres, qu'un serviteur tient en équilibre au moyen d'un crochet de porteur d'eau. — XVIIIᵉ dyn.

Grandes-Pyramides.

Casier AX.

Il est rempli de canopes (cfr. *Salle du centre, Armoire O,* p. 128—129), la plupart en albâtre et de travail très fin. Quelques séries sont complètes, celles du prêtre d'Anubis, Ouzahorrisinti, fils de la dame Tatimout (nº 4999, H. moy. 0ᵐ 38), d'Harmakhouti (nº 4998, H. moy. 0ᵐ 40), du Scribe royal Samtoouïtafnakht (n⁰ 4992, H. moy. 0ᵐ 40) par exemple. Presque toutes sont d'époque saïte.

Dans la niche du milieu est debout une des plus jolies momies qu'il m'ait été donné de connaître (n⁰ 4937, H. 1ᵐ 80). Elle a été achetée à Thèbes en 1882, et provient, s'il faut en croire le vendeur, de Sheïkh Abd-el-Gournah. La boîte et le couvercle sont en bois peint, à fond blanc, et chargés de scènes d'adoration d'un dessin très délicat. La tête est couverte d'une perruque noire à points jaunes, le visage doré est doux et un peu triste : les deux grands yeux, relevés de noir, ont une expression de vie remarquable. Le collier, fort compliqué, est accompagné comme pectoral d'un scarabée à tête d'épervier. Le cercueil n'a pas encore été ouvert et renferme la momie : il appartenait à une femme de sang royal, la Chanteuse du Temple d'Ammon Shaouïmennams, fille du prince des Mashouash Takoulouti. Le titre du père est exprimé par un mot *mas*, qui est berbère d'origine et sert encore aujourd'hui à rendre l'idée de *maître* : *mas* à Ghat, *mess* en Ahaggar, d'où *messina* et *messi*, *notre maître*, c'est-à-dire Dieu. — XXIIIe dyn. *Thèbes.*

En face du casier AX et monté sur un socle,

5025. — Calcaire. — H. 0ᵐ 82; larg. 0ᵐ 31; épaiss. 0ᵐ 33. — (Mariette, *Abydos*, t. III, n⁰ 1496, p. 587—589.)

Sorte de base quadrangulaire, à qui la partie supérieure, arrondie en dos d'âne, donne l'aspect de certaines caisses à figurines. Un trou percé au sommet, recevait quelque emblème en bronze aujourd'hui perdu. Les quatre faces droites sont couvertes de tableaux d'offrande. Toute une famille d'Abydos rend hommage à son chef, le directeur du palais Didiou, fils de la dame Sitbastit. Par une singularité remarquable, la prière principale est adressée à Sokar-Osiris et au roi d'Égypte Snofrou de la IVe dynastie. Ce roi avait-il dans le voisinage d'Abydos une chapelle où il était adoré comme dieu? Didiou était-il un fonctionnaire memphite, attaché à la pyramide du roi Snofrou, et tout préparé, par conséquent, à mettre le Pharaon de son culte sur la même ligne que les dieux des morts? Les inscriptions que porte le monument ne nous apprennent rien à cet égard.

— XIIIe dynastie. *Abydos.*

Diverses statues, des stèles, des bas-reliefs ornent les angles des deux piliers carrés. La plupart de ces morceaux n'ont rien qui les recommande à l'attention du visiteur; quelques-uns présentent cependant une valeur réelle par l'histoire de l'art égyptien:

5005. — **Serpentine grise.** — H. 0^m 44.
5008. — **Serpentine grise.** — H. 0^m 98.

Il y a quelque vingt ans, Mariette découvrit, à Mit-Rahinéh, dans les ruines de Memphis, un atelier de sculpteur: les deux statues inachevées qui portent les n°s 5005 et 5008 proviennent de cette trouvaille.

Elles sont taillées l'une et l'autre dans une des pierres les plus dures que l'on connaisse; aussi les instruments et le procédé de travail employés par le sculpteur diffèrent-ils sensiblement de ceux dont on voit les traces sur les modèles en calcaire tendre exposés dans la *Salle du centre (Armoire R et Q,*

p. 100—102; voir spécialement les n°s 3373 et 3374). Pour le calcaire tendre, il se servait d'une simple pointe, dont les sillons descendent verticalement du haut en bas de la pièce; ici, le piquetage dont la statue est couverte trahit l'emploi de la marteline. Le travail n'est pas également avancé sur les deux morceaux; le personnage accroupi n° 5005 a été poussé plus loin que le personnage debout n° 5008. Je suis porté à croire que cet état d'imperfection n'est pas un pur effet du hasard. Il devait en être des sculpteurs funéraires égyptiens comme de nos marbriers de cimetière : ils avaient toujours en magasin un certain nombre de monuments préparés d'avance, et auxquels il ne manquait plus que quelques heures de travail pour être entièrement terminés. Le client faisait son choix, donnait ses indications ou le portrait de la personne à reproduire, et l'ouvrier finissait la statue sur ces données. On remarquera en effet que les parties inachevées sont celles qui devaient nécessairement varier à chaque commande nouvelle : les mains, les pieds, les parties découvertes des jambes et du buste, les parois du naos n'attendent plus que le polissage, mais la tête est à peine indiquée, la jupe est seulement dégrossie et la chambre du naos est pleine. Il ne fallait pas longtemps pour tailler dans le naos la figurine de divinité que souhaitait le client, pour donner à la jupe la tournure qu'il désirait, et pour dégager des lignes de la tête les traits et la coiffure du modèle. — Ep. saïte. *Mit-Rahinéh.*

5011. — Serpentine grise. — H. 0^{m}44.

Le second prophète d'Ammon Hornakht, agenouillé, tient un naos. Cette figure, rapprochée du n° 5005, montrera en quoi consistait pour le sculpteur le dernier travail dont je viens de parler. — Ep. saïte.

5014. — Calcaire. — H. 0^m 57; long. 0^m 62; larg. 0^m 40. — (Mariette, *Abydos*, t. III, p. 41, n° 374.)

Joli groupe formé par le scribe Diminti et par sa femme Tii, la chanteuse d'Isis, assis à côté l'un de l'autre : à leurs pieds, s'étend une table d'offrandes, taillée dans le même bloc que les deux personnages. C'est une indication certaine de la manière dont on plaçait les tables d'offrandes isolées, devant les statues du mort, au moment du sacrifice. — XIXe dyn.

Abydos.

5021. — Granit noir. — H. 0^m 58.

Un personnage, agenouillé, tient devant lui une sorte d'autel, formé d'une colonnette à tête d'Hathor et d'une grande fleur de lotus épanouie. Aucune inscription ne nous apprend son nom : il devait pourtant avoir une certaine notoriété de son vivant, car sa statue a été trouvée dans la partie de Karnak, où l'on plaçait les statues de particuliers érigées par faveur spéciale du Pharaon régnant. — XVIIIe dyn. *Karnak.*

Tout ce qui restait d'espace libre dans la salle, piliers, sol, murailles, a été garni de sarcophages en bois et de cercueils. Le Musée ne possède malheureusement aucun cercueil complet de l'Ancien

Empire. Des éclats de bois trouvés dans la pyramide de Sokarimsaf et dans celle de Teti, dans le tombeau de Horhotpou (cfr. p. 256) et dans celui de Tagi (cfr. *Salle de l'Ancien Empire*, n° 1053, p. 224), prouvent que, dès les plus anciennes époques, on couchait la momie dans des cercueils à forme humaine, avant de la sceller dans son sarcophage de pierre. Cela était d'autant plus utile à constater que le cercueil de Menkourî, conservé au British Museum, a été considéré par beaucoup d'égyptologues comme ne remontant pas à la IVe dynastie, mais comme étant une restauration de la XXVe : le fait que Sokarimsaf avait une caisse en bois est une preuve très forte en faveur de l'antiquité du cercueil de Menkourî.

Les cercueils de la XVIIIe et de la XIXe dynastie abondent au Musée, depuis que la trouvaille de Déïr el-Baharî nous a rendu la dépouille authentique d'une quinzaine de rois et princes alliés à Thoutmos III et à Ramsès II. La XXe et la XXIe sont également bien représentées pour la même raison, et la *Salle des momies royales* offre une collection unique de ces belles caisses à vernis jaune et rouge, que les fabricants de l'époque mirent à la mode. La momie n° 4937 (*Casier AX*, p. 307) est un spécimen excellent de ce qu'on savait faire sous la XXIIe dynastie, et dans les années troublées qui suivirent. Toutefois, les sarcophages et les cercueils saïtes et ptolémaïques forment notre principale richesse en ce genre de monuments, depuis que Mariette a découvert, à l'Assassif et à Déïr el-Baharî, les sépultures qui reçurent, pendant une dizaine au moins de générations, les momies des prophètes de Montou, maître de Thèbes. On reconnaîtra aisément cette série aux couleurs vives, rouge, jaune, verte, rose, dont sont bariolés les visages, aux scènes nombreuses, aux ornements multiples et aux légendes pressées qui recouvrent la gaîne, la cuve, les parois intérieures. Beaucoup de ces cercueils n'ont pu être exposés faute de place, et sont dans nos magasins à la disposition des savants qui désireront les étudier.

A droite et à gauche de la porte qui conduit dans la Salle du centre, et debout contre la muraille, comme autant de sentinelles à leur poste, sont d'immenses cercueils en bois :

4921. — Bois. — H. 2^m 25.
4922. — Bois. — H. 1^m 90.

L'habitude était, à partir de la XIXe dynastie, de donner à chaque momie deux ou même trois cercueils s'emboîtant exactement l'un dans l'autre. Les n°s 4921 et 4922 appartenaient à la chanteuse du temple d'Ammon, Ameniritis, fille du prêtre d'Ammon, gouverneur de Thèbes, Nsimin. Le visage, autrefois doré, a été gratté par des voleurs païens, ainsi que je l'ai déjà expliqué ailleurs (*Armoire AE*, n° 4420, p. 241). Améniritis était sœur du Khahor dont nous avons tout l'appareil funéraire (cfr. n° 4978). — XXVIe dyn. *Déir el-Baharî.*

4967. — Bois. — H. 1^m 90.
4968. — Bois. — H. 2^m 15.

Double cercueil de la dame Tatonkh (var., Dimoutshopnònkh), surnommée Miamoun, fille du prophète

de Montou thébain, Nibnoutîr et de la dame Bibi. Le visage, doré jadis, a été gratté comme le visage des deux cercueils nos 4921 et 4922. — XXVIe dyn.
Déir el-Baharî.

Les limites très étroites entre lesquelles je suis contraint de m'enfermer ne me permettent point de décrire les numéros de la série : une notice exacte des noms et des inscriptions qu'ils portent n'intéresserait d'ailleurs que le savant de profession. Les trois sarcophages carrés et munis d'un couvercle en dos d'âne nos 4978, 4979, 4980, appartiennent à la même époque que les plus anciens cercueils des prêtres de Montou, c'est-à-dire à la XXVe dynastie et aux premiers temps de la XXVIe. Ils renfermaient d'ordinaire une ou deux caisses emboîtées en forme de momie et à tête humaine; pour comprendre cette disposition, il suffit de plonger le regard, par une des extrémités, dans le sarcophage n° 4979 (Long. 2m 27; Larg. 0m 87; H. 0m 90), où j'ai fait déposer un cercueil antique. Sur les quatre montants, sont perchés d'ordinaire des éperviers debout ou couchés, qui représentent les génies des points cardinaux, chargés de veiller à l'intégrité du cadavre (cfr. *Salle du centre, Armoire N*, n° 1122, p. 139.

De chaque côté de la porte Est se dressent deux grands cercueils, différents par l'aspect de ceux dont je viens de parler. Le plus curieux porte le n°

5200. — H. 2m.

Cercueil à fond blanc; des adorations aux génies des morts sont tracées rapidement, à l'encre noire, sur les côtés de la cuve et à l'intérieur. Il appartenait primitivement à la dame Râaï, nourrice de la reine Nofirtari; il renferme la dame Ansi, qui paraît avoir été la femme ou la mère du Pharaon Soqnounrî III Tiouâken de la XVIIe dynastie. La momie a 1m 80 de long; elle était décorée d'une guirlande de fleurs et porte le nom de la reine, tracé à l'encre sur la poitrine. — XVIIe dyn. *Déir el-Baharî.*

Ils proviennent en effet de la trouvaille de Déir el-Baharî et servent comme d'introduction à la *Salle des momies royales.*

§ 2. — Salle des momies royales.

Depuis plusieurs années déjà, je savais que les Arabes de Gournah avaient désensablé une ou deux tombes royales, dont ils refusaient d'indiquer l'emplacement. Au printemps de 1876, un officier-général anglais du nom de Campbell m'avait montré le rituel hiératique du grand-prêtre Pinotm III, acheté à Thèbes pour la somme de quatre cents livres. En 1877, M. de Saulcy me remettait, de la part d'un de ses amis de Syrie, les photographies d'un long papyrus ayant appartenu à la reine Notmit, mère de Hrihor, et dont la fin est aujourd'hui au Louvre, le commencement en Angleterre. Mariette avait lui-même acheté à Suez deux autres papyrus, écrits au nom d'une reine Tiouhathor Honttoouï. Vers le même temps, les statuettes funéraires du roi Pinotm paraissaient sur le marché, les unes fines, les autres grossières. Bref, le fait d'une découverte devint tellement évident que, dès 1879, je pouvais affirmer d'une tablette, appartenant alors à Rogers-Bey, acquise plus tard par le Musée du Louvre, qu'elle « pro» venait d'un tombeau avoisinant le groupe encore in» connu des tombes de la famille de Hrihor »; en réalité, elle provient de la cachette de Déïr el-Baharî, où j'ai retrouvé la momie à laquelle elle appartenait.

Rechercher l'emplacement de ces hypogées royaux était donc l'un des principaux objets du voyage que j'entrepris dans la Haute-Égypte, aux mois de Mars et d'Avril 1881. Un seul point m'était acquis, le nom des personnages qui avaient vendu les objets déjà connus, Abd-er-Rassoul Ahmed, de Sheikh Abd-el-Gournah, et Moustapha Aga Ayad, vice-consul d'Angleterre et de Belgique à Louxor. Ce dernier, couvert qu'il était de l'immunité diplomatique, échappait aux poursuites. Le 4 Avril, j'envoyai au chef de la police de Louxor l'ordre d'arrêter Abd-er-Rassoul Ahmed, et je demandai par télégramme à S. E. Daoud Pacha, moudir de Qénéh, ainsi qu'au Ministre des Travaux publics, l'autorisation d'ouvrir une enquête immédiate contre ce personnage. Interrogé par moi, par M. Emile Brugsch, par M. de Rochemonteix, il nia tous les faits que le témoignage des voyageurs européens mettait à sa charge. Douceur, menaces, rien ne put le décider à parler : le 6 Avril, je l'expédiai à Qénéh, où le moudir le réclamait, lui et un de ses frères, pour instruire leur procès.

L'affaire fut menée rondement, mais en somme n'aboutit point. Les interrogatoires et les débats, conduits par les magistrats de la Moudirieh en présence de l'officier-inspecteur de Dendérah, Aly-Effendi Habib, eut pour unique résultat de provoquer de nombreux témoignages favorables à l'accusé. Les notables et les maires de Gournah déclarèrent, à plusieurs reprises, sous la foi du serment, qu'Abd-er-Rassoul Ahmed était l'homme le plus loyal et le plus désintéressé du pays, qu'il n'avait jamais fouillé et ne fouillerait jamais, qu'il était incapable de détourner le moindre objet d'antiquité, à plus forte raison de violer une tombe royale. La suite montra la foi qu'on devait ajouter à ces dépositions. Pour le moment, je n'avais rien à opposer que le témoignage d'étrangers absents : Abd-er-Rassoul Ahmed fut mis en liberté provisoire, sous la garantie de deux de ses complices, et rentra chez lui avec le brevet d'honnêteté immaculée que lui avaient décerné les notables de Gournah. Mais son arrestation, les deux mois d'emprisonnement qu'il avait subis, la vigueur avec laquelle l'enquête avait été conduite par Son Exc. Daoud Pacha, la conviction où l'on était que je reprendrais l'affaire dès mon retour, avaient donné fort à réfléchir. La discorde se mit entre Abd-er-Rassoul et ses quatre frères : les uns croyaient le danger passé sans retour et l'administration du Musée battue, les autres estimaient qu'il serait plus prudent de s'entendre avec moi et de me livrer le secret. Après un mois de discussions et de querelles, l'aîné d'entre eux, Mohammed Ahmed Abd-er-Rassoul, se résolut brusquement à tout révéler. Il se rendit secrètement à Qénéh, et fit sa déclaration au moudir : celui-ci en référa aussitôt au ministre de l'intérieur, qui transmit la dépêche à S. A. le Khédive. Son Altesse, à qui j'avais parlé de l'affaire, reconnut sans peine l'importance de cette dénonciation, et décida d'envoyer un des employés du Musée à Thèbes. Je venais de partir pour l'Europe, mais j'avais laissé à M. Emile Brugsch, conservateur-adjoint, les pouvoirs nécessaires pour agir en mon lieu et place. L'ordre à peine reçu, il partit pour Thèbes, le samedi 1er juillet, accompagné de MM. Ahmed Effendi Kamal, secrétaire-interprète du Musée, et Tadros Moutafian, actuellement inspecteur de la circonscription des Pyramides.

Le mercredi 5, ils furent conduits par Mohammed Ahmed Abd-er-Rassoul au caveau funéraire. L'ingénieur égyptien qui l'a creusé jadis, avait pris ses dispositions de la façon la plus habile : jamais cachette ne fut mieux dissimulée. La chaîne de collines qui sépare le Bab-el-Molouk de la plaine thébaine forme, entre l'Assassif et la vallée des Reines, une série de cirques naturels, dont le plus connu était, jusqu'à présent, celui où s'élève le monument de Déïr el-Baharî. Dans la muraille de rochers qui sépare Déïr el-Baharî du cirque suivant, juste derrière la butte de Sheikh Abd-el-Gournah, à soixante mètres environ au-dessus du niveau des terres cultivées, on creusa un puits de 11,50^m de profondeur sur 2^m de largeur. Au fond du puits, dans la paroi Ouest, on pratiqua l'entrée d'un couloir qui mesure 1^m 40 de large sur 1,80^m de haut. Après un parcours de 7 m. 40, il tourne brusquement vers le Nord et se prolonge sur une étendue d'environ 60^m, sans garder partout les mêmes dimensions : en certains endroits il atteint 2^m de large, en d'autres il n'a plus que

1m 30, vers le milieu, cinq à six marches grossièrement taillées accusent un changement de niveau assez sensible, et, sur le côté droit, une sorte de niche inachevée montre qu'on a songé à changer une fois de plus la direction de la galerie. Celle-ci débouche enfin dans une sorte de chambre oblongue, irrégulière, d'environ 8m de longueur.

Le premier objet qui frappa les yeux de M. Emile Brugsch, quand il arriva au fond du puits, fut un cercueil blanc et jaune au nom de Nibsonou. Il était dans le couloir, à 0m60 environ de l'entrée; un peu plus loin, un cercueil dont la forme rappelait le style de la XVIIe dynastie, puis la reine Tiouhathor Honttoouï, puis Séti Ier. A côté des cercueils et jonchant le sol, des boîtes à statuettes funéraires, des canopes, des vases à libation en bronze, et, tout au fond, dans l'angle que forme le couloir en se redressant vers le Nord, la tente funèbre de la reine Isimkheb, pliée et chiffonnée, comme un objet sans valeur, qu'un prêtre trop pressé de sortir aurait jeté négligemment dans un coin. Le long du grand couloir, même encombrement et même désordre : il fallait s'avancer en rampant, sans savoir où l'on mettait les mains et les pieds. Les cercueils et les momies, entrevus rapidement à la lueur d'une bougie, portaient des noms historiques, Aménophis Ier, Thoutmos II, dans la niche près de l'escalier, Ahmos Ier et son fils Siamoun, Soqnounrî, la reine Ahhotpou, Ahmos Nofritari et d'autres. Dans la chambre du fond, le pêle-mêle était au comble, mais on reconnaissait à première vue la prédominance du style propre à la XXe dynastie : les Arabes avaient déterré un plein hypogée de Pharaons. Et quels Pharaons! les plus illustres peut-être de l'histoire d'Égypte, Thoutmos III et Séti Ier, Ahmos le libérateur et Ramsès II le conquérant. Deux heures suffirent au premier examen, puis le travail d'enlèvement commençait; trois cents ouvriers se mirent à l'œuvre. Le bateau du Musée, mandé en hâte, n'était pas encore là; mais on avait sous la main l'un des pilotes, rêis Mohammed, sur lequel on pouvait compter. Il descendit au fond du puits et se chargea d'en extraire le contenu : MM. Emile Brugsch, Ahmed Effendi Kamal et Tadros Moutafian recevaient les objets au fur et à mesure qu'ils sortaient de terre, les transportaient au pied de la colline et les rangeaient côte à côte, sans ralentir un instant leur surveillance. Quarante huit heures d'un labeur énergique suffirent à tout exhumer. Mais la tâche n'était qu'à moitié terminée, il fallait mener le convoi à travers la plaine de Thèbes et au-delà de la rivière jusqu'à Louxor : plusieurs des cercueils, soulevés à grand peine par douze ou seize hommes, mirent de sept à huit heures pour aller de la montagne à la rive, et l'on se figurera aisément ce que dut être ce voyage, par la poussière et la chaleur de juillet.

Enfin le 11 au soir, momies et cercueils étaient tous à Louxor, dûment enveloppés de nattes et de toiles. Trois jour après, le vapeur du Musée arrivait : le temps de charger, et aussitôt il repartait pour Boulaq avec son fret de rois. Chose curieuse! de Louxor à Qouft, sur les deux rives du Nil, les femmes fellahs échevelées suivirent le bateau en poussant des hurlements et les hommes tirèrent des coups de fusil, comme ils font aux funérailles. Le Musée se trouva trop petit pour recevoir ces hôtes nouveaux : la salle dans laquelle ils reposent à présent a été bâtie en 1882, sur l'ordre de S. A. le Khédîve, par les soins de LL. EE. Ismaïl Pacha Ayoub et Rousseau-Pacha.

Il n'a pas été possible de ranger les momies par ordre chronologique : les plus précieuses ont été réunies dans la partie de la salle qui est située derrière les piliers, les autres sont rangées le long du mur, des deux côtés de la porte qui mène à la salle funéraire. Ces dernières appartiennent presque toutes à la famille des Grands-prêtres d'Ammon Thébain, contemporains de la XXe et de la XXIe dynastie. Les cercueils ont la caisse vernie en jaune ou en rouge brun, la tête et les mains dorées ou cuivrées. Le couvercle de chaque cercueil a été dressé derrière la cuve pour laisser voir la disposition et l'ornementation intérieures.

5202. — H. 1^m 80.
Couvercle du cercueil de la reine Ahhotpou I, probablement femme du roi Kamôs (XVIIe dyn.), et mère d'Ahmos Ier (XVIIIe dyn.), propriétaire des bijoux exposés dans la *Salle du centre* (*Vitrine H*, p. 77—83). Il est entièrement doré et représente la reine, le visage découvert, le corps entièrement enveloppé des ailes d'Isis. La face est d'un travail fort soigné et paraît reproduire les traits même de la reine. — XVIIe—XVIIIe dyn. *Drah abou 'l neggah.*

5203. — Couvercle du cercueil du roi Pinotm II (cfr. n° 5238). — XXIe dyn. *Déir el-Baharî.*

5204. — Couvercle du cercueil de la reine Notmit (cfr. n° 5234). — XX° dyn. *Déïr el-Baharî.*

5205. — Longueur de la momie, 1^m 70.

Cercueil du Grand-prêtre d'Ammon, général en chef, Masahirti, fils du roi Pinotm II (cfr. n° 5238) et père de la reine Isimkheb (cfr. n°s 5208, 5285). — XXI° dyn. *Déïr el-Baharî.*

5206. — Longueur de la momie, 1^m 62.

Cercueil de la Chanteuse d'Ammon-Râ, roi des dieux, Touhirit. Le papyrus de cette femme, conservé à Leyde, nous apprend qu'elle était fille du Père divin d'Ammon, Khonsoumos, et de la Chanteuse d'Ammon Tontamon. La tête et les mains de la caisse extérieure ont été détachées par les Arabes et vendues à des touristes. — XXI° dyn.
Déïr el-Baharî.

5207. — Longueur de la momie, 1^m 72.

Cercueil du Grand-prêtre d'Ammon, général en chef, Pinotm III, fils d'Isimkheb (cfr. n°s 5205, 5235) et du Grand-prêtre Menkhopirrî. La caisse extérieure porte, clouée le long des jambes, une bande de cuivre, sur laquelle a été estampée l'inscription dédicatoire. — XXI° dyn. *Déïr el-Baharî.*

5208. — Longueur de la momie, 1^m 62.

Cercueil extérieur de la reine Isimkheb, fille de Masahirti (cfr. n° 5205), femme de Menkhopirrî, mère de Pinotm III (cfr. n° 5207). Le cercueil intérieur et la momie sont exposés plus loin sous le n° 5235.

La momie déposée actuellement dans le cercueil est celle d'une dame Nsikhonsou dont l'histoire des plus singulières se rattache à celle du cercueil suivant. — XXIᵉ dyn.   *Déïr el-Baharî.*

5209. — Longueur de la momie, 1ᵐ 66.
Cercueil de la princesse Nsikhonsou, fille de la dame Tonthontthouti, et probablement femme de Pinotm III (cfr. nᵒ 5207).

Les cercueils de cette princesse n'avaient pas été fabriqués pour elle, mais pour Isimkheb (cfr. nᵒ 5208). Ils ont été cédés par Isimkheb ou par ses parents à Nsikhonsou, dont le nom a été écrit en surcharge sur celui de sa compagne : la peinture surajoutée est tombée et le nom primitif a reparu en plusieurs endroits. Cette première usurpation reconnue, nous en avons dû bientôt constater une seconde. A leur arrivée au Musée, les deux cercueils renfermaient chacun une momie, et j'ai cru d'abord que ce dédoublement était le fait des Arabes, qui avaient trouvé et dévalisé la cachette de Déïr el-Baharî. L'examen des deux momies m'a prouvé qu'il était le fait des Égyptiens eux-mêmes. La momie nᵒ 5209 porte, écrit sur son maillot, le nom de la Supérieure des femmes d'Ammon, Nsikhonsou, avec la date de l'an VI; la momie nᵒ 5208 porte le même nom et les mêmes titres, mais sans date. Des documents de diverse nature, me portent à croire, que la momie nᵒ 5209 est une Nsikhonsou Iᵉʳᵉ, femme de Pinotm III, morte en l'an V, et la momie nᵒ 5208, Nsikhonsou II, nièce de la précédente et peut-être fille de Honttoouï II, fille d'Isimkheb (cfr. *Zeitschrift, 1883,* p. 70—75).

Les deux Nsikhonsou étant mortes à quelques mois d'intervalle, on ne s'est pas donné la peine de faire à la seconde un cercueil qui lui appartînt : on la mit dans un des cercueils de la momie enterrée en l'an V, et, pour la distinguer de sa devancière, on traça sur le maillot la date de l'an VI. — XXIe dyn. *Déir el-Baharî.*

5210. — Cercueil extérieur de la reine Mâkerî (cfr. n° 5236). — XXIe dyn. *Déir el-Baharî.*

5211. — Longueur de la momie, 1^m 77.
Cercueils dans lesquels a été trouvée la momie du prêtre d'Ammon, fils royal de Ramsès, Zodfphtahefônkh. Les cercueils ont été usurpés à divers personnages, dont le plus important était un prophète d'Ammon, du nom de Nsishounopi. Le titre fils royal de Ramsès appartient à plusieurs personnages de la XXIe et de la XXIIe dynastie : il ne suppose pas l'existence d'un Ramsès qui aurait régné vers cette époque. De même que la famille des Ramessides se perpétuait en des reines, qui transmettaient à leurs enfants des droits héréditaires, elle se perpétuait en des princes qui avaient quelques-uns des titres et des honneurs de la royauté : un Ramsès de cette famille n'avait pas besoin d'être roi pour que ses fils eussent le titre de *Fils royaux.* Zodfphtahefônkh se rattachait à la famille de Pinotm III par un lien qui nous est encore inconnu. Les bretelles que porte sa momie sont estampées au nom du grand-prêtre d'Ammon Ouapout, fils du roi Sheshonq Ier. — XXIIe dyn. *Déir el-Baharî.*

5212. — Longueur de la momie, 1ᵐ 75.

Cercueils d'abord peints et dorés, puis noircis au bitume. C'est à grand peine que j'ai pu y lire le nom de la prêtresse d'Ammon, Nsitnibashrou, fille de Nsikhonsou (cfr. nº 5209) et probablement de Pinotm III (cfr. nº 5207). — XXIIᵉ dyn.

Déïr el-Baharî.

5213. — Longueur de la momie, 1ᵐ 60.

Cercueil jadis peint et doré, aujourd'hui défiguré par les voleurs; l'intérieur est enduit d'une couche de bitume, qui rend les légendes presque entièrement illisibles. La momie portait, attachées au corps, deux petites rames, et une poignée de joncs qui avait servi de support aux fleurs d'un grand bouquet monté. Elle avait été fouillée par les Arabes et était en si mauvais état, qu'il fallut l'ouvrir à son arrivée au Musée. Le corps avait été brisé en trois endroits, dès l'antiquité, et les morceaux, réunis tant bien que mal, étaient enveloppés d'une toile aussi fine que la plus fine baptiste (*Armoire A Y*, nº 5251, p. 330). Par-dessus, se trouvait une sorte de suaire malheureusement déchiré en plusieurs morceaux : il est chargé de longs textes hiéroglyphiques tracés à l'encre et empruntés pour la plupart au *Livre des Morts* (cfr. p. 1941, nº 1847). Une sorte d'introduction nous apprend que cet exemplaire du livre sacré a été tracé, par ordre spécial du roi Amenhotpou II, pour son père et prédécesseur Thoutmos III, fils de la reine Isit, dont le nom apparaît ici pour la première fois. Cette mention, à laquelle le scribe égyptien n'attachait probablement que peu d'importance, nous donne pourtant la solution d'un des problèmes les plus obscurs de l'histoire d'Égypte : en nous montrant que Thoutmos III était né d'une concubine, elle nous explique pourquoi la reine Hatshopsitou le tint si longtemps éloigné du trône. Hatshopsitou, fille de Thoutmos Ier et de la reine Ahhotpou II, avait pour elle le droit héréditaire, et, par suite, la préséance sur ses deux demi-frères Thoutmos II et Thoutmos III : ils ne durent de régner, Thoutmos II qu'après son mariage avec la princesse héritière, Thoutmos III qu'après son mariage avec la fille d'Hatshopsitou et de Thoutmos II. — XVIIIe dyn. *Déir el-Baharî.*

5214. — Bois peint. — Long. 1^m 90.
Couvercle du cercueil de Nibsonou (cfr. n° 5237).
Déir el-Baharî.

5215. — Longueur de la momie, 1^m 55.
Cercueil de la reine Tiouhathor Honttooui I, probablement femme du grand-prêtre Pinotm Ier. — XXIe dyn. *Déir el-Baharî.*

5216. — Bois peint. — Long. 1^m 85.
Couvercle du cercueil du roi Amenhotpou Ier (cfr. n° 5230). Les inscriptions à l'encre, tracées sur la poitrine, nous ont conservé deux procès-verbaux de visites de la momie, par les inspecteurs chargés d'en vérifier l'état et d'en assurer l'entretien. La première raconte que «l'an VI, le 7 du troisième mois de » Pirit, le premier prophète d'Ammon-Râ, roi des » dieux, Pinotm (Ier), fils de Pionkh, envoya restaurer » l'appareil funèbre du roi Sorkerî Amenhotpou Ier»;

la seconde dit plus solennellement que « l'an XVI, » le 22 du quatrième mois de Pirit, le premier pro- » phète d'Ammon-Râ, roi des dieux, Masahirti, fils » du roi Pinotm (II), envoya renouveler l'appareil » funéraire *de ce dieu* », c'est-à-dire d'Amenhotpou Ier qui en effet était adoré et recevait un culte régulier. — XVIIIe et XXIe dyn. *Déir el-Baharî.*

5217. — Couvercle du cercueil de Thoutmos II (cfr. n° 5231). — XVIIIe dyn. *Déir el-Baharî.*

5218. — Le cercueil original de Ramsès Ier avait été si bien détruit par les voleurs, que les surveillants des tombeaux furent obligés de déposer la momie dans un cercueil de femme, dont la cuve est aujourd'hui brisée : le couvercle seul est intact et est exposé sous le n° 5218. Sur le pied, le nom du premier possesseur fut effacé, puis remplacé par les cartouches du Pharaon; le même cartouche a été écrit en hiératique sur la main droite. Un débris d'un autre cercueil de même style, scié et égalisé au moment de la restauration antique (voir *Armoire BD*, n° 5248), porte une inscription hiératique mutilée, de laquelle il ressort qu'en l'an XVI, le roi Hrihor Siamon fit transporter le corps de Ramsès Ier dans le tombeau de la dame Ansi(?) pour le remettre en état. La momie n'a pas été encore retrouvée. Je soupçonne cependant qu'une momie, dépouillée de bandelettes et soigneusement embaumée, qu'on a retirée de la cachette avec les autres objets, pourrait bien être celle de Ramsès Ier, mais aucune preuve n'est venu jusqu'à présent appuyer cette hypothèse. — XIXe—XXe dyn. *Déir el-Baharî.*

5219. — Long. 1ᵐ 56.

Momie de la reine Ahhotpou II, fille de Nofirtari et d'Ahmos Iᵉʳ, femme d'Amenhotpou Iᵉʳ (cfr. n° 5230). Elle a été trouvée dans le grand cercueil n° 5222. — XVIIIᵉ dyn. *Déïr el-Baharî.*

5220. — **Bois peint en noir.** — H. 1ᵐ 05.

Boîte de momie en forme de gazelle, et renfermant une momie de gazelle soigneusement embaumée. Aucun indice ne nous permet d'établir auquel des personnages enterrés à Déïr el-Baharî appartenait cet animal : tout cependant me porte à croire qu'il était la propriété d'Isimkheb I, comme la plupart des objets d'offrande déposés dans la cachette. — XXIᵉ dyn. *Déïr el-Baharî.*

5221. — Dessin exécuté par MM. Emile Brugsch-Bey et Vassali-Bey.

En pénétrant dans le tombeau, M. Emile Brugsch-Bey ramassa, à l'entrée du long couloir, un gros paquet de cuir roulé grossièrement, et qui paraissait avoir été déposé là par quelque prêtre égyptien pressé de sortir. En le développant, nous reconnûmes que c'était une des pièces principales du catafalque sous lequel on plaçait le cercueil pendant les cérémonies des funérailles. La partie centrale, qui formait comme le toit du catafalque, représente le ciel étoilé sur lequel des vautours déploient leurs ailes pour protéger le mort : une bordure d'ornements, en cuir découpé, la relie à quatre pièces, formées de carrés verts et rouges disposés en damier, qui pendaient de chaque côté du cercueil et l'enfermaient comme une tente. Les inscriptions sont au nom de la reine Isimkheb I, fille de Masahirti et femme de son oncle Menkhopirrî : elles souhaitent un repos heureux à celle qui repose sous le dais funèbre.

L'état de délabrement dans lequel a été trouvé cet objet, jusqu'à présent unique, ne nous a point permis de l'exposer. On pourrait le restaurer sans trop de peine; mais l'argent manque. — XXIe dyn.
Déir el-Baharî.

Armoire AY.

Sur la tablette du haut sont exposés:

5252. — Bronze. — H. 0^m 45.

Une sellette en bronze, percée de quatre trous, et portant quatre vases à libations avec leurs couvercles. Deux autres sellettes brisées ont été trouvées avec celles-là, ainsi que des vases à libations dépareillés. Elles faisaient partie du mobilier funéraire de la reine Isimkheb I. — XXIe dyn.
Déir el-Baharî.

Les autres objets exposés sur la tablette sont des statuettes en bois ayant contenu des papyrus (cfr. p. 142, n° 1220), une boîte à statuettes funéraires ayant appartenu au roi Pinotm II, et deux des canopes de la reine Isimkheb I. Ils diffèrent sensiblement des canopes qu'on rencontre ordinairement et que j'ai déjà décrits ailleurs (cfr. *Salle du centre*, p. 128—129). Ce sont en effet des vases en albâtre d'usage courant, qu'on a utilisés comme canopes, sans même chercher à les appareiller pour la forme et pour la grandeur. Le bitume bouillant dont on les a emplis, après y avoir déposé les viscères, a débordé en longues traînées.

La seconde tablette en descendant est chargée de *Répondants* découverts avec les momies. Ces *Répondants* sont fabriqués à peu près tous sur le même modèle : ils ont été taillés fort hardiment, puis revêtus d'une couche d'émail de deux bleus, qui ont pris à la cuisson une intensité de ton superbe. Ils avaient été déposés avec les momies en quantité considérable; bien que les Arabes de Thèbes en aient vendu, pendant près de dix ans, aux touristes, nous en avons recueilli encore plus de trois mille, dont beaucoup se sont malheureusement brisés pendant le transport. Ils sont tous au nom des derniers membres de la famille des Grands-prêtres d'Ammon, Pinotm II, Masahirti, Pinotm III, Zodphtahefônkh, Isimkheb I, Honttoouï, Nsikhonsou, Makerî, Nsitnibashrou, Touhirit. On n'en a trouvé aucun des rois ou des princesses de la XVIIIe et de la XIXe dynastie qui reposaient à côté de ces personnages : les *Répondants* d'Ahmos Ier, d'Amenhotpou Ier, de Ramsès II, etc., étaient restés dans leurs tombes avec le mobilier funéraire. Les plus jolies de ces statuettes sont celles de Pinotm II; celles de Masahirti n'ont pas été soignées à la cuisson, et l'émail en a été noirci, au moment de la fusion, par les cendres du foyer.

Au-dessous des statuettes, sont groupés un certain nombre d'objets d'offrande, qui appartenaient à la reine Isimkheb I. Un grand panier en joncs tressés, que nous n'avons pu exposer jusqu'à présent à cause de ses dimensions, renfermait toute une charge de viande et de volailles desséchées, partie enveloppées de bandelettes, comme s'il se fût agi de momies, partie privées de couverture : une tête de veau (n⁰ 5253), des cuisses de gazelle (n⁰s 5254, 5255), des oies (n⁰ 5256), puis des provisions d'autre nature, du pain (n⁰ 5257), des raisins secs et des dattes (n⁰ 5258), des fruits du palmier doum (n⁰ 5259). Le miroir (n⁰ 5260) a été trouvé, comme nous le verrons plus loin (n⁰ 5226), dans la momie de la princesse Mashonttimihou. L'étoffe (n⁰ 5251) provient du cercueil de Thoutmos III (n⁰ 5213, p. 324) : pour en faire ressortir la finesse, nous avons caché dans les plis quelques statuettes funéraires, qu'on aperçoit par transparence. Enfin, la boîte carrée (n⁰ 5261), qui est placée dans le coin à droite, porte le nom du roi Ramsès IX de la XXᵉ dynastie. Elle est en ivoire, en bois rouge et en bronze, et était toute disloquée au moment de la trouvaille : elle a été reconstituée par M. Émile Brugsch-bey.

Sur l'avant-dernière tablette, repose une momie d'apparence étrange, trop longue pour sa largeur (n⁰ 5262). Elle était dans un cercueil d'enfant, peint en blanc, et porte, tracé à l'encre sur la poitrine, le nom de la princesse Sitamon, fille d'Ahmos Iᵉʳ et de Nofritari (XVIIIᵉ dynastie). A l'intérieur, au lieu du cadavre momifié, un paquet de *djérids* long de 1ᵐ 20, et surmonté d'un crâne d'enfant. Ce n'est pas la seule momie fausse que nous aient rendue la cachette de Déïr el-Baharî (cfr. n⁰ 5241), et la nécropole thébaine. Les momies ainsi refaites proviennent généralement de tombeaux pillés par les voleurs : on forçait la porte de la chambre funéraire et on brisait la momie, comme font encore aujourd'hui les Arabes, afin de prendre les objets précieux qui la couvraient. Le sacrilège découvert, les gardiens ou les parents réparaient les dégâts tant bien que mal, mais souvent la momie était trop bien détruite pour qu'on pût en rapprocher les morceaux, et cependant la religion n'admettait pas que l'âme désincarnée pût vivre pleinement dans l'autre monde, si le corps qu'elle avait eu durant sa vie terrestre venait à disparaître complètement (cfr. p. 214—215). Faute d'avoir le corps réel de la princesse Sitamoun, les inspecteurs de la nécropole prirent le parti de lui fabriquer une apparence de corps, avec des côtes de feuilles de palmiers, quelques débris d'ossements et des chiffons. Les petites rames en bois (n° 5263) qui s'appuient sur la momie fausse ont été trouvées sur la momie de Thoutmos III.(cfr. p. 324, n° 5213). Elles servaient à deux fins, d'abord à consolider le corps brisé, quand on le reconstitua, puis à donner au roi défunt le moyen de monter, comme ses prédécesseurs, sur la barque du soleil, et à parcourir le ciel avec le dieu.

Le compartiment inférieur est garni de canopes trouvés avec les corps et de travail très fin pour la plupart.

5222. — Bois, toile et stuc. — H. 3^m 20 sans les plumes.

Cercueil gigantesque, formé par des épaisseurs d'étoffe superposées, tendues sur un chassis en bois léger et fortement imprégnées de stuc. Il est peint en jaune et porte, en une bande verticale, le proscynème habituel en l'honneur de la reine Ahhotpou II, femme du roi Amenhotpou Ier (cfr. n⁰ 5230). Il reproduit l'aspect extérieur des piliers Osiriens qui décorent la cour de Médinet-Thabou, à la coiffure près. La perruque, les traits du visage et les colliers sont relevés de bleu. La momie, revêtue d'un joli linceul orange, était enfermée directement dans le cercueil. Elle n'a que 1ᵐ 56 de long (n⁰ 5219, p. 327). — XVIIIᵉ dynastie. *Déir el-Baharî.*

Armoire AZ.

Sur la tablette supérieure, au milieu, une boîte en roseaux blancs (n⁰ 5264), très fine de travail et presque neuve d'apparence : elle renferme une perruque de grande taille, en poil de mouton noir et en cheveux mêlés, identique pour la forme aux perruques que l'on voit sur les monuments thébains de la XXᵉ et de la XXIᵉ dynastie. Au moment de la découverte, elle était encore maintenue par deux sceaux en terre sigillaire au nom du Grand-prêtre d'Ammon Menkhopirrî : la perruque était destinée par conséquent à la reine Isimkheb I, femme de ce personnage. D'autres perruques sont exposées dans les armoires BD et BE (n⁰ˢ 5265, 5266, etc.).

Sous les statuettes funéraires qui recouvrent la seconde tablette, sont exposés des spécimens de l'herbier que le célèbre docteur Schweinfurth a eu la complaisance de préparer pour le Musée, avec les fleurs trouvées sur les momies royales. La date exacte à laquelle elles remontent n'est pas facile à déterminer. Deux hypothèses sont possibles à leur égard : 1º elles sont contemporaines de l'enterrement des personnages sur lesquels on les a trouvées. Le jour où l'on transportait le mort à sa dernière demeure, on suspendait à son cou et sur sa poitrine des guirlandes (cfr. *Salle du centre*, nº 3967, p. 189), toutes fabriquées sur le même modèle : on saisissait chaque fleur dans une sorte de monture, formée de feuilles du saule d'Égypte *(Salix safsaf)* ou du *Mimusops Kummel*, le *Persea* des monuments, que l'on découpait et cousait ensemble sur une sorte de point de chaînette. En arrivant devant la porte de l'hypogée, la momie, dressée sur ses pieds, recevait, debout, la face au monde des vivants, l'hommage des amis et les lamentations de la famille, après quoi, on l'emportait au fond de l'hypogée et on la couchait dans son caveau, le plus souvent sans prendre la peine de la dépouiller de ses guirlandes. 2º Les fleurs peuvent n'être contemporaines que des grands-prêtres d'Ammon (XXe—XXIe dyn.). Les inscriptions de certaines momies nous disent en effet, qu'à diverses reprises, on refit l'habillement de plusieurs rois, tels qu'Amenhotpou Ier, Séti Ier, Ramsès II. Il se peut que les fleurs aient été comprises dans cette restauration; elles ne dateraient donc que du XIe ou du Xe siècle avant notre ère. Pour certaines momies, telles que celle d'Ahmos Ier, il me paraît à peu près certain que nous possédons tout l'appareil funéraire, tel qu'il existait au moment de l'enterrement : les fleurs remonteraient jusqu'au premier règne de la XVIIIe dynastie, environ 1750 av. J.-Ch. De toute façon, il convient de se rappeler que les plus anciens herbiers jusqu'à présent connus n'ont pas encore quatre cents ans de date : l'herbier du Musée de Boulaq, que les éléments en aient été cueillis au XVIIIe ou seulement au Xe siècle avant notre ère, est de beaucoup ce que nous connaissons de plus ancien en ce genre. Il offre aux botanistes un point de comparaison précieux pour l'étude de la flore égyptienne : comme la lumière vive de nos salles pourrait endommager et détruire cette collection unique au monde, je n'en ai exposé que des spécimens. Les espèces représentées sont le pied d'alouette bleu-violet *(Delphinium Orientale)*, commun en Égypte, le lotus bleu et blanc *(Nymphæa Cœrulea* et *Nymphæa Lotus)*, l'*Alcea Ficifolia*, la *Serbania ægyptiaca* et le carthame *(Carthamus tinctorius)*, dont la fleur orange fournissait une des matières colorantes le plus fréquemment employées par les Égyptiens. A côté de chaque spécimen antique est placé un spécimen moderne, recueilli et préparé également par le docteur Schweinfurth. Quelques-unes des espèces sont éteintes aujourd'hui, une sorte de melon d'eau par exemple. D'autres ne sont pas originaires de l'Égypte, et ont dû y être apportées par le commerce : tel est un Lichen de Crète et de l'Archipel grec, la *Parmelia furfuracea*, que les droguistes du Caire vendent aujourd'hui encore sous le nom arabe de *Chéba*. De pareils faits sont d'autant moins surprenants que les Égyptiens des dynasties thébaines avaient le goût des fleurs et des plantes rares poussé fort loin : ils essayèrent d'acclimater chez eux les espèces nouvelles que leur fournissaient les pays conquis, et, sans parler de l'expédition de cinq vaisseaux, envoyée par la reine Hatshopsitou aux *Echelles de l'Encens*, pour y prendre des arbres à parfums, une des chambres du temple de Karnak, construite et décorée par Thoutmos III, a ses murs couverts de plantes, d'oiseaux et d'animaux exotiques, que ce monarque avait rapportés de ses campagnes lointaines en hommage au dieu Ammon.

Sur la dernière tablette, on a placé, entre autres objets de peu d'importance, une grande plaque en bois (n° 5268), couverte d'une belle écriture hiératique. C'est la copie de divers décrets rendus par le dieu Ammon-Râ, en l'honneur de la dame Nsikhonsou (cfr. n° 5209, p. 322) au moment de sa mort, et destinés à lui assurer dans l'autre monde tous les bonheurs afférents à ses vertus et aux divers amulettes dont elle était pourvue, tels que les *Répondants*. Deux autres décrets, transcrits sur deux tablettes indépendantes, complétaient celui-ci. L'un d'eux, acheté par Rogers-bey et aujourd'hui au Louvre, est le document dont j'ai parlé plus haut, et qui me fit soupçonner la découverte par les Arabes d'au moins une tombe royale nouvelle (cfr. p. 315); l'autre est en Angleterre, entre les mains d'un particulier. Ces singuliers documents marquent une évolution nouvelle dans l'histoire de la stèle, telle que je l'ai esquissée plus haut (cfr. p. 29—39). Le culte d'Ammon, dieu unique, avait prévalu à Thèbes, sous les derniers rois de la XXe dynastie, au point que le gouvernement effectif avait passé aux mains du dieu lui-même : le roi n'entreprenait rien avant d'avoir consulté dans le sanctuaire Ammon lui-même, dont la statue lui répondait quelquefois de la voix, le plus souvent par un signe de tête. Quand les grands-prêtres d'Ammon succédèrent aux Ramessides, cette intervention matérielle du dieu régla, outre les affaires de l'état, toutes les affaires privées de la famille régnante. Pour les partages de succession, pour les mariages, Ammon rendait des décrets, dont la minute nous est parvenue, transcrite en hiéroglyphes, sur les murs du temple de Karnak; à plus forte raison, prenait-il la parole, quand il fallait assurer le bonheur d'un prêtre ou d'une princesse dans l'autre monde. De la famille pontificale, l'usage passa aux simples particuliers, et nous trouverons désormais, à Thèbes, une variante de la formule des stèles, où l'en-tête ordinaire : *Oblation à tel ou tel dieu* (cfr. p. 35—37) est remplacé par un décret, dans lequel Ammon, Osiris ou d'autres dieux confèrent au mort, après délibération en conseil souverain, tous les droits et privilèges des bienheureux.

Etagère BA.

Sur l'espèce d'armoire ouverte, qui se trouve en retour derrière les piliers, sont placés des personnages de moindre intérêt. Celui qui occupe la troisième case au-dessus du sol repose un *Domestique de la nécropole thébaine*, nommé Phirshemmo (n° 5225); au-dessus de lui (n° 5226), la reine Mashonttimiou. Le cercueil a été brisé, puis restauré anciennement. L'inscription, d'abord gravée sur fond bleu et remplie de stuc bleu, a été refaite à l'encre par l'un des scribes chargés de la restauration. La momie est fausse, comme celle de la princesse Sitamoun (cfr. p. 330). Elle a été fouillée par les Arabes, et on en distingue les éléments à travers les trous pratiqués dans le maillot. Un morceau de cercueil à vernis jaune, de la XXe dynastie, accompagné d'un manche de miroir (cfr. p. 330) et de quelques autres objets, tient lieu de corps : un paquet de chiffons reproduit la tête, un paquet de chiffons les pieds. Le tout est si habilement combiné que nous n'aurions jamais soupçonné la fraude, si les Arabes de Gournah ne s'étaient avisés d'éventrer le contenu du cercueil. — XVIIIe dyn.

5227. — Longueur de la momie, 1^m 85.

Le roi Soqnounrî III Tiouâken de la XVIIe dynastie. Le cercueil est trapu, lourd, recouvert d'une couche de stuc blanc jadis doré; la tête et la coiffure sont peintes en jaune, l'uræus dorée est au front. Une bande verticale d'hiéroglyphes descend de la poitrine aux pieds et se termine sous le talon. Les caractères, d'abord tracés hardiment à l'encre, ont été maladroitement retouchés à la pointe, après la dorure, et sont déformés en plus d'un endroit. Le q △ a la figure du t ⌒, si bien qu'on serait tenté de lire Sotnounrî Tiouâten, si l'on ne connaissait point d'autre part la forme réelle du nom. La momie est enveloppée d'une étoffe grossière et ne porte aucune inscription apparente; le maillot, sondé en plusieurs endroits, ne renferme ni toile écrite ni amulettes. — XVIIe dyn.

5228. — Longueur de la momie, 1^m 67.

Cercueil en bois, reproduisant les contours généraux du corps. Le fond est jaune; la chevelure, les ornements et les traits du visage sont relevés de bleu. Sur la poitrine, un pectoral montrant les deux cartouches du roi Nibpehtirî Ahmôs Ier et la figure d'Ammon-Râ. Le maillot de la momie porte sur la poitrine le nom du roi tracé à l'encre en hiératique. — XVIIIe dyn.

5229. — Longueur de la momie, 1^m 69.

La reine Nofirtari, femme du précédent. Le cercueil, peint en rouge brun et formé par des épaisseurs de toile superposées, était enfermé dans le grand cercueil n° 5247 (cfr. p. 346), qui est debout contre le pilier de droite. La momie, enveloppée d'une toile rouge orange, maintenue par des bandelettes de toile ordinaire, ne porte aucune inscription : on voit seulement, autour de la tête, un bandeau couvert de figures mystiques. La reine Nofirtari est communément appelée la reine noire, parce qu'elle est quelquefois représentée peinte en noir. Il ne faut pas en conclure qu'elle était négresse. Son culte, très répandu à Thèbes, en faisait une forme d'Hathor, la déesse des morts : cela suffit à expliquer la teinte sombre de son corps dans plusieurs tombes. — XVIIIe dyn.

5230. — Longueur de la momie, 1^m 69.

Cercueil à fond blanc (voir le couvercle, p. 325, n° 5216) du roi Amenhotpou Ier, fils d'Ahmos et de Nofirtari. La momie est revêtue d'une toile orange, maintenue par des bandes de toile ordinaire. Elle porte un masque en bois et en carton peint, identique au masque du couvercle. Elle est enveloppée des pieds à la tête de longues guirlandes (cfr. *Salle des momies, Armoire AZ,* p. 332—334). Une guêpe, attirée par les fleurs, était entrée dans le cercueil au moment de l'enterrement : elle s'y est conservée intacte et nous a fourni un exemple probablement unique d'une momie de guêpe. — XVIIIe dyn.

5231. — Longueur de la momie, 1^m 77.

Cercueil à fond blanc, tête peinte en jaune, figure souriante (voir le couvercle sous le n° 5217, p. 326), perruque noire : l'uræus a disparu. L'inscription est au nom du roi Aâkhoprinrî Thoutmos Hiqoïs, c'est-à-dire de Thoutmos II, petit-fils du précédent. La momie, recouverte de toile blanche, porte, tracée sur la poitrine, une inscription où il est dit que « l'an VI, » le 7 du troisième mois de Pirit, le premier prophète » d'Ammon-Râ, Pinotm, fils du premier prophète » d'Ammon-Râ, fils de Piônkhi, envoya restaurer » l'appareil funèbre du roi Aânrî » (*sic,* par étourderie du scribe pour Aâkhoprinrî). — XVIIIe dyn.

5232. — Longueur de la momie, 1^m 75.

Grand cercueil blanc dont les pieds ont été brisés anciennement : les traits sont relevés de noir, les yeux sont en émail. Sur la poitrine, au-dessous des cartouches *Monmâitrî Siti Minephtah* de Séti Ier, trois procès-verbaux en hiératique, de longueur différente. D'après le premier, « l'an VI, le 7 du deu- » xième mois de Shaït, le premier prophète d'Ammon, » Hrihor, envoya restaurer l'appareil funèbre du roi » Séti Ier ». Le second déclare que « l'an XVI, le 7

» du quatrième mois de Pirit, sous le roi Siamoun
» (Hrihor), on retira le roi Séti Ier de son tombeau,
» pour le déposer dans la tombe de la princesse
» Ansî(?) »; l'opération faite, la prêtresse chargée du
culte de la momie témoigna, devant le roi, de la
condition de la momie, et dit que le corps n'avait
souffert aucun dommage dans le transfert. Enfin, en
l'an X, le 11 du quatrième mois de Pirit, sous le
grand-prêtre Pinotm Ier, le roi Séti Ier fut transporté
dans le tombeau d'Amenhotpou Ier, en foi de quoi
on écrivit le troisième et dernier procès-verbal.

La momie est enveloppée d'une forte toile jaunâtre
et ne porte aucune inscription apparente. — XIXe dyn.

5233. — Longueur de la momie, 1^m 80.

Cercueil de bois, bois non peint, en forme d'Osiris :
les yeux et les traits sont rehaussés de noir, les mains
tiennent chacune un sceptre. Sur la poitrine, sont
tracés à l'encre les cartouches d'Ousirmarî-sotpenrî
Ramsès II Miamoun, le Sésostris des Grecs, et trois
inscriptions, dont l'une effacée à l'éponge a été ensuite surchargée, mais reste encore lisible en partie.
Elle a pour objet de constater que, l'an VI, le grand-
prêtre Hrihor fit restaurer la momie de Ramsès II.
Des deux inscriptions restantes, l'une raconte que
l'an XVI, le 7 du quatrième mois de Pirit, le roi
Siamoun fit retirer le corps de Ramsès II du tombeau de Séti Ier où on l'avait déposé; l'autre, tracée
rapidement sur le sommet de la tête, nous apprend
que, l'an X du grand-prêtre Pinotm, on transporta
Ramsès II dans le tombeau d'Amenhotpou Ier, en
même temps que son père Séti Ier.

Le style du monument et certains détails d'orthographe nous reportaient à la XXᵉ dynastie plutôt qu'à la XIXᵉ. Pour savoir si la momie était bien celle de Ramsès II, comme le prétendent les inscriptions du couvercle, j'ai cru devoir enlever une partie des bandages, qui paraissaient être mal attachés, et j'ai trouvé, sur la poitrine du maillot original, une inscription hiératique à l'encre, dont la teneur ne laisse subsister aucun doute : le grand-prêtre Pinotm Iᵉʳ déclare qu'il a fait réparer l'appareil funéraire de Ramsès II, en l'an XVI. Le cercueil, dans lequel le conquérant était enfermé primitivement, avait été détruit et dut être remplacé : c'est là ce qui explique et l'aspect du monument et les particularités orthographiques des cartouches. — XIXᵉ dyn.

5234. — Longueur de la momie, 1ᵐ 65.
Cercueil de beau travail en bois émaillé (cfr. le cercueil extérieur, p. 344, n⁰ 5242). Une feuille d'or recouvrait la caisse entière, à l'exception de la coiffure et de quelques détails; les hiéroglyphes et les parties principales de l'ornementation sont formés de petits fragments de pierres précieuses et d'émaux incrustés dans l'or. Le tout formait un ensemble d'un éclat et d'une richesse à peine concevables. Par malheur, le cercueil a été gratté, et il ne reste plus que des lambeaux de la décoration primitive. C'était le cercueil de la reine Notmit, mère du prêtre-roi Hrihor. La momie avait été fouillée par les Arabes, et le papyrus enlevé : une partie en est déposée au Louvre, l'autre est au British Museum. — XXᵉ dyn.

5235. — Longueur de la momie, 1ᵐ 62.

Deuxième cercueil et momie de la reine Isimkheb fille de Masahirti (cfr. p. 321, n° 5205) et mère de Pinotm III (p. 321, n° 5207). Le cercueil extérieur et les couvercles sont exposés sous le n° 5208 (p. 321). — XXIe dyn.

5236. — Longueur de la grande momie, 1^{m}50, de la petite, 0^m 42.

Cercueil renfermant les momies de la reine Mâkerî et de la princesse Moutemhâït (cfr. le cercueil extérieur et les couvercles sous le n° 5210, p. 323). La reine Mâkerî est morte en couches et son enfant avec elle. Cet enfant, qui probablement n'a pas dû vivre un jour, porte tous les titres de sa mère, entre autres, celui de *Royale épouse principale*. Moutemhâït n'a donc été ni *Epouse royale*, ni même quoi que ce soit sur cette terre : mais l'usage voulait que les femmes de la famille des Ramessides eussent ce titre de naissance et elle l'a eu. Le fait est bon à noter, car il montre à quelles erreurs on est exposé, lorsqu'on spécule sur certaines indications des monuments : si nous n'avions pas la momie de Moutemhâït, aurions-nous jamais supposé, d'après ses titres, qu'elle était née morte? N'aurions-nous pas été tenté de lui attribuer un mari et des enfants? — XXIe dyn.

5237. — Longueur de la momie, 1^m 78.

Cercueil à fond blanc, chargé de dessins en couleur au nom du prêtre-scribe Nibsonî, né de Phiri et de la dame Tamosou (cfr. le couvercle sous le n° 5214, p. 325). La momie a la face découverte;

elle est dans un tel état de conservation qu'on dirait le cadavre d'un homme mort depuis quelques jours à peine. — XXe dyn.

5238. — Longueur de la momie, 1^m 54.

Cercueil du roi-prêtre Pinotm II (cfr. le couvercle sous le n° 5203, p. 320). Le cercueil est du même type que le cercueil de Notmit (cfr. n° 5234, p. 341). Il appartenait d'abord à Thoutmos Ier : après avoir été enlevé à son premier possesseur, il a été approprié à l'usage de Pinotm II, mais le nom de Thoutmos reparaît çà et là sous la peinture plus récente. Il a été presque entièrement dédoré et ne présente plus guère à l'extérieur que l'aspect d'une masse de bois informe.

La momie a été déshabillée par les Arabes; elle est dans un état admirable de conservation. Pinotm II était un vieillard aux traits fins et rusés, à la tête rase, au corps maigre et petit. Les dents sont usées à la façon des dents du cheval, comme on le voit encore chez certaines peuplades africaines, qui se nourrissent de graines mal broyées. — XXIe dyn.

Etagère BB.

La case du bas est remplie par un cercueil (n° 5289) en forme de momie, peint en blanc de manière à imiter le calcaire. La momie ne porte point de nom : elle était enveloppée dans une peau de mouton à laine blanche, et accompagnée de deux cannes à pomme en roseaux tressés. Elle exhale une odeur infecte. — XVIIIe dyn. *Déir el-Bahari.*

5240. — Longueur de la momie, 0ᵐ 90.

Cercueil identique d'aspect à celui d'Ahmos Iᵉʳ (nº 5228, p. 337); aux pieds, le nom du fils aîné d'Ahmos, Siamon. La momie est d'un enfant de cinq à six ans : elle porte, tracé en hiératique sur la poitrine, le nom de Siamon. — XVIIIᵉ dyn.

Déir el-Baharî.

5241. — Longueur de la momie, 1ᵐ 58.

Cercueil de femme brisé aux pieds, style de la XXᵉ dynastie. Le nom du propriétaire a été effacé avec soin, et c'est tout au plus si l'on peut y distinguer le titre de *Chanteuse d'Ammon*. La momie qui l'occupait à l'origine n'existe plus : elle a été remplacée par une autre momie, enveloppée de guirlandes, qui porte sur la poitrine le nom de la princesse Sitka, avec les titres de *mère royale, sœur et épouse principale du roi*. — XVIIIᵉ dyn.

Déir el-Baharî.

A l'étage supérieur, le cercueil extérieur (nº 5242) de Notmit (cfr. nº 5234, p. 341). — XXᵉ dyn.

Déir el-Baharî.

Armoire BC.

Sur la planche du haut, est exposée une selle, chargée de vases à libations, et qui appartenait à la momie d'Isimkheb (cfr. *Armoire AY*, nº 5252, p. 328). Au-dessous, viennent, une rangée de statuettes funéraires puis d'autres spécimens de l'herbier préparé pour le musée par le docteur Schweinfurth (cfr. *Armoire AZ*, p. 332—335), et un panier en feuilles de papyrus, contenant des offrandes analogues à celles qu'on voit dans l'*Armoire AY* (p. 329—330).

Le groupe placé au milieu de la salle a été découvert à Saqqarah, en 1863. Il vient d'un puits profond, commun à plusieurs caveaux, dont l'un appartenait à la reine Khotbnitiribit, femme de Nectanébo Ier (XXXe dyn.), et un autre au Scribe des offrandes funéraires, Psamitik, contemporain de cette reine. C'est dans le tombeau de Psamitik qu'ont été recueillis les quatre monuments suivants :

5243. — **Basalte vert.** — H. 0^m 97. — (Mariette, *Mon. Div.*, pl. 96 A, B.)

Le défunt Psamitik, revêtu de la longue robe, est debout, appuyé contre la poitrine de la vache Hathor, la déesse des morts. Un des chefs d'œuvre de la sculpture à l'époque saïte. — XXXe dyn.

Saqqarah.

5244. — **Basalte vert.** — Larg. 0^m 71; long. 0^m 34. — (Mariette, *Mon. Div.*, pl. 95, *a*.)

Table d'offrandes du même Psamitik. — XXXe dyn.

Saqqarah.

5245. — **Basalte vert.** — H. 0^m 90. — (Mariette, *Mon. Div.*, pl. 96, *D*.)

Statue d'Osiris momie, coiffé du diadème *Atef* aux deux grandes plumes. Le dieu est assis et tient à la main le sceptre et le fouet. La légende est au nom du scribe Psamitik. — XXXe dyn.   *Saqqarah.*

5246. — Basalte vert. — H. 0ᵐ 89. — (Mariette, *Mon. Div.*, pl. 96, C.)

Isis assise, provenant, comme les trois morceaux précédents, du tombeau de Psamitik. — XXXᵉ dyn.
Saqqarah.

5247. — H. 3ᵐ 17; larg. aux coudes 0ᵐ 87, épaisseur à la poitrine 0ᵐ 55.

Cercueil gigantesque de Nofirtari (cfr. la momie, n⁰ 5229, p. 338), identique d'aspect et de travail à celui d'Ahhotpou II, qui lui fait pendant à l'autre pilier (cfr. n⁰ 5222, p. 331). — XVIIIᵉ dyn.
Déir el-Baharî.

Armoire BD.

A l'étage supérieur, entre deux perruques d'Isimkheb (cfr. *Armoire AZ*, n⁰ 5264, p. 332), on remarque une boîte à figurines aux cartouches du roi-prêtre Pinotm II (XXIᵉ dynastie). Les figurines exposées à l'étage du dessous appartiennent à la famille des grands-prêtres dont je viens de décrire les momies, et ne diffèrent des Répondants ordinaires que par l'éclat de l'émail bleu dont elles sont revêtues. Viennent ensuite de nouveaux spécimens des fruits trouvés dans la cachette (cfr. *Armoire AY*, p. 329—330), du pain, et plusieurs objets d'un intérêt plus positif, tels que les vases en pâte de verre bleue, verte, jaune, noire jaspée de blanc, groupés au centre. Ce sont des gobelets à libation d'un type jusqu'à présent fort rare. Ceux d'entre eux qui ont une légende portent le nom de la princesse Nsikhonsou (cfr. n⁰ 5218, p. 326), femme de Pinotm III : l'ensemble de la collection

Salle des momies royales.

remonte donc au Xe siècle av. J.-Ch., et nous donne un point de repère précieux pour déterminer la date des objets en pâte de verre exposés dans notre collection (cfr. *Salle du centre, Armoire Y,* p. 103).

5248. — H. 0^m 18; larg. 0^m 16; prof. 0^m 14.

Coffret en bois et en ivoire, portant sur le devant les cartouches de la reine Hatshopsitou, sœur de Thoutmos III. Il a été usurpé plus tard et a servi de canope, pour contenir la rate et le foie d'un des grands-prêtres d'Ammon, ou de la reine Makerî (cfr. n° 5236, p. 342), dont le nom est identique au prénom de la reine Hatshopsitou. — XVIIIe et XXIe dyn. *Déïr el-Baharî.*

5249. — H. 0^m 35; larg. 0^m 30.

Fragment d'un cercueil à couleur jaune de la XXe dynastie, portant le procès-verbal de la translation du corps de Ramsès Ier, en l'an XVI du roi Hrihor Siamon (cfr. n° 5218, p. 326). — XXe dyn. *Déïr el-Baharî.*

5250. — Longueur du corps, 1^m 66.

Momie du roi Mirinrî Sokarimsaf, fils du roi Papi Ier, frère aîné de Papi II. Elle a été trouvée dans une des pyramides de Saqqarah, en janvier 1881. La mâchoire inférieure manque, et une jambe s'est détachée dans le transport. Les traits bien conservés nous rendent la physionomie du roi : sur le côté droit de la tête, pend encore la tresse des adolescents (cfr. *Salle funéraire, Vitrine AE,* n° 4033, p. 259), et l'examen du corps prouve que Sokarimsaf dut mourir très jeune. Cette momie, la plus ancienne probablement que l'on connaisse jusqu'à présent, prouve, contrairement à l'opinion de Mariette, que les procédés de l'embaumement et l'emmaillotage du corps étaient arrivés au plus haut degré de perfection, dès le temps de l'Ancien Empire. Les bandelettes ont été arrachées violemment par les Arabes, mais elles adhèrent encore en plusieurs endroits et ont laissé leur empreinte sur la peau : les débris que j'en ai ramassés, dans la chambre de la pyramide, ne diffèrent en rien des bandelettes employées plus tard pour le même objet. — VIe dyn. *Saqqarah.*

En résumé, les momies princières appartiennent à trois familles différentes, qui, toutes trois, ont régné sur l'Égypte entre le XIXe et le Xe siècle avant notre ère. La généalogie du groupe le plus ancien (XVIIe à XVIIIe dyn.) s'établit comme il suit :

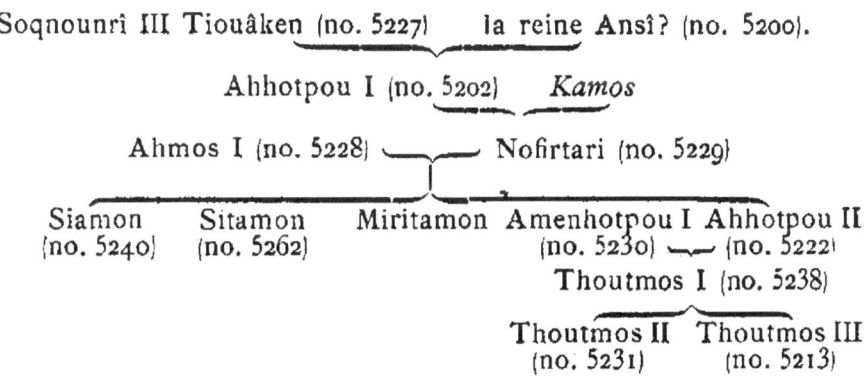

La place des trois princesses Sitka (n° 5241), Honttimihou et Mashonttimihou (n° 5226) sa fille, n'est pas tout à fait certaine : il y a lieu de croire cependant qu'elles appartiennent à la famille d'Ahmos, et sont identiques à certaines princesses mentionnées dans des tombeaux thébains, à Déïr el-Médinéh.

Salle des momies royales.

Le groupe intermédiaire consiste en trois personnages seulement :

Ramsès Ier (n° 5218)
|
Séti Ier (n° 5232)
|
Ramsès II (n° 5233)

Le dernier groupe comprend les membres de la famille sacerdotale qui régna sur Thèbes, après l'extinction de la XXe dynastie, et tandis qu'une maison Tanite fondait, dans le Delta, une dynastie indépendante, la XXIe de Manéthon.

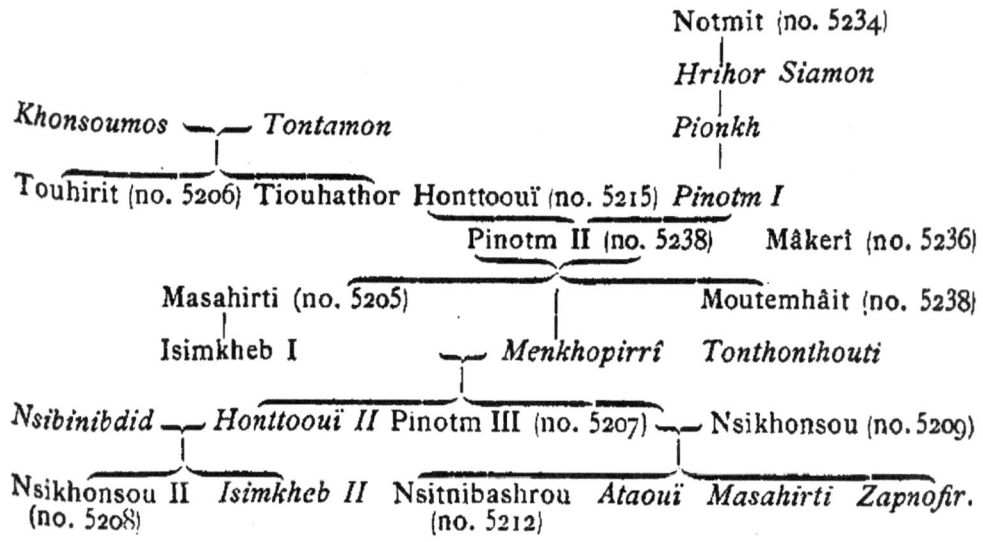

La place de quelques-uns de ces personnages n'est pas certaine, et il reste encore quelques momies (nos 5225, 5237, etc.), que je ne sais comment rattacher à la série.

Et maintenant une question se pose. La plupart des rois et des princes de la XVIIIe et de la XXe dynasties avaient chacun sa tombe, qui existe encore aujourd'hui, ou dont nous connaissons l'emplacement

par des documents contemporains, Amenhotpou Ier à Drah abou'l-neggah, Séti Ier et Ramsès II au Bab el-Molouk, d'autres ailleurs. Comment se fait-il que leurs corps aient été enfouis pêle-mêle avec les corps des grands-prêtres d'Ammon, entre Déïr el-Baharî et Drah abou'l-neggah? De tout temps, les richesses déposées dans les tombeaux avaient tenté les voleurs et causé de nombreuses violations de sépultures. Quand la puissance de Thèbes commença à décroître, vers la fin de la XXe dynastie, et que, par conséquent, la surveillance exercée sur la nécropole se relâcha de sa vigueur, des bandes s'organisèrent, où figurent des employés civils, des officiers, des manœuvres, jusqu'à des femmes, et, non contentes de s'attaquer à de simples particuliers, osèrent porter la main sur les rois. Une enquête, ouverte en l'an XVI de Ramsès IX, nous apprend que les commissaires royaux trouvèrent une tombe royale violée sur dix qu'ils avaient ordre de visiter. « Nous ou-
» vrîmes, dirent les voleurs devant les juges, les
» sarcophages du roi Sovkemsaouf (cfr. *Grand Ves-*
» *tibule*, n° 446, p. 51) et de sa femme la reine
» Noubkhâs, ainsi que les caisses funéraires dans les-
» quels ils étaient. Nous trouvâmes la momie au-
» guste du roi, et, à côté d'elle, son sabre, ainsi qu'un
» nombre considérable de talismans et de garnitures
» en or à son cou. La tête était couverte d'or et
» toute la momie plaquée d'or; les cercueils étaient
» revêtus d'or et d'argent en dedans et en dehors,
» et incrustés de toute sorte de pierres précieuses.
» Nous prîmes l'or que nous trouvâmes sur la mo-
» mie, ainsi que les talismans et les garnitures du

»cou et l'or des cercueils. Nous prîmes également
» tout ce que nous trouvâmes sur la royale épouse,
» puis nous brûlâmes leurs caisses funéraires, et nous
» volâmes leur mobilier, qui consistait en vases d'or,
» d'argent et de bronze, et nous le partageâmes entre
» nous huit.» C'est, comme on voit, la description
exacte de la reine Ahhotpou I (cfr. n° 5202, p. 320),
dont la momie nous a fourni les beaux bijoux du
Musée (cfr. *Salle du centre, Vitrine H*, p. 77—84).

Ce fut pour les sauver des voleurs qu'on retira
les Pharaons de leurs tombeaux. Les procès-verbaux que j'ai traduits (p. 339—340, n°s 5232—5233), montrent que les trois princes de la XIXe dynastie, Ramsès Ier, Séti Ier, Ramsès II, subirent les mêmes vicissitudes : réunis tous trois dans le tombeau de Séti, où on venait les restaurer de temps en temps, ils furent transportés ensemble dans une dépendance du tombeau d'Amenhotpou Ier, où se trouvaient déjà les princes et princesses des XVIIe et XVIIIe dynasties qui composent le premier groupe. D'autre part, les derniers des grands-prêtres d'Ammon avaient fait creuser dans la montagne, au sud de Déïr el-Baharî, un tombeau où ils déposaient les morts de la famille. Quand leur race s'éteignit à son tour, un membre de la XXIIe dynastie Bubastite, probablement ce grand-prêtre Ouapout dont j'ai signalé le nom sur la momie n° 5211, utilisa ce tombeau comme cachette, et y déposa pêle-mêle tous les cercueils royaux, qu'on avait gardés jusqu'alors dans l'hypogée d'Amenhotpou Ier.

CHAPITRE SIXIÈME.

LA SALLE GRÉCO-ROMAINE ET LA SALLE HISTORIQUE DE L'EST.

§ 1. — Salle gréco-romaine.

On s'étonnera peut-être de rencontrer à Boulaq fort peu de monuments d'époque grecque, romaine et byzantine. Mariette, préoccupé, et à juste titre, de rassembler les éléments d'un musée pharaonique, négligea de partie pris tout ce qui était postérieur à l'invasion d'Alexandre, et se borna à recueillir les objets des bas temps que le hasard des fouilles jetait entre ses mains. J'ai pensé qu'un musée égyptien ne serait pas complet s'il ne nous menait jusqu'au moment de la conquête musulmane, et ne nous donnait pas les moyens d'étudier l'Égypte des Grecs, des Romains et des Césars byzantins, même l'histoire du christianisme égyptien, comme l'Égypte des dynasties nationales. Trois années de recherches m'ont déjà permis de décupler le nombre des inscriptions grecques, latines, coptes, et de former la précieuse collection de terres cuites Alexandrines et d'objets en bronze que renferment nos vitrines. Les séries sont encore bien pauvres et le visiteur ne doit pas s'attendre à y rencontrer des chefs d'œuvre analogues à ceux qu'il a pu voir dans les musées de l'Europe. J'espère qu'elles se compléteront rapidement et deviendront assez riches pour ne pas déparer le reste du Musée.

5400. — Calcaire blanc. — H. $2^m 22$; larg. $0^m 78$; ép. $0^m 40$.

Stèle brisée par le milieu. Elle porte un décret rendu dans la ville de Canope, en l'honneur de Ptolémée Evergète Ier, par les prêtres rassemblés dans cette ville, pour célébrer l'anniversaire de la naissance du roi et son couronnement. Le culte du roi et de la reine Bérénice est consacré par des fêtes annuelles et par des fondations pieuses, afin de perpétuer à jamais le souvenir de leurs bienfaits, et l'assemblée décide que des copies du décret seront déposées dans tous les temples importants de l'Égypte, en hiéroglyphes, en démotique et en grec.

Les ruines nous ont rendu jusqu'à présent trois exemplaires de ce décret. Le plus anciennement connu provient du Caire, où il servait de seuil à la mosquée de l'émir Kour : il avait été transporté, soit de Memphis, soit d'Héliopolis, et se trouve aujourd'hui au Musée du Louvre (**C** 122). Le second a été déterré à Tanis, en 1866, et signalé par M. Gambard au docteur Lepsius, puis à MM. Reinisch et Rössler, qui en publièrent aussitôt la partie hiéroglyphique et grecque : le texte démotique, gravé sur la tranche de gauche, ne devint visible qu'au moment où le monument fut transporté à Boulaq. Le troisième exemplaire a été découvert à Tell-el-Hisn, à l'occident du Delta, en 1881, et porte au musée le n° 5402. — Ep. ptolémaïque. *Tanis.*

5401. — Calcaire compact. — H. $2^m\,03$; larg. $0^m\,90$.

Autre exemplaire du décret précédent, mais d'une exécution plus soignée. Il porte, de plus que l'exemplaire de Tanis, un tableau où la famille royale est représentée en adoration devant les dieux de l'Égypte. Le texte démotique est inséré à sa place entre le texte hiéroglyphique et la version grecque. — Ep. ptolémaïque. *Tell-el-Hisn.*

Quelques-unes des personnes qui visitent le Musée désireront peut-être appliquer sur ces monuments la méthode qui a permis à Champollion de retrouver l'alphabet hiéroglyphique. Elles observeront d'abord que l'inscription grecque, dont la rédaction est, du témoignage même des scribes qui nous l'ont conservée, identique à celle du texte hiéroglyphique, contient un certain nombre de noms royaux, Ptolémée, Arsinoé (L. 1), Alexandre et Arsinoé (L. 2), Bérénice (L. 8). La version égyptienne enferme ces noms propres dans l'espèce d'enroulement qu'on appelle *cartouche* ⊂⊐ : il faut donc rechercher d'abord quel cartouche égyptien répond à chaque nom de roi grec. Supposons, comme semble l'indiquer bien nettement la teneur générale du protocole, que les deux premiers cartouches de la première ligne hiéroglyphique répondent au nom de Ptolemaios. Ils ont l'un et l'autre une partie commune, qui, décomposée lettre à lettre, nous donnera ▢ $= P$, ⌒ $= T$, = O, = L, = M, = AIO ou bien I tout seul, = S. Le troisième

Salle gréco-romaine. 355

nom grec *Alexandros* renferme *L* et *S* comme celui de Ptolemaios. Si les valeurs fournies par le déchiffrement sont justes, la quatrième lettre du nom Ptolemaios ⌇, que nous avons assimilée à *L*, doit occuper la seconde place dans celui d'Alexandros. [hiéroglyphes] : elle se trouve en effet à la place voulue. Nous devons donc admettre que le déchiffrement du nom de Ptolémée est exact, et, appliquant la même méthode au nom d'Alexandre, nous obtiendrons plusieurs valeurs nouvelles ⌇ = *A*, ⌇ = *X*, et, par suite, ⌇ = *K*, puisque la finale *S* de Ptolemaios nous a déjà livré le son de ⌇, ⌇ = *A*, ⌇ = *N*, ⌇ = *D*, ⌇ = *R*, ⌇ = *S*. Poursuivant l'épreuve sur les noms d'Arsinoé et de Bérénice, nous reconnaîtrons dans le cartouche [hiéroglyphes] des lignes 1 et 4, [hiéroglyphes] de la ligne 4, outre plusieurs lettres déjà connues, ⌇, ⌇, ⌇, ⌇, ⌇, ⌇, ⌇ la valeur nouvelle *R* de ⌇, qui, dans les noms de Ptolémée et d'Alexandre, sert à traduire *L* du Grec, et les signes ⌇ = *A(N)*, ⌇ = *B*, ⌇ = *N*. Réunissant les données de ce premier déchiffrement, nous composerons un alphabet rudimentaire :

☉, 𓏲, 𓅓 = A	〰, 𓏭 = N
𓃀 = B	𓂝 = O
𓂧 = D	☐ = P
𓇌 = I	⌒, 𓃭 = R
𓎡 = K	𓊪, —•— = S
𓃭 = L	⌒ = T
𓐛 = M	𓎡𓊪 = X

qui nous révèle déjà les particularités principales du système graphique égyptien : 1º la faculté de supprimer les voyelles, pourvu qu'elles ne commencent pas le mot, *Alexandros* est écrit ALKSAANDRS, *Ptolemaios*, PTOLMIS, *Bérénice*, BRNIKA, *Arsinoé*, ARSINA; 2º l'emploi de plusieurs signes pour un même son ou homophonie, 𓏲, 𓅓 pour A, 〰 𓏭 pour N, ⌒, 𓃭 pour R, 𓊪, —•— pour S; 3º la faculté de rendre plusieurs sons par un même signe ou polyphonie, 𓃭 transcrit indifféremment R et L du Grec. Dans ce cas cependant la polyphonie n'est qu'apparente : l'égyptien antique ne distinguait pas entre les articulations L et R, et les rendait par des signes dont la prononciation devait se rapprocher très sensiblement de celle de notre R grasseyée.

Le déchiffrement a été fait pour la première fois sur la célèbre pierre de Rosette, qui, trouvée en 1799 par un commandant du génie français, est aujourd'hui au British Museum. L'examen des cartouches gravés sur nos deux stèles suffit à prouver aux simples curieux jusqu'à quel point est fondée la prétention qu'ont les Égyptologues de lire couramment les textes hiéroglyphes.

Les stèles placées le long des parois, à droite et à gauche des deux copies du décret de Canope, appartiennent toutes aux dernières époques de l'antiquité égyptienne, et marquent la transition entre le paganisme qui s'en va et le christianisme qui arrive. En les examinant, on reconnaîtra aisément les progrès lents, mais certains, de la décadence dont les diverses dominations étrangères frappèrent les arts, les croyances et l'écriture de l'Égypte. Dès la XXVIe dynastie, l'introduction par Psamitik Ier des mercenaires ioniens et cariens força les sculpteurs à graver sur leurs stèles des inscriptions et des figures jusqu'alors inconnues. Le musée de Boulaq ne possède qu'un seul monument mixte de cette époque :

5426. — Calcaire. — H. 0^m 27 ; larg. 0^m 21.

Le roi Apriès présente l'offrande à Phtahsokarosiris dans son naos. Une inscription carienne, jusqu'à présent demeurée incompréhensible, commence dans le cintre au-dessus de la tête du dieu, et se termine à droite derrière le roi (cfr. *Salle du Centre, Vitrine A,* n° 2576, p. 182). — XXVIe dyn.

Sérapéum.

La domination persane n'a de même laissé qu'un seul monument au Musée :

5492. — Calcaire. — H. 0^m 58; larg. 0^m 40.

Stèle carrée en forme de naos. Sur la frise, le disque solaire étend ses ailes : il est répété au-dessus de la porte. Dans l'intérieur du naos, sur un piédestal, est représenté, à droite, un dieu habillé à l'asiatique et coiffé de la haute mitre syrienne, mais tenant à la main le sceptre ⸯ des dieux égyptiens : il est debout sur un lion passant et reçoit l'offrande d'un personnage, qui, juché sur un tabouret fort haut, arrose de libations un petit autel. Sur la tête du dieu plane le disque solaire combiné avec le croissant de la lune ☾; deux autres croissants lunaires sont dessinés à droite et à gauche, et, au-dessus, deux oreilles, emblèmes du dieu qui écoute la prière du fidèle. Aucune inscription ne nous révèle le nom de la divinité ni la date exacte du monument. — Ep. persane. *Basse-Égypte.*

L'époque grecque nous a donné outre les deux décrets de Canope (n°s 5400, 5401), plusieurs autres textes officiels :

5447. — Calcaire compact. — H. 1^m 20; larg. 0^m 50.

Décret bilingue en hiéroglyphes et en grec, malheureusement illisible. — Ep. ptolémaïque.
Alexandrie.

5576. — Calcaire. — H. 1^m 27; larg. 0^m 51.

Décret rendu l'an XXIII de Ptolémée V, le 24 de Gorpiæos, qui répond au 24 du quatrième mois de

Pirit, par les prêtres des temples d'Égypte réunis en synode. L'ordre avait été donné de le rédiger en grec, en hiéroglyphes et en démotique, comme ç'avait été le cas pour les décrets de Rosette et de Canope, mais notre stèle ne porte que la version hiéroglyphique. Peut-être, les textes grecs et démotiques était-il transcrit chacun sur une stèle isolée; peut-être le temple où était déposé notre exemplaire se trouvait-il dans une localité où on ne trouvait pas de graveurs sachant le grec. Cette dernière hypothèse est d'autant plus vraisemblable que la stèle est laide d'aspect et de travail. — Ep. ptolémaïque.

Damanhour.

Un grand nombre de ces textes sont rédigés purement en grec et ont été consacrés par des Grecs en l'honneur de leurs dieux nationaux ou des dieux égyptiens identifiés avec leurs dieux nationaux :

5409. — Calcaire compact. — H. 0^m 25; larg. 0^m 28.

Plaque votive consacrée aux dieux de Samothrace par Apollonios de Théra, fils de Sosibios, chef des postes échelonnés le long de la côte égyptienne, pour avoir échappé par leur entremise aux périls d'une traversée sur la Mer Rouge. — Ep. ptolémaïque.

Qouft.

5466. — Marbre blanc. — H. 0^m 65; larg. 0^m 64. — (Mariette, *Mon. Div.*, pl. 44.)

Reste d'une liste de citoyens de Memphis qui avaient élevé dans le temple de Phtah un monument en l'honneur d'un haut personnage. — Ep. ptolémaïque. *Mit-Rahinéh.*

5551. — Basalte noir. — H. 0^m 60.

Petite colonne brisée par le milieu dans le sens de la longueur, et qui devait se dresser à l'entrée de l'un des temples de la ville grecque de Ptolémaïs, dans la Haute-Égypte. Elle porte un tarif malheureusement mutilé ; il prescrivait les purifications que devaient accomplir, avant de pouvoir entrer dans le temple, les femmes qui avaient accouché d'un enfant mâle, celles qui avaient avorté, etc. D'autres règlements conçus dans le même esprit, s'appliquaient aux hommes. — Ep. ptolémaïque. *Menshiéh.*

A l'époque romaine, les textes officiels bilingues et les épitaphes de style égyptien deviennent de plus en plus grossiers. Non-seulement le sculpteur sait à peine tracer les figures et les hiéroglyphes, mais les représentations de divinités perdent de plus en plus leur caractère : on dirait la caricature voulue des formes de l'époque pharaonique.

5484. — Grès. — H. 0^m 54 ; larg. 0^m 53.

Dans le cintre, plane le disque ailé. Au milieu du premier registre, sous le disque, Harpocrate est accroupi entre deux touffes, l'une de lotus, l'autre de papyrus, emblèmes du Midi et du Nord ; à droite, Bes danse en jouant de la harpe, à gauche une grande uræus est lovée. Le second registre est occupé par un tableau assez compliqué. Au centre de la scène, Hor se tient debout coiffé du pskhent. Il est flanqué à gauche de Sérapis et d'Isis, qui tiennent chacun par une main un enfant debout entre les deux; à droite de Râ et d'Anhouri, au-dessus duquel vole un épervier. Tous ces dieux lèvent la main droite, comme pour percer de la lance les animaux malfaisants, une gazelle, un lion, un serpent, un crocodile, placés sous eux au troisième registre. Pas d'inscription.

Cette stèle est évidemment une variante des stèles qui représentent Hor sur les crocodiles (*Salle du centre*, n° 1841, p. 191—192). Ce qui lui donne un certain intérêt, c'est l'extraordinaire barbarie du style et l'aspect des personnages. Les dieux sont représentés de face et déguisés à la romaine. Hor porte avec le pskhent une sorte d'habit de centurion romain; Sérapis a le boisseau sur la tête; Isis a la tunique alexandrine. — Ep. romaine.

5534. — **Grès.** — H. 0^m 51; larg. 0^m 35.

Au premier registre l'empereur Tibère fait l'offrande à Harpochrate et à Isis de Coptos. Au-dessous du tableau, deux lignes d'hiéroglyphes nous apprennent que l'empereur a érigé ce monument à Sib, dans le temple de Coptos; et une inscription grecque en trois lignes raconte que la dédicace a eu lieu en l'an XVIII de l'empereur, le 11 d'Epiphi par les soins de Parthénios, fils de Panis. — Ep. romaine.   *Qouft.*

5547. — **Grès.** — H. 0^m 44; larg. 0^m 33.

Vers l'époque d'Hadrien, le goût du style égyptien se répandit dans tout l'empire. Le Louvre et les musées de Rome possèdent des objets de style pseudo-égyptien, provenant de la ville de Tivoli; le musée de Turin a la fameuse Table Isiaque. Ces monuments ont été fabriqués en Italie : la stèle n° 5547 est un spécimen, unique jusqu'à présent, d'un monument de style pseudo-égyptien fabriqué en Égypte.

Elle provient de Bubaste et faisait l'ornement de quelque maison romaine. Au premier registre, quatre rois et reines sont assis deux à deux, devant une table d'offrandes, à droite Thoutmos III et une princesse Miamounhiqon, à gauche Séti Ier et Harmhabi : on dirait que le sculpteur a eu pour modèle une de ces stèles, où les artistes de l'époque thébaine représentaient Amenhotpou Ier et les princes de sa famille, recevant l'hommage des domestiques de la nécropole. Au second registre, il a reproduit une scène fréquente dans les peintures des tombeaux : à droite, un bouquetin broute un buisson, à gauche, un autre bouquetin court, poursuivi par un chien. Le tableau est encadré entre deux uræus et surmonté d'une légende maladroitement gravée qui renferme un cartouche peu lisible. — Ep. romaine. *Tell-Basta.*

Les Romains nous ont légué peu de monuments de leur domination conçus en langue latine : la langue officielle était le grec même de leur temps. Notre musée n'a jusqu'à présent que cinq épitaphes latines :

5452. — **Marbre blanc.** — H. 0^m 50; larg. 0^m 60.

Plaque carrée, brisée par le haut sur la gauche. Une femme est couchée sur un lit : c'est Aurelia Aquillia à qui ses parents ont dressé ce monument. — Ep. romaine. *Alexandrie.*

5495. — Marbre grès. — H. 1ᵐ 09. —
(Mariette, *Mon. Div.*, pl. 55.)

Dans la partie supérieure, Aurelius Alexander, Macédonien, c'est-à-dire Alexandrin, de naissance et porte-drapeau dans la Légion II Trajana fortis, est debout entre deux étendards. L'inscription gravée au-dessous nous apprend, outre le nom, l'âge, les titres et les services du défunt, que ce monument lui a été érigé par son affranchi et héritier Aurelius Heliodorus. — Ep. romaine. *Alexandrie.*

5512 et 5514. — Marbre blanc.

Le n° 5512 est intact (H. 0ᵐ 57; larg. 0ᵐ 33); le n° 5514 a perdu la partie supérieure (H. 0ᵐ 55; larg. 0ᵐ 43). L'un et l'autre représentaient un légionnaire romain, tête nue, vêtu du manteau et de la tunique serrée à la taille par une ceinture, la main gauche appuyée sur un bouclier rond, la main droite tenant les deux lances liées ensemble. Le n° 5512 représente Aurelius Sabius, le n° 5514 Pompeius Verinus, tous deux soldats de la Légion II Trajana fortis. — Don de l'Institut égyptien. *Alexandrie.*

Peu à peu cependant, le christianisme prenait le dessus. Quelques stèles, qui appartiennent probablement à l'époque où la religion nouvelle n'était pas encore arrivée à son plein développement, portent des représentations où des éléments empruntés aux deux cultes semblent se mêler. Je crois que la comparaison des trois pierres n° 5428, 5429 et 5538, permettra au visiteur de constater ce fait.

5538. — Grès. — H. 0ᵐ 35; larg. 0ᵐ 37.

Sous un naos, dont la frise est couronnée d'uræus, un homme est à demi couché sur un lit funéraire à dossier relevé : deux éperviers, emblème d'Horus, sont perchés sur le rebord du dossier, au-dessus des pieds du personnage. Cette stèle est entièrement païenne. — Ep. romaine.

5429. — Calcaire. — H. $0^m 60$; larg. $0^m 40$.

Ici le mort est couché sur le lit, et enveloppé du drap funéraire jusqu'à mi-corps. Une femme est debout derrière le chevet et cinq personnages sont rangés dans le fond : les deux premiers, à droite, semblent s'arracher les cheveux, et les trois derniers, les mains croisées sur la poitrine, paraissent veiller le mort avec recueillement. La scène de lamentations païenne est combinée ici avec une représentation chrétienne : les trois personnages ont succédé aux dieux éperviers de la stèle précédente, et sont des anges. — Ep. romaine.

5428. — Calcaire blanc. — H. $0^m 56$; larg. $0^m 39$.

Le caractère chrétien prédomine complètement dans la scène qui couvre cette stèle. Les deux pleureurs ont disparu, et il ne reste plus que la femme debout au chevet du lit. Les trois personnages occupent tout le fond du tableau; ils ont des ailes déployées qui ne laissent subsister aucun doute sur leur espèce. — Ep. romaine.

On sait que le paganisme, proscrit à partir de Théodose, subsista officiellement à Philæ, jusque dans les dernières années du règne de Justinien. Là, sous la protection des Blemmyes, des prêtres de race mêlée, ignorant les hiéroglyphes, prolongèrent le culte d'Isis et d'Osiris. Chaque année, aux grandes fêtes, des pélerins venus des régions voisines affluaient aux temples, et, leurs dévotions faites, laissaient derrière eux, en souvenir, le dessin de deux pieds humains et des graffiti grossiers, où ils mettaient leur nom et la date de leur passage. Plusieurs de ces ex-votos avaient été déjà expliqués par Letronne (*Recueil des Inscriptions Grecques et Latines de l'Égypte*, t. II, p. 198, sqq.). J'ai retrouvé, dans les ruines d'une petite chapelle chrétienne, construite avec les débris d'un temple païen, trois autres ex-votos (n°s 5496, 5497, 5498), tracés par des dévots de la famille que Letronne avait fait connaître : le principal, celui de Smît Akhatîs (n° 5498), est daté de l'an 472 après notre ère. Tout misérables qu'ils sont, il faut les regarder avec un certain respect : ils marquent la fin de l'antique Égypte.

Le christianisme triomphant ne tarda pas à remplacer les scènes funéraires qui couvraient les stèles païennes, par des représentations plus analogues aux idées qu'il se faisait sur la vie présente et la vie future. Un porche d'église, arrondi ou surmonté d'un fronton triangulaire, se substitua au naos des divinités égyptiennes. Sous le porche, on grava soit l'image du défunt ou d'un saint, soit une croix, soit une décoration mystique, une rosace, une série d'ornements géométriques.

5438. — **Calcaire.** — H. 0^m 42 ; larg. 0^m 28.

Sous le porche, un personnage debout, les bras

levés. A droite et à gauche, un commencement d'épitaphe grecque. Le nom n'a pas été gravé. — Ep. byzantine.

5438. — Calcaire. — H. 0^m 78; larg. 0^m 34.

Le fond du porche est occupé par une rosace. Au-dessus, épitaphe grecque d'Apa Ol (?), fils de Justus, mort en l'an 695, au moment où l'Égypte était déjà depuis plus d'un demi-siècle entre les mains des Arabes. — Ep. musulmane. *Damanhour.*

La plupart du temps les stèles de ce type ne portent aucune inscription. Il est à regretter qu'on n'ait pas songé plus tôt à les recueillir : elles présentent une grande variété de détail et offriraient à un architecte un sujet d'étude. Toutes les façades d'églises byzantines qui existaient en Égypte ont été ou détruites par les Musulmans ou remaniées par les chrétiens coptes : nos stèles fourniraient des éléments précieux pour une restitution du style particulier à l'Égypte chrétienne. Peut-être même y trouverait-on quelques indications utiles pour l'histoire de l'art occidental.

5437. — Calcaire. — H. 0^m 70; larg. 0^m 43.

Grande croix sous un porche triangulaire. — Ep. byzantine. *Taoud.*

5440. — Calcaire. — H. 0^m 30; larg. 0^m 25.

Sous un porche triangulaire très orné, St George à cheval perce un animal indistinct qui paraît être le dragon. — Ep. musulmane. *Louxor.*

5441. — Calcaire. — H. 0^m 50; larg. 0^m 59.

Sous un porche en cintre surbaissé, six enroulements disposés trois par trois sur deux rangs. — Ep. musulmane. *Karnak.*

5442. — Calcaire. — H. 0^{m}38; larg. 0^{m}35.
Deux animaux debout sont affrontés sous le porche. — Ep. musulmane. *Louxor.*

5445. — Calcaire. — H. 0^{m}48; larg. 0^{m}39.
Un homme paraît chasser un animal mutilé qui pourrait bien être un lion. La scène se passe sous un porche en plein cintre. — Ep. musulmane.
Karnak.

Cependant, au fur et à mesure que s'effaçaient les dernières traces du paganisme, la langue grecque qui, dans les derniers temps, avait été la langue païenne par excellence, disparaissait avec elles. Les gens des classes inférieures et moyennes ne parlaient qu'égyptien : ils s'habituèrent à rédiger leurs épitaphes en leur langue maternelle écrite avec l'alphabet copte, c'est-à-dire avec l'alphabet grec augmenté de quelques signes. J'ai réussi à rassembler une quarantaine environ de ces épitaphes et à former un commencement de musée copte épigraphique, le seul qui existe jusqu'à présent. Quelques-unes de ces épitaphes présentaient des développements littéraires dont les éléments sont empruntés aux Livres Saints : la seule de ce genre que nous possédions est malheureusement très mutilée (n° 5451). D'autres consistent surtout en une liste de saints personnages sous l'invocation desquels on plaçait le défunt.

5468. — Calcaire. — H. 0^m 95; larg. 0^m 40.

Epitaphe du vénérable Apa Jérémie. «O père, ô » fils, ô Saint-Esprit! Apa Jérémie, Apa Enoch, Saint » Michel, Saint Gabriel, Sainte Marie, Ama Sibylla, » notre père Adam, notre mère Eve (Zoë), Apa Apolo, » Apa Phib, Apa Anoup, Apa Makare, Apa Paul de » Dammah, Apa Pshoïniérémias, Apa Sourous, Apa » Moïse et ses frères, vous tous ô saints, prenez en » affection l'âme d'Apa Jérémie, mort le 16 de Tobé.» — Ep. musulmane. *Abydos.*

Le plus souvent ce n'est qu'une simple formule très sèche : «J. C. — Jour de commémorer le bien- » heureux X, qui s'est reposé le X du mois X, de » l'indiction X, année de l'ère de Dioclétien X.» Toutes les stèles de ce genre que nous possédons ont été publiées par M. Urbain Bouriant, conservateur adjoint du Musée (*Recueil de Travaux,* 1883, p. 60—70). Elles proviennent pour la plupart de deux cimetières de monastère, découverts en 1882 et 1883, l'un à Karnak, l'autre à Assouan. Ce dernier nous a fourni à lui seul une vingtaine d'épitaphes, dont les titres divers nous permettent de reconstituer en grande partie le personnel attaché aux monastères de l'Égypte. Les deux plus importantes sont :

5415. — Grès. — H. 0^m 49; larg. 0^m 40. — (Bouriant, *Recueil,* p. 69—70.)

Épitaphe du bienheureux Pousi (ⲡⲟⲩⲥⲉⲓ), évêque de Philæ et premier père de ce monastère. La date manque et c'est malheureux, car elle nous aurait appris et l'époque de la fondation du monastère situé près d'Assouan, et la place qu'occupait l'évêque inconnu Pousi dans la série des évêques de Philæ. Comme la plupart des épitaphes provenant de ce monastère portent des dates des ans 724, 726, 729, etc., de notre ère, il est probable que Pousi a dû vivre et mourir dans la première moitié du huitième siècle. — Ep. musulmane. *Assouan.*

5458. — **Grès.** — H. 0^m 26; larg. 0^m 26.
Fragment de l'épitaphe du bienheureux Abba (Jose)ph, évêque, probablement de Philæ. D'après le style des caractères, Joseph devait vivre vers le même temps que Pousi. — Ep. musulmane.

Assouan.

Au mois de février 1883, en déblayant le tombeau où se trouvait le sarcophage de Tagi (*Salle de l'Ancien Empire*, p. 223, n° 1053), je découvris que les chrétiens l'avaient transformé en église, vers le Ve siècle de notre ère, pour le compte d'une des nombreuses laures établies sur les versants de la vallée de Deïr-el-Baharî. Le couloir du fond fut bouché, le couloir d'entrée prolongé par deux murs de briques, de manière à former avec la chambre d'entrée du tombeau ancien une véritable croix grecque. On y descendait par un petit escalier de quatre marches : de chaque côté du bras d'entrée comme des bras transversaux, les murs étaient décorés de grandes stèles en terre battue, arrondies au sommet, recouvertes d'un lait de chaux, sur lesquelles des moines pieux et instruits avaient écrit à l'encre rouge des sentences des pères, St Cyrille, St Basile, des professions de foi, des sermons entiers, pour la plupart traduits du grec. J'ai retrouvé les débris de trois de ces stèles avec des fragments de sermons sur la création, sur la divinité du Christ, sur la virginité de Marie, et une stèle entière que j'ai réussi à détacher de la muraille et à transporter au Musée :

5457. — **Terre sèche blanchie à la chaux.** — H. 1^m 30; larg. 1^m 30.

Le texte est divisé en trois colonnes de largeur et de contenance inégale. Il renferme un sermon contre les hérésies, qui paraît être de St Basile, et se termine par la prière accoutumée en l'honneur de l'empereur et de sa famille. La première moitié environ était écrite sur une autre stèle, détruite aujourd'hui. Sur le cadre de la stèle, le même moine avait copié un second sermon : j'ai rétabli, à l'endroit où se voyaient les traces d'écriture, un fragment appartenant à une autre stèle, pour montrer au visiteur quelle était la disposition de l'ensemble. — Ep. byzantine. *Déir-el-Baharî.*

Dans le fond de la nef, des graffiti, tracés à l'encre noire et à l'encre rouge, nous apprennent que l'église était consacrée à St Epiphane. Le grec et le copte sont les deux langues employées d'ordinaire : la laure renfermait cependant quelques moines d'origine syrienne, car j'ai relevé deux graffiti d'écriture araméenne, tracés en lignes verticales. L'un d'eux était fort mutilé; le second, détaché avec soin et conservé au Musée (*Salle gréco-romaine, Cage BE*, no 5650), renferme l'Oraison Dominicale.

Les sépultures et les momies se modifient en même

temps que les stèles et de la même manière. Au début de l'époque grecque, les momies sont encore préparées avec un certain soin. Sans doute, l'embaumement n'est plus aussi bien fait qu'aux époques pharaoniques : le corps était plongé dans un bain de bitume qui le pénétrait, et les bandelettes, placées avant que le tout ne fût refroidi, sont souvent carbonisées presque jusqu'à la surface. Mais l'équipement extérieur du cadavre est plus complet et plus joli peut-être qu'il n'avait jamais été. Quatre bons spécimens de momies gréco-romaines sont exposées dans les vitrines dressées contre les piliers.

5601. — H. 1^m 70.

La momie appartenait à une femme; toutes les pièces de son armure sont intactes et maintenues en place par des bandelettes. Le visiteur reconnaîtra chacune des pièces qu'il a déjà vues isolées dans les autres salles : le masque doré, aux lèvres et aux narines roses, aux yeux grand ouverts qui lui donnent un aspect mutin (cfr. *Salle funéraire, Armoire AE*, n° 4411), le collier ouoskh (cfr. *Salle du centre, Armoire M*, n° 1204, p. 141—142), les bandes placées sur les cuisses et qui contiennent une prière avec le nom du défunt (cfr. *Salle du centre, Armoire M*, n° 1277); le cartonnage sur lequel sont peints les pieds et les sandales (cfr. *Salle du centre, Armoire M*, n° 1246, p. 143). Toutes ces pièces sont couvertes de dessins exécutés avec le plus grand soin, et l'ensemble a je ne sais quoi de gai et de gracieux, qu'on n'est pas accoutumé à rencontrer sur un cadavre. — Ep. grecque. *Saqqarah.*

5602. — H. 1ᵐ 70.

Momie de Horiris (?), née de Tershou. Elle est de même style que la précédente; mais les cartonnages sont collés au maillot, au lieu d'y être attachés par des bandelettes. — Ep. grecque.

Saqqarah.

5603. — H. 1ᵐ 72.

Les cartonnages sont dorés et non peints : le nom a été laissé en blanc. Les pieds ont été dévorés par les rats qui infestaient jadis le Musée. — Ep. grecque. *Saqqarah.*

5604. — H. 1ᵐ 80.

Le masque est revêtu d'un or si brillant que les visiteurs ont peine à le croire ancien. La momie est celle de Peteharpokhrate, fils de Psamitik : elle est enveloppée d'un cartonnage à fond rouge, sur lequel est peinte en bleu l'imitation d'un réseau de perles, analogue à celui de la momie thébaine exposée dans la Salle du centre (n° 3967, p. 189). — Ep. grecque. *Saqqarah.*

Les cercueils dans lesquels ces momies étaient enfermées sont généralement en bois et d'un type assez grossier : rien n'est plus lourd, par exemple, que le sarcophage dans lequel nous avons trouvé la jolie momie thébaine de Trîpi (*Salle du centre*, n° 3967, p. 189). Quelques-uns d'entre eux ne sont en bois que l'imitation des belles cuves en basalte, en granit et en calcaire, dont nous avons exposé de beaux spécimens dans les deux vestibules (cfr. p. 27).

5611. — Bois bruni. — H. 2ᵐ.
Sarcophage de Psamitik, fils de Sitbonit. — Ep. grecque. *Saqqarah.*

5612. — Bois bruni. — H. 2ᵐ 10.
Sarcophage d'Hariou, fils de la dame Tattiosiri. — Ep. grecque. *Saqqarah.*

5617. — Bois peint. — H. 2ᵐ 10.
Sarcophage peint en noir : la figure en rose, avec les yeux noirs. Les légendes tracées à l'encre rouge sont illisibles. C'est un spécimen presque unique de ce qu'était le travail des fabricants de cercueils dans la Moyenne Égypte, vers la fin de l'époque grecque et le commencement de l'époque romaine. Il a été trouvé, en 1881, lors des travaux entrepris par la compagnie des eaux pour établir des réservoirs dans la montagne qui domine Siout. — Ep. gréco-romaine.
Siout.

Le style va en se déformant de jour en jour, et, vers l'époque des Antonins, on ne trouve plus guères, en fait de cercueils à type humain, que des caisses du genre de celles qui sont exposées sous les nos 5501 et 5503 (H. 1ᵐ 92 et 1ᵐ 82) et qui proviennent de Meydoum. Les caisses rectangulaires en bois, avec couvercle plat ou voûté, moins difficiles à faire, conservent plus longtemps l'apparence soignée des belles époques. Ils procèdent ordinairement des grands sarcophages en pierre de la fin de l'époque saïte (cfr. *Cour*, nos 6013, 6014 et 6015, p. 9—11), et représentent, comme eux, des scènes tirées du *Livre de savoir ce qu'il y a dans l'enfer*. Toutefois, comme les cuves en bois offrent moins de surface que les cuves en granit et en basalte, l'ouvrier s'est contenté d'y reporter des extraits fort courts de ce livre, ou simplement les figures et les noms des douze heures du jour et de la nuit, à travers lesquelles passaient le défunt et la barque du soleil.

5605. — Bois. — H. $0^m 43$; long. $1^m 82$; larg. $0^m 55$.

Cercueil de Sokhnhapi : couvercle plat. Sur les faces sont tracées les images des génies de l'autre monde. Le travail des hiéroglyphes et des figures est rapide, mais fort hardi d'exécution. La jolie momie qu'il renferme aujourd'hui (n° 5606) à la place de la momie originale, a perdu ses pieds et n'a plus de nom (H. $1^m 50$) : les cartonnages en sont d'une fraîcheur et d'une finesse admirables. — Ep. grecque.
Saqqarah.

5607. — Bois. — H. $0^m 42$; long. $1^m 89$; larg. $0^m 41$.

Cercueil de la dame Terbasti, fille de Tattiosiri : couvercle plat. Sur les quatre faces, les douze heures de la nuit tracées à l'encre par une main habile. On y a déposé une jolie momie d'enfant (n° 5608, long. $1^m 05$) d'un type assez rare. Elle est dorée des pieds à la tête : au lieu du masque, elle avait, comme les momies de la famille de Soter au Louvre, une plaque en bois mince sur laquelle était peint à l'encaustique le portrait de l'enfant. La main gauche ramenée sur la poitrine tient une figure d'oiseau, probablement un moineau familier qui avait appartenu au petit mort. — Ep. gréco-romaine.

Saqqarah et Thèbes.

5610. — **Bois.** — H. 0^m 92; long. 1^m 98; larg. 0^m 50.

Les légendes sont tracées à l'encre et presque entièrement effacées : on distingue encore le nom et les images des heures du jour et de la nuit. Couvercle plat. — Ep. gréco-romaine. *Saqqarah.*

D'autres procèdent des sarcophages thébains carrés de l'époque saïte, et présentent, comme eux, un couvercle en dos d'âne intercalé entre quatre montants droits :

5575. — **Bois.** — H. 0^m 54; long. 1^m 35; larg. 0^m 518.

Sarcophage de la dame Isioïri, fille de la dame Tamoun : les légendes sont tracées à l'encre dans une bande plate, ménagée au sommet du couvercle. — Ep. grecque. *Sheïkh Abd-el-Gournah.*

A côté de ces formes communes, les fouilles nous rendent de temps à autre des cercueils d'un modèle nouveau. Tel est le n°

5609. — H. 0^m 92; long. 1^m 98; larg. 0^m 50.

Sur une caisse rectangulaire repose une sorte de toit pointu, servant de couvercle au cercueil. Dans l'espèce de pignon triangulaire qui se dresse aux deux bouts étaient encadrés des bas-reliefs en stuc peint, représentant des sirènes aux ailes et aux pieds d'oiseaux : l'extrémité de chacun des montants était orné d'une petite tête en stuc moulé et peint. Ces pièces délicates ont été détachées et sont exposées dans la Cage BF, nos 5709, 5710, 5711. Le cercueil n'a plus gardé de sa décoration première qu'une bande d'ornements en forme de méandre, moulés en relief, peints rouge, blanc, bleu, vert, et appliqués en frise le long des parois de la caisse rectangulaire. Beau travail grec de l'époque ptolémaïque.

Sérapéum.

Pendant les derniers temps du paganisme, et dans le Sud de l'Égypte, on substitua aux cercueils en bois des caisses en terre cuite dont le couvercle garde encore la forme de momie. En creusant une tranchée, sur la petite voie ferrée qui réunit Assouan au petit village de Shellâl en face de Philæ, les ouvriers découvrirent (1881) un certain nombre de ces cercueils; les ingénieurs recueillirent les fragments de deux d'entre eux, qui sont exposés sous les nos 5455 et 5456.

5455. — **Terre cuite.** — H. 0^m 37; long. 1^m 52; larg. 0^m 47.

Le couvercle est brisé en plusieurs morceaux : la cuve intacte est trop étroite pour avoir contenu autre chose qu'un cadavre d'enfant. — Ep. byzantine.

Assouan.

5456. — **Terre cuite.** — H. 0^m 54; long. 0^m 66.

Partie supérieure d'un couvercle de même style. Deux petites pelotes de terre, placées gauchement sur la poitrine, montrent que le cercueil appartenait à une femme. — Ep. byzantine. *Assouan.*

L'art de préparer les momies dura plus longtemps que celui de fabriquer les cercueils, et quelques chrétiens se firent momifier à l'exemple de leurs ancêtres, au moins pendant les premiers siècles du christianisme. Mariette ne put sauver que deux des cinq momies chrétiennes découvertes à Saqqarah :

5613. — Toile et cuir. — Long. 1^m 53.

Le corps est enfermé dans une enveloppe en toile et en cuir cousu, dont les attaches sont maintenues par des sceaux encore intacts. Sur la face supérieure est peinte à la détrempe la figure de la femme ensevelie. Le costume, la chaussure, les bijoux, sont byzantins et fort analogues au costume des mosaïques de Ravenne. Sur les genoux, à la place où étaient autrefois le nom du défunt et la prière à Osiris, sont estampées des figures où l'on reconnaît un mélange d'emblèmes chrétiens et païens, l'épervier d'Horus, un taureau, des figures nimbées, etc. — Ep. byzantine. *Saqqarah.*

5614. — Toile et cuir. — Long. 1^m 62.

Autre momie de même style. Le corps a disparu et il ne reste plus que la partie supérieure du linceul, encore est-elle assez détériorée. Les trois masques, placés autour de la momie, proviennent de momies païennes des derniers temps : les têtes sont couronnées de fleurs et les yeux sont bordés de noir, pour imiter l'effet de la poudre d'antimoine. — Ep. byzantine. *Saqqarah.*

Avant de quitter ce sujet funèbre, je dois signaler les deux coffrets en calcaire nos 5453, 5454, et le sarcophage nº 5574. Les deux coffrets proviennent d'Alexandrie et appartiennent à la catégorie de ce qu'on est convenu d'appeler des ossuaires : l'un d'eux (nº 5453; H. 0^m 32; long. 0^m 89; larg. 0^m 38) porte sur le couvercle une inscription démotique illisible, l'autre (nº 5454; H. 0^m 37; long. 0^m 75; larg. 0^m 33) n'a pas d'inscription. Le sarcophage mérite un examen détaillé :

5574. — Basalte noir. — H. 0^m 42; long. 1^m 58; larg. 0^m 78. — (Mariette, *Mon. Div.*, pl. 42 et 46.)

En 1871, M. Emile Brugsch-Bey, aujourd'hui conservateur du Musée, entreprit des fouilles à Tmaï-el-Amdid, sur l'emplacement de l'ancienne Mendès, et y découvrit une demi-douzaine de sarcophages en basalte, où avaient été enterrés les béliers sacrés, incarnation d'Osiris, adorés dans cette ville. Un seul, malheureusement brisé, avait des inscriptions sur le couvercle : c'est le nº 5574 de notre catalogue. La décoration est analogue à celle des grands sarcophages memphites (cfr. *Cour*, nos 6013, 6014, 6015, p. 9—11). La partie intacte nous montre le ciel du Nord, la partie brisée le ciel du Sud, représentés l'un et l'autre par une déesse Nout, dont le corps forme voûte au-dessus des douze heures du jour et de la nuit. A gauche, c'est-à-dire à l'Orient, le soleil enfant naît sous la surveillance de deux figures, qui paraissent être une image du temps éternel; à droite, et à l'Occident, il se couche et meurt entre

les bras des deux pleureuses d'Osiris, Isis et Nephthys. La partie de l'inscription encore lisible sur le rebord extérieur nous explique fort clairement le rôle que la théologie égyptienne attribuait au bélier sacré. Il s'appelait Biônkh, l'âme vivante d'Osiris, et c'est sous ce nom que le texte s'adresse à lui : « O défunt Biônkh, après avoir embrassé ta mère, » tu te couches dans son sein; né, comme le soleil, » au cours de chaque jour, tu deviens enfant dans » l'horizon du Ciel; et tu te développes en Biônkh, » tu parcours le firmament comme Oñi (Râ d'Hé- » liopolis), et tes formes sont stables sur terre, comme » ton père Râ au firmament, et les hommes ne ces- » sent de te contempler. Protégé par ta mère comme » ton père Râ, elle te cache comme elle fait le dieu » Khopri (le soleil naissant), et ses deux bras s'éten- » dent sur toi, pour que les vers ne paraissent point » dans le coffre où tu es, elle exerce sur toi l'ac- » tion protectrice comme elle fait sur Râ et elle ac- » corde que ta terreur pénètre dans leurs cœurs ».
— Ep. ptolémaïque. *Tmaï el-Amdid.*

Les ruines nous ont livré jusqu'à présent peu de monuments des basses époques qui aient une valeur artistique incontestable ou qui aient une importance réelle pour l'histoire de l'art. Les uns sont entièrement grecs ou romains de style; les autres portent les traces de l'influence que les œuvres grecques exercèrent sur les sculpteurs de race et de tradition égyptienne. La collection de têtes en matières diverses qui occupe une paroi de la salle provient presque tout entière d'Alexandrie. Quelques-uns de ces fragments sont d'assez bon style, ainsi, la tête d'enfant n° 5517 (Calcaire blanc, H. 0m 21), la tête d'adolescent n° 5518 (Calcaire blanc, H. 0m 31), la tête de prisonnier germain ou gaulois n° 5523 (Marbre blanc, H. 0m 34), surtout la tête romaine n° 5527 (Marbre noir, H. 0m 31, — *Sân).* Le petit bas-relief n° 5530 (Calcaire, H. 0m 16; long. 0m 27) qui représente Léda et le cygne est d'un travail barbare, et ne saurait guère être antérieur au IIIe ou au IVe siècle de notre ère. Les pièces principales sont :

5515. — **Porphyre.** — H. 0m 65.

Buste d'empereur, probablement Maximien Hercule, l'associé de Dioclétien et le beau-père de Constantin. L'œuvre assez barbare n'a d'autre mérite que celui de la difficulté vaincue : la pierre dans laquelle elle est taillée est une des plus dures qu'on puisse rencontrer. — Ep. romaine. *Alexandrie.*

5531. — **Basalte noir.** — H. 0m 50.

Buste d'homme nu, tête rase : les yeux rapportés sont en pierre et en ivoire. C'est comme une parodie du style égyptien des bonnes époques. — Ep. gréco-romaine.

5532. — **Granit rose.** — H. 2m 80.

Colosse représentant un roi macédonien, peut-être Alexandre II. La pose est celle des colosses égyptiens, mais l'agencement de la coiffure et le rendu des traits du visage sont grecs. L'ensemble est mou et sans vigueur et ne supporte nullement la comparaison avec les belles œuvres des dynasties thébaines (cfr. *Salle historique de l'Est,* n° 600, la statue de Thoutmos III). — Ep. ptolémaïque.

Karnak.

5550. — Marbre blanc. — H. 0^m 88.

Buste du dieu Nil, de beau travail alexandrin. Les mèches qui ombrageaient la face ont été abattues dans l'antiquité et ont laissé comme une couronne de stigmates sur le front. — Ep. romaine.

Alexandrie.

5558. — Granit noir. — H. 0^m 52.

Statuette de l'Isis Alexandrine. La déesse, debout, tient à la main droite un lotus épanoui : la robe, plissée et serrée à la taille, fait saillir la gorge. Les yeux étaient incrustés, et sont vides aujourd'hui ; les pieds manquent. C'est l'œuvre d'un sculpteur égyptien qui avait subi l'influence grecque. — Ep. romaine.

Alexandrie.

5563. — Grès rougeâtre. — H. 1^m 40 ; larg. 0^m 66 ; ép. 0^m 34. — Don de M. Sabatier, Consul-Général de France.

Bloc provenant d'un naos, dont la frise portait les cartouches de Psamitik Ier et de Shabako, alternés (XXVIe dynastie). Il fut employé dans la construction d'un portique à quatre entrées, et porte une longue dédicace grecque au nom des empereurs Valentinien, Valens et Gratien. Elle nous donne le nom de l'architecte Flavius Cyrus, et celui du préfet d'Égypte, Aelius Palladius.

5564. — Basalte noir. — H. 0^m 86.

Statue découverte en 1881, au pied du Kom eddamas. La tête maigre est un beau morceau, d'un travail un peu sec; le corps est assez gauchement taillé et hors de proportion avec la tête; les pieds manquent. Une longue inscription hiéroglyphique, gravée dans le dos, nous force à reconnaître que ce personnage, d'apparence exotique, est un scribe égyptien nommé Hor. Comme la statuette d'Isis (n° 5558), cette statue est l'œuvre d'un sculpteur égyptien qui a subi fortement l'influence grecque. — Ep. gréco-romaine. *Alexandrie.*

5565. — Granit rouge. — H. 1^m 30; larg. 0^m 91; ép. 0^m 71.

Base quadrangulaire, portant une dédicace à Antinous l'illustre par un gouverneur de la Thébaïde. — Ep. romaine. *Sheikh-Abadèh (Antinoé).*

5566. — Marbre blanc. — H. 1^m 80.

Statue de dame romaine, probablement la femme d'un haut fonctionnaire impérial. Travail soigné, mais sec et sans ampleur. — Ep. romaine.
Tell-Mokhdam.

5569. — Marbre blanc. — H. 1^m 40 environ.

Pièce unique, provenant du Sérapéum. Elle représente une sirène jouant de la lyre. Les pattes d'oiseau ont été refaites en partie. — Ep. grecque.
Sérapéum.

5570. — Calcaire blanc. — H. 0^m 65; larg. 1^m; prof. 0^m 37.

Provient d'un édicule situé dans les ruines de Memphis. Le bas-relief représente Vénus sur un dauphin : la barbarie extraordinaire du travail trahit la décadence complète de l'art grec. — *Mit-Rahinèh.*

Cage BE.

Au centre de la vitrine, s'élève une petite statue de travail assez fin :

5580. — Marbre blanc. — H. 0ᵐ 60.

Une Isis debout, vêtue de la tunique longue. De la main gauche, elle relève les plis de sa robe : le bras droit, qui tenait la patère, avait été rapporté dans l'antiquité et manque. Les draperies sont lourdes et la tête n'est pas en proportion avec le reste du corps : l'ensemble ne manque pas cependant d'une certaine distinction. — Ep. ptolémaïque.
Saqqarah.

Groupés autour de l'Isis sont des vases en bronze de diverses provenances. Le large crater avec anse (n⁰ 5648, H. 0ᵐ 27; diam. 0ᵐ 17), le vase à quatre pieds et à deux anses (n⁰ 5647, H. 0ᵐ 11; diam. 0ᵐ 22), le seau à double anse, supporté alternativement par des lions de travail assez rude et par des pieds d'animaux (n⁰ 5646, H. 0ᵐ 12; diam. 0ᵐ 21), les petites casseroles à manche court (n⁰ˢ 5630, 5641, 5642, 5643, 5644), l'entonnoir (n⁰ 5645, H. 0ᵐ 10, diam. 0ᵐ 11), la bouteille à ventre arrondi au goulot allongé (n⁰ 5649, H. 0ᵐ 21; diam. 0ᵐ 15), sont des spécimens élégants et soignés de la vaisselle et de la batterie de cuisine employées, soit dans l'intérieur des maisons, soit pendant les sacrifices, par les Égyptiens de l'époque gréco-romaine. Une autre série, d'origine chrétienne, a été découverte dans les ruines de l'ancienne Crocodilopolis (Médinèt-Farès) au Fayoum. C'est une série de lampes d'église qui remonte probablement au VIe ou au VIIe siècle après notre ère.

Le n° 5636, est le plus complet de la série (H. 0^m 39), et donne une idée fort nette de la disposition des parties. Il se compose d'un pied en forme de candélabre, surmonté d'un petit plateau rond et aplati, d'où sort une pointe aigue, analogue à celle qu'on voit communément dans les chandeliers des églises italiennes, et qui supportait la lampe proprement dite. Celle-ci avait la forme allongée des lampes de terre cuite; elle était ouverte à la partie supérieure et avait une poignée, mais surmontée d'une croix. Elle était munie d'une sorte de coquille en bronze, qu'on levait, pour servir de réflecteur, au moment d'allumer la mèche, et qu'on abaissait, en guise de couvercle, lorsque la lampe était éteinte. Le candélabre n° 5634 (H. 0^m 335) et la lampe n° 5638 (H. 0^m 25 avec la coquille levée; long. 0^m 27), formaient un tout complet : on les a disjoints pour montrer l'agencement des deux parties. Le candélabre n° 5639 (H. 0^m 45) avait une croix pour motif principal d'ornementation. C'est, à ma connaissance, la collection la plus complète de lampes d'église coptes qu'on ait trouvée en Égypte. Il faut y joindre la croix pectorale de style byzantin n° 5656 (bronze, h. 0^m 108; larg. 0^m 55), trouvée en 1883, à Damanhour : elle porte au centre une figure en pied du Christ, et quatre médaillons sur les quatre bras.

A droite et à gauche de la statue d'Isis sont placés deux monuments de caractère bien différent :

5633. — Calcaire peint. — H. 0^m 35 ; larg. 0^m 26.

Charmante stèle en forme de naos. Le fronton triangulaire est soutenu par deux figurines de femmes nues, coiffées à l'Égyptienne ; dans le champ, un bœuf Apis devant un autel et une inscription grecque en cinq lignes, tracées rapidement à l'encre. C'est l'ex-voto d'un devin qui interprétait les songes prophétiques aux dévots. — Ep. ptolémaïque.

Saqqarah.

5650. — Terre sèche crépie à la chaux. — H. 0^m 37 ; larg. 0^m 30.

L'oraison dominicale en syriaque. Ce fragment a été détaché des murs de l'église de St Epiphane, découverte en 1883 (cfr. *Salle grecque*, n° 5457, p. 369 à 370). — Ep. byzantine. *Déir-el Baharî.*

Quelques lampes arrondies (n° 5618, diam. 0^m 13) ou plates, à huit (n° 5615, l. 0^m 14 ; larg. 0^m 105) et à dix trous (n°^{s} 5631, l. 0^m 17 ; larg. 0^m 11 ; n° 5632, long. 0^m 155 ; larg. 0^m 09), quelques figurines grossières en terre cuite remplissent les intervalles. Pour en finir avec la description de la Cage BE, il ne me reste plus à citer que

5624. — Terre émaillée bleue. — H. 0^m 21 ; diam. 0^m 20.

Superbe vase, dont le col et le pied sont ornés de guirlandes de fleurs d'olivier en relief. Une moitié seule est de travail antique : le reste a été refait au Musée. — Ep. ptolémaïque. *Saqqarah.*

5625. — **Bronze.** — Long. $0^m 15$; h. $0^m 11$.
Deux chevaux, jadis attelés à un char. Ils sont fort oxydés et les pieds manquent : le travail est assez fin et trahit la main d'un artiste expérimenté. — Ep. romaine. *Alexandrie.*

5628.
Ce pot et celui qui porte le n° 5651, sont remplis de monnaies en bronze, agglutinées par l'oxyde : les types encore reconnaissables appartiennent à Dioclétien, à Constantin et aux empereurs contemporains. C'est tout ce qui reste d'un trésor trouvé enfoui à Mit-Farîs, sous le seuil d'une maison antique. — Ep. romaine. *Mit-Farîs.*

5629. — **Terre cuite.** — H. $0^m 34$.
Belle amphore à deux anses, de style archaïque. Elle est décorée de dessins tracés en rouge sombre sur fond blanc : d'un côté, deux taureaux combattants, de l'autre, deux gazelles broutant à la même plante, et, au-dessous, des antilopes qui se poursuivent tout autour du vase. Le goulot est ébréché.

Les débris d'un coffret en ivoire, plaqué sur bois et décoré de dessins gravés à la pointe, viennent de Saqqarah. Les n°s 5664 (H. $0^m 085$; long. $0^m 44$) et 5665 (H. $0^m 085$; long. $0^m 35$) sont des fragments de la bordure qui encadrait les panneaux n°s 5666 (H. $0^m 16$; larg. du haut $0^m 35$) et 5668 (H. $0^m 30$; larg. du haut $0^m 35$; larg. du bas $0^m 27$) : le panneau carré n° 5667

(H. 0m 22; larg. 0m 32) était sans doute sur la partie plate du couvercle. Les traits qui cernent les figures et ceux qui forment les ombres sont remplis d'un vernis rougeâtre, dont la teinte sombre ressort sur le fond de l'ivoire. Les figures, placées sous des arceaux, représentent, autant que je puis en juger, huit des muses, chacune avec ses attributs. Le dessin est d'assez bon style et l'exécution très soignée; malheureusement les plaques d'ivoires sont tordues et brisées en partie.

Cage BF.

Le n° 5673 est la seule pièce de ce genre qu'on ait jusqu'à présent retrouvé en Égypte. C'est un petit réchaud rond (H. 0m 20; diam. 0m 21) en bronze; monté sur trois griffes, et dont la muraille est formée par un grillage assez habilement ouvragé. Sur le réchaud repose une marmite, également en bronze (H. 0m 19; diam. 0m 20), à fond rond, munie d'une anse tordue à l'imitation de la corde et qui s'attache à deux masques de femme. Deux autres masques de femme d'assez bon style sont placés sur la panse, un de chaque côté. — Ep. grecque. *Zagazig.*

5674. — Cuivre. — H. 0m 15; diam. 0m 23.
Marmite à fond rond, sans anse ni col. Sur un des côtés est gravée au trait une triade composée de Min, Osiris et Hor enfant, tous trois debout entre une touffe de papyrus et une touffe de lotus. De l'autre côté, en pendant, la croix ansée également gravée au trait. Les figures sont de très bon style

ptolémaïque, et le vase est d'une conservation remarquable. — Ep. grecque. *Louxor.*

5676. — Bronze. — H. 0^m 18; diam. 0^m 22.

Sorte de marmite du même genre que la marmite n° 5646 (*Cage BE*, p. 383), mais plus ornée. Les pieds simulent alternativement des griffes et des lions passants. La surface de la panse est divisée en six panneaux, par autant d'arceaux appuyés sur des colonnettes minces. Chacun d'eux renferme une figure d'homme marchant, un panier sur la tête : le relief est assez haut et le travail grossier. L'anse a disparu. — Ep. grecque (?).

5678. — Bronze. — H. 0^m 16.

Bouteille en bronze, dont le goulot est orné d'un rang de perles. Elle a été trouvée au mois de février 1883, en déblayant le portique d'entrée du temple de Séti Ier, dans une cachette pratiquée sous une dalle. Elle était remplie d'olives sèches. A côté, se trouvait un couteau en fer rouillé et deux ou trois morceaux de bronze oxydé. — Ep. grecque.

Abydos.

Une même tombe de Saqqarah a fourni les six petits bas-relief en os sculpté qui portent les n°s 5682 à 5687. Trois d'entre eux représentent des danseuses. Sur le n° 5682 (H. 0^m 088; larg. 0^m 048), c'est une matrone qui danse. Elle est vêtue du cou aux talons et lève le tambourin de la main gauche; elle a la pose et le geste des danseuses d'Herculanum conservées au Musée de Naples. Le n° 5683 (H. 0^m 09; larg. 0^m 056) représente une jeune femme entièrement nue, qui danse avec fureur et prend des attitudes avec une guirlande qu'elle tient à deux mains : le tambourin gît à terre. Le n° 5684 (H. 0^m 10; larg. 0^m 04) est brisé en deux morceaux : de la main droite, la danseuse élève le tambourin au-dessus de sa tête, de la main gauche elle retient son vêtement. Le n° 5685 (H. 0^m 088; larg. 0^m 049) montre un esclave qui apporte un panier de fruit. — N° 5686 (H. 0^m 04; long. 0^m 13) : Vénus nue est à demi couchée sur un cheval marin et prend un fruit, dans un plat que lui tend un génie marin : elle a, ou peu s'en faut, la pose de la Diane de Fontainebleau. — Le n° 5687 (H. 0^m 13; larg. 0^m 05) est un jeune homme nu qui marche à grands pas. L'ouvrier s'y est repris à deux fois avant de trouver le mouvement exact, et ne s'est pas donné la peine d'effacer la première ébauche : le jeune homme paraît avoir trois jambes. — Ep. grecque.

5690. — **Ivoire.** — H. 0^m 12; larg. 0^m 05.
Le dieu Pan à pieds de chèvre danse en s'accompagnant de la flûte : par terre, un panier de fruits. — Ep. romaine. *Médinét el-Fayoum.*

5691. — **Ivoire.** — H. 0^m 16; larg. 0^m 046.
Jeune homme debout, nu : sur les épaules, un long manteau flottant. Dans la main gauche, il tient la corne d'abondance. — Ep. gréco-romaine.
Saqqarah.

5692. — **Ivoire.** — H. 0^m 165; larg. 0^m 052.
Trouvé en même temps que le précédent. Jeune

femme debout, vêtue de la tunique longue serrée à la taille, le sein droit nu. Elle tient la corne d'abondance à la main gauche. — Ep. gréco-romaine.

Saqqarah.

Les panneaux de bois plaqués d'ivoire, qui vont du n° 5693 au n° 5708, proviennent de plusieurs coffrets aujourd'hui détruits. Les uns (nos 5693—5698 et 5703—5708) sont analogues aux plaques nos 5682—5687 : ils représentent des danseuses qui frappent du tambourin (nos 5693, 5703, 5704), des femmes nues assises dans diverses positions (nos 5695, 5696, 5697), un jeune homme nu apportant un objet aujourd'hui perdu (n° 5706). Les autres (nos 5699—5702) sont gravés par le même procédé qui est employé sur les panneaux nos 5666, 5667, 5668 (*Cage BE*, p. 386—387), mais avec moins de finesse et de précision dans le dessin. C'est, sur le n° 5701 (H. 0^m 10; larg. 0^m 08), un vendangeur dansant, sur les deux autres, des oiseaux se battant et des amours chargés de gros paniers : les vernis sont rouges, noirs, verts et blancs. Nous avons essayé à plusieurs reprises de reconstituer les coffrets qu'ornaient ces fragments : nos tentatives ont toujours échoué jusqu'à présent.

Le cercueil n° 5609 nous a fourni les quatre médaillons n° 5711 (Diam. 0^m 105), dans le creux desquels s'enlève sur fond de bois une tête de Méduse en plâtre peinte et dorée, et les deux frontons triangulaires nos 5709 (H. 0^m 39; larg. à la base 0^m 41) et 5710 (H. 0^m 36; larg. à la base 0^m 41). Rien de plus riche à la fois et de plus gracieux que les ornements peints et dorés, sur lesquels se détache en relief une sirène ailée à pieds d'oiseau et jouant de la lyre. Par malheur le plâtre tombe en plaques et se pulvérise lentement à la lumière : tout me porte à croire, que dans une vingtaine d'années, ce curieux spécimen de l'art grec d'Égypte sera entièrement détruit.

5713. — Bois. — H. 0^m 148; larg. 0^m 29. Tandis que les écoliers égyptiens se servaient pour écrire de papyrus ou de plaquettes en bois mince stuquées, sur lesquelles ils traçaient leurs leçons au pinceau, les écoliers grecs et latins avaient à leur disposition des tablettes enduites de cire, sur lesquelles ils traçaient leurs lettres avec un stylet métallique. Le n° 5713 est une paire de tablettes, encore munie de ses attaches, et couverte d'écriture. L'écolier a transcrit, sur des lignes tracées à l'avance, d'un côté, sept vers de style homérique remplis de fautes, et ne portant qu'une seule correction à la marge du quatrième vers, de l'autre une sentence répétée quatre fois et suivie d'une date, malheureusement fort endommagée, du César Auguste sous lequel vivait l'écolier. — Ep. romaine.

La collection des lampes en terre cuite provient presque entièrement du Fayoum et de Saqqarah. Ces dernières sont de véritables lanternes munies d'un trou percé au sommet et destinées à être suspendues. L'une d'elles, la plus curieuse peut-être, (n° 5753, h. 0^m 13; larg. 0^m 095), représente un sphinx femelle couché sur un socle en forme de naos. Une autre (n° 5726) est un buste de déesse, dont le support se creusait pour recevoir la lampe. D'autres en plus grand nombre simulent des maisons particulières (n°s 5715—5717) ou de petits temples de style égypto-grec, à toit plat, (nos 5719—5722) ou à coupole arrondie, comme sont les qoubbehs des saints musulmans (nos 5714, 5723, etc.) : une petite lampe mobile de forme ordinaire logeait dans ce réduit. La lampe n° 5725 (H. 0m 10 ; long. 0m 14) en terre émaillée verte est de fabrique arabe, et a été trouvée, avec plusieurs autres, dans la pyramide de Téti à Saqqarah : c'est une de celles dont se servirent les voleurs qui dévastèrent les pyramides, vers le IXe siècle de notre ère. Les nos 5724 (Long. 0m 14) et 5746 (Long. 0m 21) sont les modèles d'une corne d'abondance telle qu'on la voit entre les mains des statuettes de l'Isis Alexandrine. Les figurines, rangées à côté des lampes, appartiennent à la basse-époque égyptienne et se trouvent de préférence à Saqqarah et dans le Fayoum. La face supérieure, la seule qui soit travaillée, a été fabriquée dans un moule à une seule pièce : le revers est plat ou concave. Elles représentent d'ordinaire les divinités égyptiennes traitées à la grecque. Les plus fréquentes ont la prétention d'être des Harpochrate, reconnaissables à leur tresse pendante et au doigt qu'ils s'enfoncent dans la bouche, tantôt assis sur l'uræus d'Isis (nos 5747, 5748), sur une autruche (nos 5739, 5744), sur un âne chargé d'outres (n° 5755), tantôt debout et appuyés contre un socle (n° 5750, etc.) ou tenant une amphore sous le bras (n° 5738, etc.). Viennent ensuite les Isis, seules (nos 5731, 5741, etc.), ou portant l'Horus enfant à califourchon sur leur hanche, selon l'usage constant des fellahines (n° 5751); quelquefois à cheval ou à baudet (n° 5727, etc.). Toutes sont grossièrement barbouillées de blanc, de rouge et de noir :

ce sont ou bien des ex-voto funèbres qu'on déposait sur la tombe au moment de l'enterrement, ou bien des fétiches domestiques destinés à protéger la maison.

Armoire BG.

5765. — Terre cuite peinte. — H. 0^m 35.
Jeune femme debout, jouant de la guitare : les mains et l'instrument ont été brisés et perdus. La tête porte une sorte de béret; le buste est couvert d'un manteau qui descend un peu au-dessous des seins; le bas du corps est nu. Le modèle est hardi, mais d'un réalisme assez grossier. Je suis porté à attribuer cette figure aux derniers temps des Ptolémées. *Saqqarah.*

5767. — Terre cuite peinte. — H. 0^m 34.
Le dieu Bîs, de même époque et de même travail que la figure précédente. Le n° 5772 a été trouvé avec le n° 5767 et représente, comme lui, le dieu Bîs. *Saqqarah.*

5769. — Terre cuite. — H. 0^m 19; long. 0^m 245.
Depuis deux ans, l'on a découvert à Alexandrie, un certain nombre de tombes, dont quelques-unes, probablement contemporaines des premiers Ptolémées, renferment des frises entières de bas-reliefs en terre cuite sculptée et peinte, des figurines du genre des figurines de Tanagra et des bijoux de style égyptien ou grec. Le bas-relief n° 5769 provient de cette trouvaille. Un jeune homme est assis au pied d'une

stèle, la tête inclinée sur la poitrine, le corps plié dans l'attitude de la méditation et de la douleur. Le travail est d'un style large et d'une exécution fort soignée. — Ep. grecque. *Alexandrie.*

5789. — Terre cuite. — H. 0^m 17; long. 0^m 32.

C'est une plaque rectangulaire, fixée jadis au mur par des clous. Mercure, reconnaissable à son caducée, à son chapeau et à ses sandales ailées, amène le bélier Phryxos à Jupiter, à Junon et à Neptune : le paon de la déesse et l'aigle semblent disposés à faire un mauvais accueil à la pauvre bête. L'ensemble est d'un travail hardi et savant; le mouvement de Mercure, la pose de Jupiter et de Junon, les attitudes irritées du paon et de l'aigle sont fort bien rendues. Des traces de couleur bleue, rouge et jaune, sont encore visibles sur les draperies et sur les parties travaillées en relief : le fond avait la couleur jaunâtre de la terre. — Ep. ptolémaïque.

Alexandrie.

Les deux plaques de bronze disposées à droite et à gauche, et qui portent le n° 5777, sont les deux feuilles d'un diplôme militaire découvert à Coptos en 1881. Les diplômes militaires étaient l'expédition d'un décret impérial rendu à Rome, et, par lequel, tous les soldats qui avaient fini leur temps sous les drapeaux c'est-à-dire avaient vingt-cinq ans au moins de service, et étaient incorporés dans les troupes placées dans une province aux ordres d'un même chef, recevaient leur congé honorable avec les privilèges y attachés, le droit de cité pour eux, s'ils ne le possédaient pas, et pour la femme qu'ils avaient au moment de la promulgation, ou pour l'étrangère qu'ils épouseraient par la suite. La copie en était faite en double, au recto et au verso de deux plaques de bronze, que l'on réunissait au moyen de rivets ou de simples attaches, et qu'on remettait à chacun des intéressés. Les deux plaques de notre diplôme ont été sciées et n'ont plus leur grandeur primitive : l'une a 0^{m}15 de côté, l'autre 0^{m}11 de largeur sur 0^{m}15 de hauteur. Il avait été délivré pendant le règne de Domitien, sous le consulat de Julianus, et nous donne l'énumération des quatre (?) ailes de cavalerie et des sept cohortes d'infanterie romaine qui tenaient alors garnison en Égypte.

Autour de ces pièces capitales, sont groupés de menus objets et des statuettes en bronze de travail gréco-romain trouvés presque tous à Alexandrie : une lampe, dont le manche se termine par un masque (n° 5778, H. 0^{m}085; long. 0^{m}14); un pied de coffret, en griffe de lion d'où sort le buste d'un sphinx femelle ailé (n° 5779, H. 0^{m}055); une tête de Silène chauve, détachée d'un anneau de porte ou d'une anse de vase (n° 5780, H. 0^{m}04); un petit amour qui porte maladroitement une torche énorme (n° 5781, H. 0^{m}73); la déesse éponyme de la ville d'Alexandrie, coiffée d'une tête d'éléphant, telle qu'on la voit sur les médailles (n° 5798, H. 0^{m}09 et n° 5794, H. 0^{m}07), une Victoire ailée qui tient une palme de la main gauche et soulevait de la main droite une couronne aujourd'hui brisée (n° 5799, H. 0^{m}068); un miroir grec, dont le pourtour est orné d'une bordure d'oves délicatement ciselées et dont le manche représente une fleur découpée (n° 5791, H. 0ᵐ 21; diam. 0ᵐ 14); un Hercule debout, armé de la massue (n° 5785, H. 0ᵐ 11). La grande statuette en terre cuite (n° 5783, H. 0ᵐ 37) représente une Isis vêtue de la robe longue et couronnée d'épis, qui écarte son voile à deux mains. Le scarabéoïde en quartz (n° 5797, H. 0ᵐ 03) est de travail syrien, à l'imitation du style égyptien, et porte, en caractères phéniciens, la légende : *A Hadadézer*; il provient de Saqqarah.

5787. — Terre émaillée. — H. 0ᵐ 103.

Petit vase richement décoré de feuillages : une bande de coureurs forme frise autour de la panse. Ornements et figures s'enlèvent en émail jaunâtre sur un fond pers. — Ep. grecque.

5808. — Terre cuite. — H. 0ᵐ 20; larg. 0ᵐ 16.

Le médaillon en terre cuite découpée paraît représenter une reine de la famille des Ptolémées avec la coiffure de Junon : du moins la figure ressemble-t-elle quelque peu au profil des médailles de la fameuse Bérénice. Les diverses parties étaient peintes, les chairs en rouge, le bandeau en bleu. Travail très fin et très gracieux. — Ep. ptolém.   *Alexandrie.*

Les bronzes exposés dans ce compartiment ont surtout un intérêt archéologique. Le n° 5801 (H. 0ᵐ 04; larg. 0ᵐ 09) est une jambe chaussée d'un brodequin qui couvre à demi le pied. L'amour ailé qui court en tenant un objet brisé dans la main droite est d'une authenticité douteuse (n° 5803, H.

0^m 14), cependant il ressemble assez à un autre Amour (n° 5818, H. 0^m 12), qui provient de la collection Huber, pour qu'on puisse suspendre le jugement jusqu'à nouvel ordre. Ce dernier morceau a été maladroitement restauré : le socle, le tronc d'arbre et la lance sont modernes.

5800. — Terre cuite. — H. 0^m 15.

Jolie statuette représentant une femme drapée : style des statuettes de Tanagra. — Ep. grecque.

Alexandrie.

5805. — Bronze. H. 0^m 07 ; long. 0^m 09.

Lampe de candélabre en forme de tête humaine. — Ep. romaine. *Alexandrie.*

5806. — Ivoire. — H. 0^m 065 ; long. 0^m 09.

Plaque analogue à celles qui sont exposées dans la Cage BF (n°s 5693, etc., p. 390). Un orchestre composé d'un joueur de flûte assis et de deux batteuses de tambourin, fait danser un personnage dont on ne voit plus que les pieds : le corps était sur une autre plaque qui n'a pas été retrouvée. — Ep. grecque. *Saqqarah.*

5807. — Terre cuite. — H. 0^m 22.

Isis debout, drapée à la grecque. — Ep. gréco-romaine. *Alexandrie.*

5809. — Bronze. — H. 0^m 095 ; long. 0^m 11.

Charmante petite lampe. Le corps en est formé d'une flamme onduleuse dont la pointe s'effile, se recourbe en manière d'anse et se termine par une fleur fantastique. Du calice sort à mi-corps un lion furieux, qui, la lampe allumée, paraissait se précipiter sur la flamme. — Ep. grecque.

Alexandrie.

5810.

J'ai réuni sous ce même numéro cinq cachets babyloniens trouvés près de Zagazig, au dire de l'Arabe qui nous les a vendus. L'un deux, en quartz laiteux, est plat et représente un prêtre debout en adoration devant Ishtar assise. Deux autres, également en quartz, montrent, le premier, un prêtre debout devant un autel, chargé d'emblèmes divins; le second, un cavalier au galop, avec le croissant lunaire et une étoile : au-dessus, deux palmes et entre les deux un objet indistinct. Les deux derniers sont en agate rouge. L'un porte le héros Izdubar luttant contre le lion ailé; l'autre deux lions assis en face l'un de l'autre. — Ep. persane. *Zagazig (?)*

5811. — Bronze. — H. 0^m 049.

Panthère, le cou pris dans un collier de pampre : faisait partie d'un groupe aujourd'hui perdu où devait figurer Bacchus. *Alexandrie.*

5812. — Terre cuite noire. — H. 0^m 069; diam. 0^m 08.

Petite patère votive portant sur une des faces les deux bustes d'Isis Alexandrine et de Sérapis. Travail très soigné. — Ep. romaine. *Le Caire.*

5813. — Bronze. — H. 0^m 14.

Pied de coffret. Un Vertumne portant une hotte

vide sur le dos, et, dans la main droite, un panier de fruits : le bas du corps est pris dans une patte de lion. — Ep. romaine.

5814. — Bronze. — H. 0^m 168.

Génie sortant d'une sorte d'enroulement, analogue à celui qu'on voit parfois autour du corps des Tritons. La tête couronnée de rayons, le sceptre et la guirlande qui chargent les mains, lui donnent presque l'apparence d'une figure mithriaque.

5817. — Diorite. — H. 0^m 034.

Dé à vingt faces, sur chacune desquelles est gravée une lettre de l'alphabet grec depuis A jusqu'à Υ. Il servait, soit à consulter le sort, soit à tirer des loteries dont chaque lot répondait à une lettre. — Ep. grecque. *Zagazig.*

Sur le rayon supérieur :

5820. — Terre cuite. — H. 0^m 22.

Une tête de divinité barbue, peut-être une forme de Sérapis, bien qu'il ne porte pas le boisseau sur la tête. Elle est placée sur un pied rond. — Ep. romaine. *Alexandrie.*

5821. — Bronze. — H. 0^m 15.

Mylitta nue, levant les deux bras : les pieds et les bras sont brisés. Fabrique babylonienne. — Ep. persane. *Tell-Défennèh.*

5823. — Terre cuite. — H. et larg. 0^m 22.

Un homme, en costume civil, s'adresse à un jeune soldat sans armure, le sein gauche découvert, qui tient une personne (?) de la main gauche, une lance de la main droite. Derrière l'orateur, autre guerrier, casqué et revêtu de l'armure complète, dans le fond deux jeunes femmes. C'est un de ces bas-reliefs dont j'ai déjà décrit plus haut quelques spécimens (nos 5769 et 5789, p. 394 – 395) : un autre exemplaire, identique mais moins bien conservé, est en la possession d'un amateur au Caire. Il faut peut-être y reconnaître Achille à Scyros. — Ep. grecque.

Alexandrie.

5827. — Terre cuite peinte. — H. 0^m 25; larg. 0^m 30.

Antéfixe brisé par en haut : au centre, une tête chypriote ou grecque de style archaïque. Le n° 5835, qui fait pendant au n° 5827, montre quelle forme avait la partie supérieure de la pièce. Tous les deux proviennent de Tell-Défennèh, où ils ont été trouvés avec les objets exposés dans l'armoire BH. Ils paraissent indiquer la présence en cet endroit d'un temple, élevé par les commerçants et les mercenaires cariens ou grecs au service de l'Égypte, soit au temps de la XXVIe dynastie, soit plus tard, lorsqu'Agésilas, Chabrias et d'autres généraux de renom aidèrent les rois de la XXIXe et de la XXXe dynasties dans leur lutte contre les Perses. Tell-Défennèh est sur l'emplacement de l'ancienne Daphné, qui était, avec Péluse, le boulevard de l'Égypte contre les invasions venues de l'Asie. — Ep. saïte.   *Tell-Défennèh.*

Armoire BH.

La plupart des objets conservés dans cette armoire ont été découverts près d'Alexandrie et à Tell-Défennèh, ou nous ont été donnés comme venant de ces deux localités. Quelques-uns me paraissent être d'origine étrangère, ainsi les têtes nos 5839, 5855, 5877, 5890, etc., qui rappellent certaines terres cuites de Tarente, les nos 5841, 5871, 5872, etc., qui ont un caractère chypriote bien marqué, etc. Peut-être le commerce ancien les avait-il déjà transportés de leur pays d'origine en Égypte, peut-être ont-ils été importés récemment par des marchands d'antiquités peu scrupuleux. On conçoit que, dans l'incertitude, j'indique le lieu de provenance sous toutes réserves.

Deux antéfixes brisés (nos 5900, 5901) sont placés sur la planche supérieure : ils présentent le même caractère d'archaïsme que j'ai signalé sur les fragments nos 5827 et 5835 (cfr. *Armoire BG*, p. 401). Cinq bas-reliefs en terre cuite, trouvés à Alexandrie comme ceux dont il a été question, (cfr. *Armoire BG*, p. 393, no 5789, p. 394, 400, no 5823, p. 399), sont répartis aux divers étages. Le plus beau, en terre cuite découpée (no 5872, H. 0m 38, long. 0m 15) représente une déesse à demi-couchée, le bras droit appuyé contre un cygne et brandissant un arc de la main gauche : un amour, agenouillé à ses pieds, saisit par les ailes un papillon placé à terre. Un second bas-relief découpé (no 5769, H. 0m 19, long. 0m 245), celui-ci de style archaïque, paraît nous avoir conservé une scène de l'Orestie. Electre, assise, pleure au pied du cippe funéraire d'Agamemnon. Oreste, qui vient d'arriver, se penche vers elle pour la consoler, tandis que son compagnon tient les chevaux. Le no 5846, qui est le plus mutilé (H. 0m 18, long. 0m 37), porte une scène empruntée à la légende de Bacchus. Bacchus, à demi-supporté par un de ses compagnons, arrive sur un char traîné par deux centaures qui jouent du cor et de la lyre : il se prépare à descendre, pour accueillir l'hommage de trois personnages qui lui offrent un sacrifice dans la partie gauche du tableau. C'est de tous les bas-reliefs celui où les traces de couleur sont le plus visible. Les deux derniers appartiennent à un art moins fin et sont d'exécution assez sommaire : le premier (n° 5874, H. 0^m 17; larg. 0^m 21) représente un personnage nu, qui paraît faire la voltige sur un cheval; sur le second (n° 5886, H. 0^m 17; larg. 0^m 112), un berger assis tient un oiseau indistinct entre ses mains. La série des figurines alexandrines en terre cuite (cfr. *Armoire BG,* n° 5800, p. 397; n° 5807, p. 398) a fourni également à l'*Armoire BH* quelques morceaux remarquables : l'Isis (n° 5828, H. 0^m 29); la jeune fille drapée (n° 5867, H. 0^m 20); le médaillon représentant une tête barbue (n° 5897, H. 0^m 12); le jeune homme en tunique et en manteau, coiffé du chapeau rond (n° 5884, H. 0^m 225), la Pallas armée, peinte de couleurs vives (n° 5884, H. 0^m 15). Ces objets indiqués, il ne me reste guère à signaler que :

5830, 5831. — Terre cuite. — H. 0^m 116.

Deux exemplaires d'un cylindre babylonien de Naboukoudouroussor, trouvés, dit-on, dans l'Isthme. Ils ne renferment, outre le protocole ordinaire, que l'énumération de quelques édifices construits par le roi à Babylone, entre autres un temple au soleil couchant. — XXVIe dyn.

5832. — Terre cuite. — H. 0^m 09.

Cylindre plus petit, découvert avec les précédents : il est également de Naboukoudouroussour et ne fournit aucun renseignement historique. — XXVIe dyn.

5847. — Albâtre. — H. 0^m 11.

On a trouvé à plusieurs reprises, dans certaines localités du Delta, des figurines de style grec archaïque ou chypriote, provenant des premiers colons de race hellénique, établis en Égypte avant la conquête macédonienne. Cinq de ces figures, trois d'homme, deux de femme, ont été découvertes en 1883 près de Damanhour et brisées par les fellahs : les débris en appartiennent à un voyageur européen. Notre figure provient des environs de Sa el-Haggar ; elle représente un homme nu, debout, la face souriante, la chevelure massée sur le derrière de la tête, les bras collés au corps. Les pieds manquent. — Ep. saïte.

5850. — Bronze. — H. 0^m 19.

Jolie statue d'Isis Alexandrine, qui tient dans la main gauche une corne d'abondance brisée : le bras droit manque, ainsi que les yeux qui étaient probablement en argent. — Ep. romaine.

Alexandrie.

5858. — Terre cuite. — H. 0^m 095.

Petite ampoule dont le col est brisé : elle est couverte d'un vernis noir, sur lequel se détache en rouge une figure de magicienne, récitant une incantation au-dessus d'un chaudron. — Ep. grecque.

5857. — **Terre cuite.** — H. 0ᵐ 08.

Petite tête de femme : la chevelure est entrelacée autour d'une couronne de fleurs d'olivier. — Ep. grecque. *Alexandrie.*

5859. — **Ivoire teint en vert.** — Diam. 0ᵐ 047.

Jeton portant d'un côté le nom de la ville de Xoïs, de l'autre, une couronne et une palme, emblèmes de victoire aux jeux athlétiques.

5863. — **Terre émaillée bleue.** — H. 0ᵐ 025.

Cylindre babylonien représentant deux personnages assis devant un arbre. — Ep. persane.

Saqqarah.

5870. — **Terre cuite.** — H. 0ᵐ 101; larg. 0ᵐ 154.

Joli vase à deux anses, orné de dessins au trait et aux couleurs rouge et noir à demi effacés. — Ep. grecque.

5871. — **Bronze.** — H. 0ᵐ 15; larg. 0ᵐ 07.

Bout de sceptre. Un Anubis, à tête de loup, est debout entre deux chiens assis. Il est vêtu en soldat romain, et coiffé du pskhent : il tient une patère de la main droite et brandit une massue de la main gauche. C'est un bon exemple de ce mélange d'idées helléniques et égyptiennes, qui s'opéra dans les premiers siècles de notre ère, et détermina la création de types nouveaux dont quelques-uns se transmirent plus tard aux chrétiens. Le fait le plus connu jusqu'à présent, est celui de l'Hor perçant le crocodile, devenu dans l'iconographie chrétienne St Georges terrassant le dragon. — Ep. romaine.

5876. — Bronze. — H. 0^m 104 ; larg. 0^m 175.

Deux poignées d'un grand vase en bronze, dont les débris furent trouvés, dit-on, à Tell-Défennéh. Ils sont ornés chacun de deux têtes de cheval ; les détails sont indiqués au trait. Travail grec archaïque ou chypriote. — Ep. saïte.

Tell Défennéh.

5880. — Terre cuite. — H. 0^m 11 ; long. 0^m 14.

Homme étendu et accoudé sur un lit de repos : il tient de la main gauche une coupe qu'il serre sur la poitrine. Je crois reconnaître ici le travail chypriote. *Alexandrie.*

5881. — Bronze. — H. 0^m 19.

Buste de Vertumne. Il tient une corbeille de fruits dans la main droite ; la main gauche est cassée (cfr. *Armoire BG.*, n° 5813, p. 399). — Ep. romaine.

Coptos.

5883. — Bronze. — H. 0^m 20 environ ; diam. 0^m 14.

Beau miroir grec orné de dessins au trait. Deux jeunes gens, l'un assis, l'autre, debout paraissent s'entretenir : point d'inscription. Le manche décoré de palmettes est tordu. — Ep. grecque. *Alexandrie.*

5887. — **Terre cuite.** — H. 0^m 23 ; long. 0^m 15.

Cavalier romain armé de toutes pièces; la cotte de maille, le casque, le harnachement du cheval, sont rehaussés de traits verts, noirs, rouges et jaunes. Le travail est très grossier : les jambes de l'homme n'ont point de forme, et celles du cheval sont assemblées deux à deux. — Ep. romaine.   *Louxor.*

5894. — **Terre cuite.** — Diam. 0^m 145.

Ecuelle plate à vernis rouge. Sur le fond sont disposées en croix cinq têtes de femme, gravées au trait dans le style de la basse-époque impériale. — Ep. romaine.

Armoire BI.

Elle renferme les meilleures statuettes de style grec que nous possédions au Musée : quelques-unes ne dépareraient aucune collection européenne. La place d'honneur revient de droit au n° 5949.

5949. — **Terre cuite peinte.** — H. 0^m 08 ; long. 0^m 11.

Mariette croyait y reconnaître un Eole, à cause de l'outre sur laquelle le personnage est accroupi et de l'agitation de ses vêtements. Cette identification est difficile à maintenir quand on examine les détails : la face aplatie, le nez camus, l'oreille pointue, la petite queue attachée au rable et qui frétille sur l'outre, indiquent un faune. L'artiste a représenté un épisode ordinaire des fêtes de Bacchus. Le faune, en voulant danser, selon l'usage, sur une peau de bouc huilée et gonflée, est tombé à terre et serre dans ses bras le col de l'outre; son vêtement, soulevé par la chute, s'enfle derrière lui et n'a pas encore eu le temps de s'affaisser. Le mouvement est juste, l'expression spirituelle, le modelé exact et vigoureux : la statuette a été moulée puis retouchée à la main. Le n⁰ 5948 (H. 0ᵐ 038; long. 0ᵐ 075) provient également d'un faune tombé et embrassant l'outre. Elle est d'un travail moins soigné; mais la figure, à peine ébauchée, rit mieux et plus franchement. — Ep. ptolémaïque.   *Alexandrie.*

Les autres figurines n'approchent point de celles-là, pour le fini de l'exécution : elles sortent toutes d'un moule à une seule pièce, et n'ont pas été retouchées. Elles rappellent cependant de loin par la pose et le sentiment les figurines de Tanagra (cfr. *Armoire BG*, n⁰ 5769, p. 394 et *Armoire BH*, n⁰ˢ 5867, 5884, p. 403) : les deux jeunes femmes n⁰ˢ 5944 (H. 0ᵐ 131), 5951 (H. 0ᵐ 14) et 5955, le petit jeune debout (n⁰ 5945, H. 0ᵐ 130) et le cavalier (n⁰ 5954, H. 0ᵐ 15; long. 0ᵐ 105). A des séries voisines se rattachent la jeune femme au turban, de style alexandrin (n⁰ 5952, H. 0ᵐ 164), l'Astarté triomphante de fabrique chypriote (n⁰ 5953, H. 0ᵐ 09), le petit personnage comique, du type des figurines grotesques de l'Asie-Mineure (n⁰ 5959, H. 0ᵐ 12) et le masque en terre cuite noirci (n⁰ 5958, H. 0ᵐ 15; larg. 0ᵐ 10). Je ne doute pas que les nécropoles d'Alexandrie ne nous rendent beaucoup d'objets de ce genre, le jour où nous aurons assez d'argent pour y entreprendre des fouilles sérieuses.

Les objets purement égyptiens sont mélangés dans cette armoire à des objets de travail grec ou de provenance orientale :

5908. — Calcaire. — H. 0^m 17; long. 0^m 33.

Joli lion couché de pur travail égyptien : pose des lions du Gebel Barkal (British Museum) et du Sérapéum (Louvre). La tête à moitié brisée. — Ep. saïte.

Coptos.

5909. — Bronze. — Long. 0^m 137; larg. 0^m 112.

Poignée d'épée romaine en bronze : une tête d'aigle sortant toute droite de la garde. La lame vient d'une épée mamelouke; on l'a jointe à la poignée pour mieux faire comprendre à quel usage servait le n° 5909. — Ep. romaine.

5912. — Email bleu. — H. 0^m 06; long. 0^m 125.

Les Égyptiens, surtout ceux des dernières époques, conservaient les momies des gens qui n'étaient pas assez riches pour s'acheter une tombe, dans des magasins placés sous la garde spéciale des choachytes. Là, moyennant une rétribution annuelle ou quelque somme une fois donnée, les morts recevaient aux jours règlementaires la part de prières et d'offrandes qui leur revenait. Pour empêcher toute confusion entre les différents locataires de ces chantiers funèbres, chaque momie portait au cou ou sur la poitrine une étiquette à son nom. La plupart sont en bois : le nom y est gravé au couteau, en grec (n° 5916, long. 0ᵐ 22, H. 0ᵐ 045, avec la légende ΠΑΓΟΡΑΥϹ; n° 5926, H. 0ᵐ 087; long. 0ᵐ 22, avec la légende ΕΡΜΙΑϹ ΠΡΟΕΒΥΤΕΡΟϹ, où le graveur égyptien, peu familiarisé avec l'écriture grecque, n'a pas reconnu le mot ΠΡΕϹΒΥΤΕΡΟϹ), ou tracé à l'encre en grec (cfr. n° 5926, H. 0ᵐ 09; larg. 0ᵐ 08, avec la légende ϹΕΝΨΕΜΩΝΘΗϹ ΘΥΓΑΤΗΡ ΩΡΙΩΝ ΠΟΙ-ΜΗΝ d'un côté, et, au verso, le chien d'Anubis accroupi, la clef de l'autre monde passée au cou) ou en démotique (cfr. n° 5929, H. 0ᵐ 07; long. 0ᵐ 15). La tessère n° 5912 est d'un type plus soigné. C'est une plaque d'émail bleu, sur laquelle est retracé, d'un côté, l'enlèvement de la momie par Anubis Psychopompe, de l'autre la légende, ϹΩΤΗΡ Ο ΚΑΙ ϹΑΟΥΑ ΕΤΩΝ ΙΗ « Soter, appelé aussi Saoua, âgé de dix-huit ans ». — Ep. romaine.

5913. — Granit noir. — H. 0ᵐ 20.

Tête de travail identique à celui de la belle statue alexandrine n° 5532 (cfr. p. 380). Un fragment d'inscription conservé au dos, nous apprend que nous avons devant nous le portrait d'un certain Pétosiris. — Ep. romaine. *Alexandrie.*

5923. — Schiste gris. — H. 0ᵐ 25.

Statuette d'Hercule : la tête et les mains ont disparu. Œuvre d'un artiste provincial de quelque habileté, vivant vers l'époque d'Hadrien. — Ep. romaine. *Coptos.*

5924. — Schiste gris. — H. 0ᵐ 31.

Représentation, assez rare en Égypte, du sphinx

grec ailé, à poitrine de femme : une patte a été sciée fort proprement dans l'antiquité. Ce morceau paraît sortir du même atelier que le précédent. — Ep. romaine.   *Coptos.*

5930. — Terre cuite. — Diam. 0^m 08.

L'objet inscrit sous ce n° 5930 est un miroir formé d'un morceau de verre étamé, monté sur un disque de terre cuite. Je ne crois pas qu'il soit ancien, non plus que les miroirs du même type n° 5931 (H. 0^m 19; larg. 0^m 09, monté en bois), 5932 (Diam. 0^m 09), bien qu'ils aient été trouvés dans les ruines de maisons gréco-romaines. Ils paraissent être de fabrication arabe assez récente. Il ne faut pas oublier que les maisons et les tombeaux de l'Égypte pharaonique ont été occupés, pendant tout le moyen âge, et sont encore habités de nos jours, par une population qui les encombre de ses ordures et de ses rebuts domestiques. Cette année même, en rouvrant le tombeau de Nofirsokhrou, à Sheïkh Abdel-Gournah, qui a cessé d'être habité depuis six ans seulement, j'y ai ramassé, à plusieurs mètres de profondeur, une tête de poupée d'enfant de fabrique parisienne, en porcelaine émaillée, une grenouille peinte en caoutchouc, et une vingtaine de fragments d'assiettes en pâtes diverses, dont une appartient à la série des faïences révolutionnaires de Nevers, et a dû être laissée dans le pays par quelque troupier de l'armée de Desaix. Tous les musées d'Europe possèdent de petits flacons en porcelaine chinoise, ramassés dans les hypogées thébains, et apportés là, vers le XIe ou XIIe siècle de notre ère, par les com-

Salle gréco-romaine. 411

merçants arabes de Qocéïr et de Qous. Le musée de Boulaq a, de plus, un petit bronze chinois, n° 5934 (H. 0^m 065), représentant un homme nu, qui, la tête et les mains emprisonnées, subit le supplice de la cangue, et un petit coq en cuivre de travail syrien ou persan (n° 5985, H. 0^m 05). D'autres objets, exposés comme égyptiens dans des collections particulières, me paraissent avoir la même origine.

5933. — **Bronze.** — H. 0^m 06; long. 0^m 16.
Hache à deux tranchants, couverte d'une belle patine verte. — Ep. gréco-romaine.
Alexandrie.

5950. — **Or et lapis-lazuli.** — Diam. 0^m 019.
Le châton, petite plaque de lapis-lazuli, porte d'un côté trois divinités debout, de l'autre, une légende gnostique en trois lignes : XONOCΘH-OCENOYP-ANΩ, qui a trait à ces trois divinités. La monture me paraît être moderne, mais formée de deux moitiés de boucles d'oreille antiques, terminées chacune par une tête de gazelle en or de travail très soigné. Elle a été achetée à Alexandrie. — Ep. gréco-romaine.
Alexandrie.

5956. — **Or.** — H. 0^m 044.
Vénus, nue jusqu'à la ceinture, écarte ses cheveux des deux mains. Travail délicat, exécuté au repoussé. Une bélière, soudée derrière la tête, montre que cette figurine se portait suspendue à un collier. — Ep. romaine.

5968. — Ivoire vert. — Long. 0^m 08.

Manche de poinçon représentant un lion couché qui ronge une tête de veau. La soie du poinçon est encore engagée. On dirait d'un objet fabriqué à l'époque des Sassanides, en Perse. — Ep. byzantine.
Saqqarah.

5975. — Schiste gris. — H. 0^m 045; long. 0^m 07; larg. 0^m 08.

Boîte à parfum, dont le couvercle a disparu : elle avait jadis quatre compartiments, mais des cloisons ont été enlevées grossièrement au couteau, ce qui a réduit le nombre des compartiments à deux. Sur le pourtour extérieur, scènes guerrières : deux chars, montés chacun par un cocher et par un archer, chargent des ennemis fuyants ou renversés à terre. Sur la face de derrière, la plante sacrée des Assyriens est gravée deux fois fort exactement. Cet objet provient de Zagazig, où l'on a trouvé à plusieurs reprises des monuments assyriens ou de style égyptien mélangé d'assyrien. — Ep. éthiopienne ou persane.
Zagazig.

Armoire BJ.

Le compartiment le plus bas de l'armoire BJ ne renferme que trois objets, mais ils sont d'une certaine importance.

6106. — Granit noir. — H. 0^m 34; larg. 0^m 26.

Les deux plaques inscrites sous ce numéro, ont

été découvertes à Coptos, en Mars 1883, encastrées, comme matériaux de construction, dans le mur d'un édifice, situé sur le Forum de la ville antique. Elles ont été publiées par E. Desjardins (*Comptes-Rendus de l'Académie des Inscriptions et Belles-Lettres*, 1883, p. 217) et par Th. Mommsen (*Additamenta tertia ad Corporis Volumen III*, p. 5—16). C'est tout ce qui reste d'une longue inscription, qui couvrait au moins six plaques, et avait été élevée, dans le temple de Coptos, par des soldats romains, chargés de réparer les postes de la route qui conduisait de Coptos à la Mer Rouge. Ils avaient construit et dédié des citernes à l'Apollonos Hydreuma, le 7 des calendes de janvier, à Compasi, aux calendes d'août, à Bérénice sur la mer le 18 des calendes de janvier, à Myos-Hormi aux ides de janvier. Ce beau travail fut exécuté pendant les premières années du règne d'Auguste en Égypte, et la liste de noms propres qui couvre l'une des plaques, nous donne des renseignements nouveaux sur la composition des légions romaines cantonnées dans le pays récemment conquis. — Ep. romaine. *Coptos.*

6102. — **Marbre.** — H. 0^m 39.

Statuette de Vénus portée sur un dauphin : manquent la tête et les bras. Travail assez fin de l'époque d'Hadrien. — Ep. romaine. *Saqqarah.*

Dans le second compartiment, j'ai exposé un certain nombre d'objets faux, que je me suis procurés dans les fabriques de Thèbes, pour la curiosité et l'instruction des touristes. Il y a, à ma connaissance, six de ces fabriques réparties entre les villages de

Louxor, Karnak et Gournah. Les gros scarabées sont de travail médiocre, mais les petits laissent peu à désirer au point de vue de la perfection, et sont bien supérieurs comme exécution à la plupart des scarabées communs d'origine antique. Ils sont, pour la plupart, taillés au couteau, dans la même pierre qu'employaient à cet usage les anciens Égyptiens, puis peints, ou émaillés, avec la couverte à base de plomb de nos poteries communes, et cuits au four. Pour leur donner l'apparence antique, les Arabes se servent de divers procédés. Quelquefois ils mêlent les plus petits à la graine qu'on donne aux dindons : la bête les avale et les rend tout patinés par le progrès naturel de la digestion. Le plus souvent, on les use en les agitant par dizaines dans un même vase, et on les enterre dans le fumier des moutons : l'ammoniaque leur donne une couleur et une odeur spéciales, fort recherchées par les amateurs d'antiquités. La statuette funéraire, en calcaire barbouillé de vert puis noirci, vient d'une fabrique de Karnak. Les deux stèles ont été dessinées et sculptées par un Arabe de Louxor; les statuettes d'homme et l'épervier par deux Arabes de Gournah. Je connais à Qous un atelier où l'on imite avec succès les intailles romaines ou grecques des bas temps, les perles en améthyste, les colliers en perles de verre. Les deux statuettes en bronze, l'une de Sokhit, l'autre de Bast, ont été fabriquées au Caire : elles sont d'un faire assez soigné et peuvent tromper aisément l'amateur. Le n° 6103 provient d'Alexandrie. C'est une anse d'amphore antique, à la marque ΑΡΙΣΤΟΚΡΑΤΕΣ, sur laquelle un Italien a gravé, d'après un bon modèle, un sceau égyptien. Rien n'est plus fréquent, du reste, que ces objets mixtes, faux en partie en partie réels. La plupart des scarabées en pierre dure, améthyste, feldspath, émeraude, lapis, ou des gros scarabées emblèmes du cœur (cfr. *Salle funéraire, Vitrine AR,* p. 218 sqq.) n'ont aucune décoration : pour en rehausser la valeur, les Arabes y gravent des cartouches ou des sujets divers. Un fabricant de Londres a expédié l'an dernier en Égypte une cargaison entière de scarabées et de statues en faïence, bleu, gris-bleu et verdâtre, d'un trop bon travail. J'espère augmenter peu-à-peu cette collection, qui a bien son intérêt dans un pays où l'on est entraîné presque forcément à acheter des antiquités.

La plupart des objets authentiques exposés dans le compartiment du milieu ne sont guères que des doubles d'objets déjà décrits, clefs en cuivre et en fer (nos 6110, 6111, 6112, 6113; cfr. *Salle funéraire, Cage AA,* n° 4830, p. 295), des cuillers à pot (nos 6106, 6107, 6108, 6109; cfr. *Salle du centre, Armoire S,* n° 2860, p. 127), des boîtes à parfum, des vases, etc. Quelques-uns pourtant, présentent un certain intérêt:

6114. — Bronze. — H. 0^m 30; diam. 0^m 16.

Sorte de patène en bronze très ornée : le manche est formé par une femme qui, les deux bras levés, soutient une couronne dans laquelle est inscrite une croix (cfr. *Salle gréco-romaine, Cage BE,* n° 5636 sqq. p. 384). — Ep. byzantine.   *Médinet-Faris.*

6115. — Bronze. — H. 0^m 18; larg. 0^m 065.

Pelle à parfums : elle a pour manche une colonne à chapiteau ionique. — Ep. grecque.

Louxor.

6118. — Calcaire blanc. — H. 0^m 215.

Autel rond, dont la cuve renferme encore la cendre du sacrifice. Il est monté sur une base carrée d'un dessin très riche.

6129. — Or. — H. 0^m 052.

Deux petites colonnes ioniques, en fil d'or tressé et recourbé : l'une d'elles a perdu sa base. Proviennent d'un coffret. — Ep. byzantine.

Damanhour.

6137. — Terre cuite. — H. 0^m 06.

Figurine très grossière, en une terre qui ressemble pour la couleur et le grain à la terre dont on fait les goulléhs. Elle est brisée à la taille, et représentait une femme nue, dont la chevelure, maintenue par un bandeau, retombe en deux masses de petites tresses sur chaque épaule. Au cou, un collier à trois rangs; les seins, très petits et très proéminents, sont entourés à la base d'un cercle de points, qui paraît marquer un tatouage. L'ensemble donne l'idée d'une figure de déesse babylonienne, et pourtant j'ai trouvé l'objet moi-même à Eléphantine.

Géziret-Assouân.

J'ai réuni dans le compartiment du milieu, une collection d'animaux en terre cuite, têtes de bœuf Apis (n°s 6138, 6139, etc.), coq blanc (n° 6142), chien (n° 6143), cheval monté par un Hor (n° 6145).

Les plus intéressants sont les chameaux et l'éléphant. On sait que les Égyptiens de l'époque pharaonique n'ont pas employé le chameau : la seule mention à peu près vraisemblable qu'on en trouve dans les textes, nous reporte en Syrie, et c'est seulement par un artifice de lecture peu justifié que M. Chabas a pu proposer d'appliquer à cet animal un nom qui doit probablement s'entendre d'une sorte de chèvre. Deux de nos chameaux (nos 6146 et 6147) sont de basse époque grecque, et représentent l'animal debout, harnaché, portant sur sa bosse un objet recouvert d'une longue draperie et semblable aux litières des femmes arabes d'aujourd'hui. Le troisième est en terre émaillée bleue, d'époque pharaonique, probablement saïte (no 6148) et a été découvert à Abydos (Mariette, *Abydos*, T. II, pl. 40, et T. III, p. 587, no 1495). Il est accroupi et chargé de quatre grandes jarres : son conducteur, un Égyptien de race pure, est assis sur son cou. Un goulot sort de la bosse et montre que l'ensemble était destiné à servir de vase. Quant à l'éléphant (no 6149, H. 0m 16; long. 0m 194), il a été acheté à Coptos en 1882 et ne peut être attribué qu'à l'époque gréco-romaine. On sait quel usage les Ptolémées faisaient des éléphants de guerre dans leurs armées. Ils avaient établi le long de la Mer Rouge des stations, Ptolémaïs-épi-théras, Berenice-épi-théras, etc., où ils s'approvisionnaient de ces animaux : les bêtes étaient embarquées, transportées par mer à Bérénice ou à Myos-Hormi, d'où on les dirigeait sur Coptos. Notre éléphant a toutes les marques caractéristiques de l'éléphant d'Afrique: mais il a perdu sa trompe et son cornac, dont les jambes ont laissé leur trace sur son dos. Le seul autre éléphant que possède le Musée est de la fin de l'époque saïte et presque contemporain de celui-ci (cfr. *Salle funéraire, Vitrine AK*, n° 4163, p. 275).

§ 2. — Salle historique de l'Est.

La série des stèles historiques, commencée dans les deux vestibules et dans la Salle historique de l'Ouest, s'achève dans cette salle. Ici encore, le classement ne saurait être définitif; plusieurs monuments sont hors série et devront être déplacés au prochain agrandissement du Musée.

La plupart des stèles qui couvrent les parois viennent d'Abydos (cfr. p. 29); les autres, en petit nombre, ont été trouvées à Thèbes, à Memphis, à Tell el-Amarna et dans quelques villes de la Basse-Égypte. Voici les plus importantes:

488. — Granit noir. — H. 1^m 60; larg. 0^m 58. — (Mariette, *Mon. Div.*, pl. 63 *b*.)

Le serpent possédait, avec des influences funestes dont on se gardait par divers amulettes (cfr. *Salle du centre*, n° 1841, p. 191), des vertus protectrices qu'on essayait de tourner au profit de l'humanité. Aujourd'hui encore, dans beaucoup de villes égyptiennes, chaque maison a son serpent qui lui sert de génie protecteur : dans l'antiquité, non seulement les maisons mais les temples étaient sous la garde d'un esprit familier de cette espèce. La stèle n° 488 représente le serpent protecteur du temple de Hor-khontkhiti dans la ville d'Athribis : elle a été élevée par le roi Amenhotpou III dont elle porte les cartouches. — XVIIIe dyn. *Benha el-Asal.*

491. — Granit rose. — H. 1^m 20; larg. 1^m 50. — (Mariette, *Abydos*, t. II, pl. 36—37, et t. III, p. 463, n° 1225.)

Stèle brisée par le haut, et employée, dès l'antiquité, dans les fondations d'une maison : les quatre trous indiquent probablement la trace des crampons d'attache. Malgré les mutilations qu'elle a subies, c'est encore un des monuments les plus importants qu'on ait trouvés pour l'histoire de la XXIIe dynastie. Elle porte un décret d'Ammon (cfr. *Salle des momies royales, Armoire AZ*, n° 5268, p. 335), rendu par le dieu à la prière de Shishonq, alors général, gendre et héritier du dernier roi de la XXIe dynastie Tanite. Shishonq, qui était d'origine étrangère, syrienne selon les uns, libyenne selon les autres, réclame du dieu la punition des impies qui avaient outragé la mémoire et volé les biens funéraires de son fils Nimrod, né de la reine Mihtinouoskhit. Le dieu lui accorde la satisfaction qu'il demande, et la stèle se termine par l'énumération des offrandes et par l'inventaire des domaines, prêtres, esclaves, dont Shishonq fait don à son fils dans le sanctuaire d'Osiris à Abydos. — XXIe dyn. *Abydos.*

492. — Calcaire blanc. — H. 0^m 30; larg. 1^m 30. — **493.** — Calcaire blanc. — H. 0^m 30; larg. 1^m 08. — (Mariette, *Mon. Div.*, pl. 35 *b-c.*)

Charmants bas-reliefs provenant d'un tombeau détruit dès l'époque grecque, et découverts dans les ruines d'une maison antique, à Memphis. Sur le plus grand (n° 492) le scribe Psamitik-nofirsam, assis, surveille l'apport et l'enregistrement des colliers d'or, destinés à sa parure dans l'autre monde; sur le plus petit n° 493, il reçoit les tributs de ses domaines funéraires (cfr. *Salle de l'Ancien Empire*, n° 881 sqq., p. 201 sqq.). C'est peut-être ce que l'art saïte nous a laissé de plus délicat et de plus fin : la facture est peut-être un peu molle, mais ce léger défaut est racheté par une grâce et par une souplesse dignes des meilleures époques de la sculpture égyptienne. Un autre bas-relief, provenant du même tombeau, se trouve en la possession d'un particulier, au Caire. — XXVI° dyn. *Kom el-Fakhri.*

494. — **Calcaire blanc.** — H. 0^{m}42; larg. 1^{m}20.

Linteau de porte provenant d'une tombe thébaine, découverte en 1882. Entef y est représenté accompagné, à droite, d'Ab, sa première femme, à gauche de sa seconde femme Mirisonit et de la dame Onkhit. Chaque femme a son miroir figuré à côté d'elle. — XI° dyn. *Drah abou 'l Neggah.*

497. — **Calcaire blanc.** — H. 1^{m}30; larg. 0^{m}50. — Don de M. Wilbour.

Cette stèle, découverte en 1882, à Hadji-Kandîl, dans les ruines de la ville antique, est un morceau unique, ou peu s'en faut. Elle représente le roi Khounaton, accompagné de sa femme et de sa fille aînée, en adoration devant le disque solaire rayonnant. Khounaton est un des plus curieux à étudier parmi les Pharaons. Monté sur le trône à la mort d'Amenhotpou III, il s'inquiéta, non sans raison, du développement extraordinaire que les largesses de ses prédécesseurs avaient donné au culte d'Ammon et à la puissance des prêtres de ce dieu. Le grand-prêtre d'Ammon thébain était le second personnage dans l'état et devait être souvent tenté d'aspirer aux premier rang. Moitié politique, moitié fanatisme, Khounaton crut que le meilleur moyen de réagir contre l'usurpation était d'imposer à l'état un nouveau dieu et une nouvelle capitale. Il prit pour divinité protectrice, le disque solaire, Aton, qu'on a confondu bien à tort avec le dieu syrien Adonis, et qui n'est autre qu'une des formes les plus anciennes d'un des plus anciens dieux de l'Égypte, Râ d'Héliopolis. Il lui construisit une ville et un temple sur la rive droite du Nil, sur l'emplacement des villages actuels de Tell el-Amarna et d'Hadji-Kandîl, et prit le nom de Khounaton, *Splendeur du disque solaire*, au lieu de celui d'Amenhotpou qu'il avait porté jusqu'alors. Les tombeaux et les ruines montrent à quel degré de splendeur parvint la ville nouvelle, pendant les quelques années que dura son existence. Thèbes fut abandonnée, le dieu Ammon proscrit et son nom effacé sur tous les monuments antérieurs : un temple d'Aton s'éleva à Karnak, en face du sanctuaire d'Ammon, à l'endroit où se dressent aujourd'hui les pylônes d'Harmhabi. Ce retour aux anciens cultes solaires était trop factice pour que l'effet en persistât longtemps. Le culte d'Aton dura quelques années à peine après la mort de son fondateur : Thèbes reprit le dessus et la ville de Tell el-Amarna perdit l'importance qu'elle avait prise. — XVIII⁰ dyn. *Handji-Kandîl.*

531. — Calcaire blanc. — H. 0ᵐ 52; larg. 0ᵐ 70. — (Mariette, *Abydos*, T. III, p. 489 à 492, n° 1297.)

Stèle, brisée par en-bas, au nom de Zodanhourefônkh, fils de Nsmin, deuxième prophète de la déesse Mihit, quatrième prophète d'Anhouri et de Shou. La partie supérieure représente les prêtres d'Anhouri et de Shou portant en procession la châsse du dieu. — Ep. saïte. *Abydos.*

561. — Calcaire blanc. — H. 2ᵐ 35.

Belle statue d'Amenhotpou III : les cartouches aux pieds du roi, sur le plat du socle. Les yeux sont rapportés. — XVIII⁰ dyn.

565. — Calcaire blanc. — H. 0ᵐ 40; larg. 0ᵐ 45. — (Dümichen, *Resultate*, t. I, pl. LVII; Mariette, *Déïr el-Baharî*, pl. 13.)

La reine Hatshopsitou avait envoyé, sur l'ordre d'Ammon, une escadre de cinq vaisseaux au pays de Pount (Arabie méridionale et côte des Somâlis), pour y chercher l'encens et les parfums nécessaires au culte du dieu. Au retour, elle fit représenter sur les parois de sa chapelle funéraire, les différentes scènes du voyage, l'arrivée aux *Echelles de l'Encens*, le débarquement, les échanges avec les indigènes à demi-barbares, l'embarquement des produits du pays.

Un chef de tribu dont le nom Pharihou a la physionomie arabe, accueillit favorablement les étrangers, et leur amena sa femme et sa fille, dont les proportions extraordinaires rappellent la taille des beautés négresses décrites par les voyageurs qui ont pénétré de nos jours dans la région des Grands Lacs. La pierre n° 565 provient de ce temple et représente le portrait d'une de ces dames, la plus âgée. La salle dans laquelle ce curieux fragment était encastré avait été déblayée par M. Mariette « pour en rendre l'ac-
» cès et l'étude plus faciles aux voyageurs. Une nuit,
» des Européens, de passage à Thèbes, y pénétrèrent,
» et, pour en enlever une des pierres, démolirent la
» moitié du mur. Je ne me fais aucun scrupule de
» dénoncer ici cet acte incroyable de vandalisme. La
» pierre que conserve aujourd'hui le Musée est la
» seule des pierres du mur démoli, qu'à la suite de
» cet évènement nous n'ayons pas réussi à remettre
» à sa place antique. » Dans le cours de l'année 1882, des voyageurs européens ont démoli de nouveau une portion de ce mur et volé une seconde pierre. Arrivé trop tard pour prévenir ce vol stupide, j'ai relevé parmi les décombres un fragment que les voleurs avaient oublié et qui représentait un âne de Pount. On le verra plus loin sous le n° 639. — XVIII° dyn.

Déïr-el-Baharî.

578. — **Calcaire blanc.** — H. 0^m 52; larg. 0^m 61. — (Mariette, *Mon. Div.*, pl. 102 b.)

Bas-relief représentant Isis, qui reçoit l'hommage du roi Ousirmarî-sotpenamon Amenemopi-Miamoun. — XXI° dyn. *Les Grandes-Pyramides.*

597. — Calcaire blanc. — H. 0ᵐ 42; larg. 0ᵐ 98. — (Mariette, *Mon. Div.*, pl. 102 *c*.)

Un scribe agenouillé devant les deux cartouches du roi Tanite Psioukhânou. Ce fragment, ainsi que le précédent (nº 578), a été trouvé à Gizèh, parmi les pierres d'une maison. Il provient probablement de la petite chapelle, construite par les rois Tanites auprès de la Grande-Pyramide, et que j'ai fait déblayer en 1881. — XXIᵉ dyn.

Les Grandes-Pyramides.

604. — Calcaire blanc. — H. 0ᵐ 46; larg. 0ᵐ 37. — (Mariette, *Abydos*, t. II, pl. 52 *b* et t. III, p. 417—418, nº 1127.)

Une procession de prêtres et de femmes suit, en dansant, la barque sacrée d'Osiris à Abydos. Le cartouche de Ramsès II donne la date du monument. — XIXᵉ dyn. *Abydos.*

Contre le mur Est de la salle, à droite et à gauche de la porte, j'ai réuni la plupart des bustes et des têtes royales que nous possédons de l'ancien empire. Un simple coup d'œil suffit à montrer que, dans les statues colossales des rois et des reines, comme dans les statues funéraires des particuliers, les sculpteurs s'efforçaient de saisir et de rendre la ressemblance. C'est donc une petite galerie de portraits que j'ai essayé de former en cet endroit. Bien qu'elle ne puisse être comparée pour le nombre des monuments à la collection de statues royales du musée de Turin, elle renferme de fort beaux morceaux.

600. — Granit rose. — H. 0ᵐ 80.

Le roi Thoutmos III, debout, les bras plaqués le long du corps. Manquent le bras gauche et les jambes : la face est parfaitement conservée. — XVIIIe dyn.

Karnak.

606. — Granit rose. — H. 0^m 75.

Autre statue du roi Thoutmos III; le nez est brisé. — XVIIIe dyn. *Karnak.*

610. — Granit noir. — H. 0^m 77. — (Rayet et Maspero, *Monuments de l'art antique*, t. I.)

Charmante tête de Pharaon adolescent, que Mariette attribuait à Ménephtah. La comparaison avec d'autres monuments m'a conduit à y reconnaître le portrait du Pharaon Harmhabi. — XVIIIe dyn.

Karnak.

612. — Calcaire blanc compact. — H. 0^m 90.

Travail très soigné et d'une facture assez fine. La mutilation de la face et la perte des légendes ne permettent guères de déterminer exactement le nom du Pharaon représenté : il me semble y reconnaître Amenhotpou III. — XVIIIe dyn. *Karnak.*

617. — Calcaire blanc compact. — H. 0^m 80.

Superbe tête de femme, où Mariette pensait reconnaître la reine Tii, femme d'Amenhotpou III. En exécutant des fouilles à Karnak, j'ai retrouvé quelques fragments de cette statue et les débris d'une statue d'Harmhabi, de travail identique à la nôtre.

La tête n° 617 représente donc probablement la femme ou la fille d'Harmhabi : en tout cas, elle n'a aucun trait de ressemblance avec les quelques portraits que nous possédons de Tii. — XVIIIe dyn.
Karnak.

632. — Basalte noir. — H. 0ᵐ 80.

Le nom a disparu : travail médiocre. On dirait Thoutmos II, mais je ne garantis pas l'identification, — XVIIIe dyn. *Karnak.*

639. — Calcaire blanc. — H. 0ᵐ 52 ; larg. 0ᵐ 32.

L'âne de la femme du chef de Pount (cfr. n° 565, p. 423). — XVIIIe dyn. *Déïr el-Baharî.*

640. — Basalte noir. — H. 0ᵐ 45.

Jolie tête de Pharaon : le nom a disparu. — XVIIIe—XXe dyn.

642. — Granit noir. — H. 1ᵐ 40.

Buste du roi Amenhotpou II. Le cartouche prénom Akhopirkaourî est gravé sur la boucle de la ceinture. — XVIIIe dyn. *Karnak.*

647. — Granit noir. — H. 0ᵐ 49.

Buste d'un Pharaon dont le nom a disparu, peut-être Hakori. C'est en tout cas une œuvre de la dernière époque saïte : le style en est large, un peu rude, et contraste assez heureusement avec le faire sec des autres monuments contemporains. — XXIXe dyn. *Médinet-Habou.*

On a profité d'une sorte de niche formée par la baie de la porte, aujourd'hui murée, qui conduisait jadis à la salle funéraire, pour installer divers fragments de bas-reliefs, provenant de tombeaux détruits par les Arabes et acquis en 1883.

6050. — Calcaire. — H. 1ᵐ 58 ; larg. 0ᵐ 75.

Sous une frise formée des fers de lance, sont deux registres superposés. 1º Chapitre de boire l'eau dans « la syringe ». Au lieu d'avoir, comme ailleurs (cfr. *Grand Vestibule*, nº 176, p. 42), une déesse, Isis ou Nout, posée sur le perséa, c'est le perséa lui-même qui verse l'eau de jeunesse au mort : deux bras humains sortent de son tronc, dont l'un présente un plateau chargé d'offrandes et l'autre tend un vase à libations au scribe et à sa femme. Au pied de l'arbre, et sur la plateforme qui l'entoure, sont posés deux éperviers à tête humaine dont l'un est Khâmoïs, et l'autre la dame Ournro. Ce tableau est des plus curieux : il nous montre deux des formes de l'âme humaine, le *double* (cfr. p. 201) et le *baï* ou l'âme proprement dite en présence l'une de l'autre. Tandis que le *double* boit l'eau de jeunesse, l'âme le regarde faire. On sait en effet que les âmes de chaque Égyptien, comme les trois âmes de certains peuples de l'extrême orient, avaient chacune une existence, des conditions de vie, une demeure différentes, et se séparaient ou se réunissaient à volonté. 2º C'est le fils et la bru de Khâmoïs qui sont fêtés à leur tour, et en faveur de qui on implore Osiris, Isis, Nephthys, afin que ces dieux leur donnent une part des offrandes instituées au bénéfice de leur image (cfr. p. 214—216). — XVIIIe dyn.

Grandes-Pyramides.

6053. — **Calcaire blanc.** — H. 0^m 57; long. 1^m 21.

Scène de funérailles analogues à celles que nous avons déjà rencontrées dans le *Petit Vestibule* (n° 21, p. 27—28). La momie de Khâmoïs, couchée dans son catafalque en forme de barque, est portée sur les épaules de huit hommes, que quatre bœufs relaient d'espace en espace. Tout autour d'elle s'agitent les acteurs de la pompe funèbre : sur les côtés, trois pleureuses se tiennent debout; devant le catafalque, la femme du mort, Ournro, jetée à terre, se lamente avec sept autres femmes de la famille; par derrière, quatre amis et les porteurs chargés du repas et du mobilier funéraire. — XVIIIe dyn.

Grandes-Pyramides.

6054. — **Calcaire blanc.** — H. 0^m 76; long. 1^m 17.

Le convoi est arrivé au tombeau. La momie, debout, est déjà entre les bras d'Anubis à tête de chacal qui va l'entraîner. La veuve, agenouillée devant elle, pleure et se bat la tête, tandis que les trois hommes de la famille accomplissent les derniers rites. L'un présente l'encens, l'autre verse la libation, le troisième récite la prière : « Descends, Osiris Phtah-» nofir, le ciel t'est ouvert, ouverte la terre, ouverte » la voie de l'enfer! Tu sors, tu entres avec Râ et tu

» te promènes comme les maîtres de l'Eternité, tu
» reçois les gâteaux que t'a donnés Phtah, les pains
» et les boissons sur l'autel de Hor ! » Sept pleureuses
accompagnent ce chant, et cependant, un serviteur
dispose le repas funèbre. — XVIIIe dyn.

Grandes-Pyramides.

6056. — Calcaire blanc. — H. 0^m 45 ; larg. 0^m 68.

Pendant du fragment n° 6050. Cette fois, c'est la dame Ournro qui reçoit l'eau de Jouvence. D'après le style et les légendes, tous ces fragments appartenaient au même temps que les n°s 4982—4988 (*Salle funéraire, Casier AV,* p. 304—306), c'est-à-dire à la fin du règne d'Amenhotpou III, peut-être au commencement du règne d'Amenhotpou IV.

686. — Calcaire. — H. 0^m 60 ; larg. 0^m 53. — (Mariette, *Abydos,* t. III, p. 219, n° 742.)

Stèle du chef des prophètes Rouzou. Les deux premiers registres ne renferment que les scènes ordinaires ; le troisième porte une scène d'offrandes dont la présence est assez rare sur les stèles. Deux personnages, dont l'un est le berger Adi, sont occupés à traire deux grandes vaches accompagnées de leurs veaux : l'une des vaches s'appelle Ouabkoou, *Celle qui purifie les taureaux,* et l'un des veaux porte le nom de *Joli naos.* Le lait jouait un rôle considérable dans l'offrande, et le tableau de notre stèle est destiné à fournir au mort la provision dont il a besoin dans l'autre monde. — XIIe dyn.

Abydos.

689. — Basalte noir. — Long. 0ᵐ 48; larg. 0ᵐ 43.

Table d'offrandes d'un travail très fin et très vigoureux. Pas d'inscription. — Ep. saïte.

Drah abou 'l-neggah.

690. — Granit rose. — H. 0ᵐ 27.

Tête d'un Pharaon de l'époque saïte, peut-être Neko II. — XXVIᵉ dyn.

691. — Grès rose. — H. 0ᵐ 59.

Torse d'une statue de prêtre : travail très soigné de l'époque saïte. — XXVIᵉ dyn.

720. — Albâtre oriental. — Long. 0ᵐ 45; larg. 0ᵐ 32.

Table d'offrandes du chef des plaisirs du roi, maître chanteur de Pharaon, prophète attaché à la pyramide *Nofir* du roi Assi, Snofrounoufri. — Vᵉ à VIᵉ dyn. *Saqqarah.*

721. — Basalte noir. — H. 2ᵐ 30.

Statue d'époque romaine, représentant un personnage attaché au culte des dieux de Tanis.

Les stèles qui garnissent toute la muraille du fond ont été publiées par Mariette dans les tomes II et III de son ouvrage sur Abydos. Elles n'offrent guères d'intérêt que pour l'égyptologue de profession. Il y trouvera des renseignements curieux sur l'histoire et les mœurs de l'Égypte, surtout vers la XIIᵉ et la XIIIᵉ dynasties : le visiteur ordinaire n'y verra que la reproduction plus ou moins variée des stèles déjà décrites dans les deux vestibules et dans la Salle historique de l'Ouest. A ne pas tenir compte de ces monuments, dont l'importance ne peut être appréciée que d'un petit nombre de personnes, il ne reste plus dans la Salle historique de l'Est que les deux tables d'offrandes n° 870, 871, et la Table royale de Saqqarah (n° 872). Les deux tables d'offrandes sont placées à droite et à gauche de la porte qui mène dans le Grand vestibule.

870. — Grès rouge. — Long. 1^m 33; larg. 1^m 17; H. 0^m 45. — (Mariette, *Karnak*.)

Grand bloc, dont la face supérieure est couverte de godets taillés dans la masse et disposés régulièrement. A chaque godet répondait une offrande particulière qu'on y plaçait : dans l'un de l'huile, dans l'autre du vin, dans les autres de la bière, de l'eau, des lambeaux de viande, des légumes, des fruits. Ces tables, érigées à Karnak, y servaient, pendant les fêtes des morts, à célébrer les sacrifices institués par le défunt au compte de son double. Bien qu'elles aient été brisées lors de la ruine du temple, les débris de l'inscription nous permettent de constater qu'elles ont été dédiées par un roi, inconnu d'ailleurs, et dont le nom complexe Amoni-Entef-Amenemhâït comprend les noms de trois Pharaons célèbres de la XIe et de la XIIe dynastie. — XIIIe—XIVe dyn.
Karnak.

871. — Grès rouge. — Long. 1^m 35; larg. 1^m 16; h. 0^m 17.

Table d'offrandes du même type et de la même

provenance, que la précédente, mais dans un moins bon état de conservation. — XIII°—XIV° dyn.

Karnak.

872. — **Calcaire blanc.** — Long. $3^m 25$; h. $1^m 28$. — (Mariette, *Mon. Div.*, pl. 57 *b* et 58.)

En 1861, M. Vassalli, alors simple inspecteur des fouilles, depuis conservateur du Musée de Boulaq, fouillant à Saqqarah pour le compte de Mariette, découvrit la chapelle, à moitié démolie dès l'antiquité, d'un scribe du harem royal Nakht et d'un architecte royal nommé Tounroï. De là provient le précieux monument exposé sous le numéro 872.

C'est un pan de muraille gravé sur les deux faces. Un des blocs avait disparu, lors de la destruction du tombeau, et n'a pu être retrouvé : on l'a remplacé par un bâtis de plâtre sur lequel ont été tracées à la couleur les parties de légendes que nous avons restituées avec certitude. La face tournée vers le fond de la salle est divisée au milieu par une grande stèle cintrée (Mariette, *Mon. Div.*, pl. 57 *b*), qui nous montre Tounroï debout en adoration devant Harmakhis à tête d'épervier, tandis que Nakht adresse ses prières à Osiris, maître de l'éternité. La longue inscription qui accompagne ce tableau est une prière récitée par Tounroï : «Salut à toi, Osiris » fils de Nout, qui élèves haut ton diadème ! A » qui sont donnés le sceptre et le fouet par- » devant le cycle des dieux, et Toum a fait naître tes » terreurs dans les cœurs des hommes, des dieux, des

» esprits et des morts! — A qui a donné le Maître
» d'Héliopolis (Toum) d'être le supérieur des formes
» dans Mendès, le maître de la crainte dans les deux
» Nécropoles, le très valeureux, dans les syringes
» Memphites, celui qui jouit d'un souvenir excellent
» dans le Palais divin, celui qu'on fête solennelle-
» ment dans Abydos! — A qui est donné d'avoir la
» voix juste par-devant le cycle des dieux, d'être le
» roi du ciel, le prince des vivants, le suzerain des
» dieux de l'abîme, le maître des offrandes choisies
» dans les deux régions supérieures du monde!»
L'hymne se termine par les souhaits ordinaires en
faveur de Nakht : «Je suis venu vers toi, ô Osiris,
» je suis ton fils Hor défenseur de son père et je
» te défends, j'ai détruit tes péchés, ... je t'ai porté
» tes chairs, je t'ai assemblé tes os, je t'ai apporté
» ton cœur auprès des dieux qui sont dans l'enfer,
» tes formes de parmi les Mânes. Lève-toi donc ô
» Osiris, et puisque je t'ai apporté tes deux mains,
» puisque je t'ai apporté ta vie éternelle, donne la
» gloire au ciel, auprès de Râ, la force en terre au-
» près de Sib, d'aller et de venir dans l'enfer, de
» prendre toutes les formes qui lui plaisent, de re-
» cevoir les pains sur l'autel de Râ, de boire les eaux
» courantes du fleuve, au défunt Nakht.»

L'autre face du monument est de beaucoup la
plus importante. Elle porte une liste de rois disposée sur deux lignes. A droite était une figure
d'Osiris debout, aujourd'hui à moitié brisée, à gauche
une figure de Tounroï debout présentant l'offrande.
Entre les deux, la légende explique le sujet de la
scène : «Oblation aux rois de la Haute et de la

» Basse Égypte défunts (suivaient les cinquante-deux
» noms), pour qu'ils accordent que reçoive sa part
» des pains sacrés qui paraissent devant eux, le double
» du scribe Tounroi, fils de Psar. » Le plus ancien
des rois énumérés est placé sur la ligne du bas, à
droite, devant le pied de Tounroï c'est le sixième
roi de la première dynastie manéthonienne Miribi.
Les cartouches se succèdent dans l'ordre suivante,
en marchant vers la droite.

Première ligne.
Première dynastie.

1. — Miribi (pen).
2. — Qoubhou.

IIe dynastie.

3. — Noutirbiou.
4. — Kâkôou.
5. — Binoutîrou.
6. — Ouaznas.
7. — Sonzou.
8. — Nofirkerî.

IIIe dynastie.

9. — Nofirkesokari.
10. — . . . .
11. — Bibi.
12. — Zosor.
13. — Zosor-Titi.
14. — Nibkerî.
15. — Houni.
16. — Snofrou.

IVᵉ dynastie.

17. — Khoufouf *(sic)*.
18. — Toutefrî.
19. — Khâfrî.
20. — Menķêourî.
21. — Shopseskaf.
22. — ....
23. — ....
24. — ....

Vᵉ dynastie.

25. — Ousirkaf.
26. — Sahourî.
27. — Nofîririkerî.
28. — Shopseskerî.
29. — Khânofirrî.

2ᵉ ligne.

30. — Menkehor.
31. — Mâkerî *(sic)*.
32. — Ounas.

VIᵉ dynastie.

33. — Teti.
34. — Pepi Iᵉʳ.
35. — Mirinrî.
36. — Nofirkerî. *Pepi II.*

XIIᵉ dynastie.

37. — Sobkkerî.
38. — Mâkhrôourî. *Amenemhât IV.*

39. — Mânrî. *Amenemhât III.*
40. — Khâkerî. *Ousirtasen III.*
41. — Khâkhopirrî. *Ousirtasen II.*
42. — Noubkerî. *Amenemhât II.*
43. — Khopirkerî. *Ousirtasen I*er.
44. — Shotphîtrî. *Amenemhät I*er.

XIe dynastie.

45. — Sônkhkerî. *Amoni.*
46. — Nibkhrôourî. *Monthotpou IV.*

XVIIIe dynastie.

47. — Nibpehtirî. *Ahmos I*er.
48. — Sorkerî. *Amenhotpou I*er.
49. — *Aakhopirkerî. Thoutmos I*er.
50. — *Aakhopirinrî. Thoutmos II.*
51. — *Menkhopirrî. Thoutmos III.*
52. — *Aakhopirourî. Amenhotpou II.*
53. — *Menkhopirourî. Thoutmos IV.*
54. — *Nibmârî. Amenhotpou III.*
55. — *Zosorkhopirourî-sotpenrî. Harmhabi.*

XIXe dynastie.

56. — Men*pehtirî. Ramsès I*er.
57. — *Menmârî. Séti I*er.
58. — *Ousirmarî* sotpenrî. *Ramsès II.*

Cette liste a été dressée et gravée avec une grande négligence. Plusieurs des noms royaux sont mal écrits : Makerî (n° 31) pour Tatkerî, le Ταγχέρης des listes grecques, Khoufouf (n° 17) pour Khoufou, Sobkkerî (n° 36) pour Sobknofirourî. D'autres n'ont pas été introduits à leur place : la onzième dynastie (nos 44—45) a été placée entre la XII⁰ et la XVIII⁰, et l'ordre de ses deux rois interverti ; la douzième dynastie tout entière a été renversée, si bien que son dernier souverain porte le n⁰ 36 dans la liste, et son premier le n⁰ 43. La raison de ces méprises est facile à donner : cette table royale n'a pas été dressée pour servir à l'histoire, mais pour exécuter une des prescriptions religieuses du Rituel. Il est dit en effet au chapitre CXXV du *Livre des Morts* (cfr. p. 194, n⁰ 1847) que le défunt devait être admis parmi les rois de la Haute et de la Basse-Égypte qui forment l'équipage de la barque de Râ, s'il voulait avoir sa part de la vie bienheureuse : l'énumération des cinquante-huit noms avait pour but d'intéresser les cinquante-huit rois qui les avaient portés à la personne de Tounroï. Cela établi, il resterait une question à résoudre : pourquoi a-t-on choisi ceux-là de préférence à d'autres plus illustres, à Ménès par exemple et à ses premiers successeurs? Peut-être, le choix avait-il été laissé au caprice du scribe qui rédigea les inscriptions, peut-être avait-il été indiqué par des motifs de piété personnelle ; je ne me charge pas de décider laquelle de ces hypothèses a le plus de chances d'être vraie.

Depuis que ces pages ont été décrites, bien des monuments nouveaux sont entrés au Musée, que je n'ai pu insérer à leur place : j'en remets le détail à une édition prochaine. En attendant, je prie les personnes qui feuilleteront ce guide de vouloir bien user de quelque indulgence à mon égard, si elles y trouvent des erreurs ou des omissions. Le travail qu'il m'a fallu accomplir pour le rédiger n'était pas un labeur ordinaire. Par suite d'accidents divers dont je ne suis point responsable, tous les objets exposés dans les salles ou conservés dans les magasins, avaient perdu leurs numéros et ne possédaient plus d'état civil : j'ai dû en agir vis-à-vis d'eux comme s'ils venaient de sortir de terre, les mesurer, les copier, les numéroter l'un après l'autre, rechercher ceux d'entre eux qui avaient été publiés par mon prédécesseur et dans lequel de ses ouvrages, cela en moins de cinq mois, au milieu d'interruptions sans nombre. Ce que je publie aujourd'hui ne représente que la plus petite partie de ma besogne. J'ai pensé que le catalogue d'une collection égyptienne établie au Caire devait être pour les voyageurs une sorte d'introduction à l'étude des monuments qu'ils rencontreront plus tard dans le Sâïd, un recueil de renseignements sur le sens, la nature, l'usage, la fabrication des objets qui nous sont restés des Égyptiens d'autrefois. Si, après avoir parcouru nos salles ce guide à la main, les visiteurs emportent avec eux une idée nette de ce qu'étaient l'art, l'industrie, les croyances religieuses, même la littérature de ce peuple étrange, le premier-né à la vie de l'histoire, j'estimerai n'avoir perdu ni mon temps ni ma peine.

Boulaq, le 31 décembre 1883.

EN VENTE AU MUSÉE :

MARIETTE-PACHA, *Itinéraire de la Haute-Égypte*, 5 frcs.

MARIETTE-PACHA, *Le Parc égyptien à l'Exposition universelle de Paris 1867*, 1 frc.

E. BRUGSCH-BEY et G. MASPERO, *La trouvaille de Déïr el-Baharî*, Photographies par E. BRUGSCH-BEY, texte par G. MASPERO.

1e série : 20 photographies et texte, 40 frcs.

2e série : 10 photographies, 15 frcs.

Les deux séries réunies, 50 frcs.

E. BRUGSCH-BEY, *Choix de monuments du Musée de Boulaq*, Recueil de vingt-cinq photographies avec texte explicatif.

Grand format, 25 frcs.

Petit format, 15 frcs.

L'administration du Musée fait photographier chaque année un certain nombre de monuments:

elle est disposée à vendre des tirages de ces monuments, au prix de 1 franc la feuille non montée. Au cas où l'on désirerait faire photographier un des monuments dont il n'existe pas encore de photographie, s'adresser à M. le Conservateur du Musée.

www.ingramcontent.com/pod-product-compliance
Lightning Source LLC
Chambersburg PA
CBHW052234220526
45471CB00001B/35